서남동의 철학

민중신학에 이르다

한국현대철학선

서남동의 철학

민중신학에 이르다

김희헌 지음

이화여자대학교출판부

| 시리즈를 펴내며 |

이제까지 한국에서의 철학 연구는 동양과 서양으로 나누어 주로 강대국(중국 · 미국 · 영국 · 독일 · 프랑스)의 사상들 가운데 주류로 알려진 것을 중심으로 이루어져 왔다. 한국에서 동양과 서양을 분명하게 분리하는 태도는 20세기 초 일본의 동양통합론에 의해 더욱 확산되고 습관화되었다. 이 때문에 전 인류의 지혜를 참조하여 자신의 문제를 해결하려는 보편적이면서도 주체적인 연구 태도는 희석되고, 전공별로 나누어진 좁은 테두리 안에 갇히게 되었다.

서양철학의 연구는 본국에서 제기된 문제와 해답을 개괄적으로 소개하거나 모방하여 한국의 현실에 적용하는 수동적 태도를 벗어나지 못했다. 이러한 실정 때문에 서양철학 문헌들에 대한 사상적 연구는, 번역과 개괄적인 소개 논문의 수는 증가했으나, 그 창의성에서는 해방 전후의 수준보다 떨어진다고 할 수 있다. 철학 교육의 차원에서도 연구 대상에 대한 주체적이고도 비평적인 설명과 평가를 제대로 하지 못하고, 일시적 유행 사조로서 혹은 임의적으로 선택된 전공이라는 이름으로, 대학 교육의 현장에서 교육되어 왔다.

동양철학으로 분류되어 왔던 동아시아 사상도 철학과마다 한두 명의 연구자를 두고는 있지만 근대 이전의 전통 사상에 대한 연구와 소개에 머물러 있다. 아시아 철학의 연구 또한 전통의 권위에 기대는 수동적 연구 태도를 벗어나지 못하거나, 일본과 중국의 선행 연구 방법에 거의 의존하는 예속적 여건을 크게 벗어나지 못하고 있다. 이러한 태도는 현대의 상황이 던지는 문제에 대응하거나 인간과 세계에 대한 이해를 새로운 방식으로 사유하고 피력하는 데에 관심을 기울이지 못하게 했다. 이 빈 공간은 현대 서양철학이 자신의 전제에 대한 깊은 음미 없이 자신을 선전할 수 있는 무대가 되었다.

한국 사상계의 이러한 타성적 관행은 최근의 관제화되고 수량화된 시장주의적 강제에 의해 인식조차 되지 못했다. 대학이 인재를 양성하는 것이 아니라 건물을 양성하고, 학술보다는 기업 이윤에 한눈팔 때, 한국 청년들의 영혼은 머리 둘 곳이 없다. 또한 창조적 문제 제기와 문제 자체에 대한 분석 및 자발적 해결의 의지에 기초하지 못하는 연구 풍토가 연구자 간의 자유로운 의사소통의 부재로 더욱 촉진되었다. 연구 공간의 시장화와 이에 따른 인간관계의 외면화가 이러한 결과를 초래했다. 그리고 이러한 상황은 연구자들 자신이 속한 역사적이고도 현실적인 조건에 대한 학술적이고도 사상적인 반성과 대응을 가로막고 있다. 특히 이 시대와 직접적으로 연관이 있는 근 백년간의 한국의 현대사상사적 흐름에 대한 주체적 관심의 결여로 철학은 자신들이 어떤 문제를 역사적으로 부여받고 있는지를 의식하지 못하고 있다. 무자각적 철학은 단지 자신들의 철학을 진공 상태에서도 통용될 수 있는 것처럼 무반성적으로 외우며 가르치는 철학 청부업일 따름인 것이다.

그동안 비주류이자 비체계적인 가치관으로 치부되어 왔던 근 백년간의 한국 사상사를 철학이라는 이름으로 연구하여 발간하는 것은 한국 사상계의 난국을 타개하는 데에 하나의 출발점이 될 수 있을 것이다. 이 출발은 근현대 한국 철학에 대한 자료를 발굴하고 연구하여 문제 해결에 도움이 되는 것은 발전시키고, 타당성이 의문시되는 관념들은 유보하거나 비판함으로써 재사유와 반성의 계기를 마련할 수 있도록 할 것이다. 이러한 의미에서 먼저 일차적으로 간단한 자료집을 해설을 첨부하여 발간하고자 한다. 그리고 차후로 한국 현대철학에 대한 본격적인 연구 논문과 연구서를 발간할 계획이다.

2011년 7월

씨알학회, 근현대 한국사상사 연구모임 일동

| 차례 |

머리말

민중신학에 이르다

개신교는 비교적 평온하게 한국 역사에 정착한 종교다. 가톨릭이 그보다 100여 년 전에 전래되었을 때 1세기 동안 박해와 침체의 시기를 보내야만 했던 것과는 달리, 개신교는 구한말과 일제 시대의 사회적 위기 상황에서 근대화와 독립을 원했던 한민족으로부터 종교적 동의를 빠르게 얻었다. 서양 종교인 기독교가 제국주의라는 오명을 쓰지 않고 아시아 국가에 안착한 대표적인 사례가 한국 개신교일 것이다. 그래서인지 포교 1세기 만에 한국 개신교는 자신의 종교적 상징인 십자가를 동네마다 걸어놓을 만큼 성장했다.

성취의 자만이었을까, 이상의 타락이었을까? 오늘날 개신교는 스스로 혼탁의 도를 더해가면서 점점 조롱과 비판의 대상이 되어가고 있다. 축복과 성공이라는 미끼에 걸린 채 성경의 가르침과 십자가의 길에서 멀어져왔기 때문일 것이다. 그 결과 고통당하는 피조물의 신음소리(롬 8:22)를 듣고 구원을 베풀던 신(神)은 교회의 늙은 우상이 되었고, 기독교의 진리 주장은 관념에서만 겨우 전능할 뿐 내면의 성찰과 사회적 각성을 불러일으키는 힘을 잃었다. 군림하는 권력에 대한 찬양은 높지만 불의한 체제의 전복을 꿈꾸며 거리를 누비는 혁명의 기상은 메말랐고, 굴종하는 약자는 자선 대상으로 수용되지만 저항하는 민중은 신의 적이 되었다. 이런 상황에서 어떻게 새 시대의 도래(막 1:15)를 알리는 참된 외침이 터져 나올 수 있을까?

그와 같은 문제의식을 정직하게 품은 기독교 정신이 있다. 1970년대 중후반에 등장한 민중신학이 바로 그것이다. 신음하는 피조물을 향해 십자가를 지고 돌진하는 신의 구원의 열정을 어떻게 다시 증언할 수 있을까? 갇힌 사고의 교조주의적 주장으로 자멸하지 않고, 생생한 역사 현장에서 "영과 진리"(요 4:24)로서 약동하며 신을 경배할 수 있는 종교 정신을 어떻게 다시 세울 수 있을까? 민중신학은 이런 질문을 끊임없이 던지면서, 세상의 고난 속으로 화육하는 신을 증언하고 그 신적 현실에 교회가 참여하도록 촉구했다.

민중신학이란 무엇인가? 그 핵심은 기독교 신앙의 '원점'에 대한 강조이다. 기독교 진리는 구원의 열정을 지닌 신이 이 세계 속으로 성육신하여 모든 생명을 죽음의 질서에서 해방시킨다는 믿음에 기초하고 있다. 기독교 신학이란 '역사(와 우주)에 임한 신의 현존'을 증언하는 학문으로서, 그 신학적 진실은 옛 질서에 갇혀 신음하는 모든 생명이 정의와 평화를 누릴 수 있는 새로운 경지에 관한 환상(욜 2:28)을 갖도록 불러일으키는 곳에서 발견된다. 기독교 신앙은 신과 세계가 합류되고 있는 지점에 관한 냉철한 묵상이요, 죽임의 세계에 불을 질러 참된 평화(shalom)를 이루려는 신(눅 12:49)의 뜻을 따르는 열렬한 헌신이다.

죽재 서남동의 민중신학은 한국 개신교의 역사 속에서 기독교 신학의 본래적 이상을 활짝 피워낸 대표적인 사례라고 할 수 있다. 그가 역사 속에 임한 신의 자취를 찾기 위해서 자신의 시대와 치열하게 대화하다가 마침내 연 새로운 신학적 지평이 민중신학이었다. 죽재는 당대의 신학적 지혜를 두루 섭렵한 "현대 신학의 안테나"였을 뿐만 아니라, 해직과 투옥을 감내하며 민중의 고난에 동참한 실천적 지식인이었다. 그가 벌인 사상 투쟁의 현장이 한국이었으니, 그의 민중신학이 한국적인 신학일 수밖에. 죽재와 그의 동료들이 전개한 민중신학은 세계적으로 주목을 받은 거의 유일한 한국의 신학이다.

이 책의 목적은 죽재의 사상을 개괄적으로 보여주는 것이다. 그동안 죽재의 사상은 상황신학 또는 정치신학의 관점에서 해석되었다. 그것은 죽재 스스로가 말년에 전통적인 신학적 방법론을 "유예(moratorium)"시키고 자신의 신학을 "탈(脫)신학" 또는 "반(反)신학"이라고 이름 짓고, 보다 한국적인 전통과 사회 상황에 주목하고자 했던 사실에 근거한 해석이다. 그러나 이 책에서는 죽재의 민중신학을 제3세계 신학이라는 특정한 관점보다는 보편적인 종교철학적 관점에서 해석하고자 한다.

거기에는 두 가지 의도가 담겨 있다. 그 하나는 죽재의 사상에 대한 항간의 오해를 일소하고 그가 추구했던 사상의 전모를 드러내기 위함이다. 스스로 고백했듯이 죽재는 기독교 신학의 "원점"을 되살려내고자 필생의 노력을 기울였다. 하지만 그는 진취적이고 선도적인 자신의 생각 때문에 기독교 신학으로부터 '이탈'했다는 비판을 받기도 했다. 이 책은 죽재가 걸어간 사상적 궤적을 일관되게 그려보고, 그가 결론으로 삼은 민중신학을 기독교 신앙의 중심에 정치시키고자 한다. 또 다른 하나는 민중신학의 지평을 확대하는 것이다. 그동안 민중신학에 부여된 명예이자 굴레였던 한국적 '상황'신학이라는 범주를 확장시켜, 21세기의 다양한 사상들과 대화할 수 있도록 죽재의 민중신학에 담긴 철학적 신학, 관계론적 생명신학의 면모를 부각시키는 것이다.

이 책은 크게 두 부분으로 구성되어 있다. 1부는 죽재의 생애와 사상에 관한 필자의 서술이다. 여기서는 죽재의 삶과 사상을 전체적으로 요약한 후, 그의 중심 사상을 다섯 개의 개념에 담아서 설명했다. 먼저 죽재의 민중신학을 특징짓는 "두 이야기의 합류"라는 개념을 존재 · 우주론적 차원으로 끌어올려 해석하고, 그 개념이 어떻게 기독교적 증언의 핵심을 꿰뚫고 있는지를 토론한다. 둘째로, 두 이야기의 합류를 증언할 수 있는 인식론으로 제시된 "성령론적 · 공시적 해석"이 전통적인 사유의 한계를 어떻게 극복하는지를 서술한다. 셋째로, 민중을 "메시아"로 본 죽재의 독특한 사유를 범재신론(panentheism)이라는 유신론적 우주론에 담아서 재해석한 후, 그 사유에 담긴 포괄적이고도 역동적 특징을 소개한다. 넷째로, 계시가 역사의 지평에서 어떻게 나타나는지 그 하부 구조적 실상을 증언하고자 했던 "탈신학, 반신학"의 내용과 의의를 밝힌다. 마지막으로, 기독교 신앙과 교회의 과제를 "한의 사제"가 되는 것이라고 했던 죽재의 신학적 권고를 전한다. 2부는 죽재가 쓴 100여 편의 글 가운데 그의 사상적 특징을 잘 드러내주는 여섯 편을 골라서 독자들에게 그의 목소리를 직접 전달한다. 한문은 한글로 바꾸고 불필요한 부분은 잘라내어 가독성을 높였다.

내년이면 죽재 서남동이 이 땅을 떠난 지 30주년이 된다. 그의 제자들은 '민중교회'라는 흐름을 만들고 고난당하는 이 생명 세계에 정의와 평화의 씨앗을 심기 위해 노력해왔다. 다른 한편으로는 민중신학의 정신을 계승하기 위해서 분투해왔다. 하지만 1990년대부터 가시화된 세계화의 과정에서 득세한 신자유주의는 인간의 정신마저 잠식하고 교회로 하여금 축복과 힐링이라는 즉자적인 해법이 동원된 성공주의에 취하도록 만들었다. 반대로 민중신학은 후퇴와 답보를 거듭하고 있는 듯하다. 그러나 이제 정직하게 묻자! 무엇이 이 세계를 구원할 참 종교의 목소리인가? 더 큰 소비의 풍요인가, 더 깊고 넓은 고통의 연대인가?

이 물음의 심각성이 날로 높아가는 때에 다시 죽재 서남동의 사상을 정리하여 소개할 수 있게 되어 고마운 마음이다. 그의 사상의 맥락을 읽다 보면, '드디어 민중신학에 이르다!'라는 감동을 얻게 된다. 신의 진리가 역사에 이르지 않고서는, 기독교의 이상이 민중의 고난과 희망에 이르지 않고서는, 철학적/종교적 사유가 생동하는 역사와 우주의 바다에 이르지 않고서는 자기 이야기를 써나가는 인간 실존의 핵심인 영혼에 결코 감동을 줄 수 없다. 죽재는 필생의 사상적 고투 끝에, 드디어 민중신학에 이르렀다. 그의 지혜를 밝히는 데 이 책이 일조할 수 있기를 바랄 뿐이다.

2013년 9월 김희헌

1
서남동의 생애와 사상

1 서남동의 생애

죽재 서남동(1918~1984)은 1918년 7월 5일 목포에서 서북쪽으로 40여 킬로미터 떨어져 있는 자은도(현재 신안군 자은면 유천리 272번지)라는 섬에서 부친 서응렬의 다섯 번째 아들로 태어났다.[1] 상대적으로 유복한 가정에서 자랐기 때문인지, 죽재에게 어린 시절의 추억이 담긴 섬에 대한 영상은 어둡지 않다. 소학교 5학년 때 목포로 유학 간 죽재는 처음으로 기독교를 접하게 된다. 이때 성경을 통해서 배운 기독교 신앙은 나중에 '민중'에 대해서 눈뜨고 깨닫게 된 것과는 사뭇 다른 것이었다. 중학교 2학년 때 즈음 성경에 나온 지역(地域)이 지구 위에 실재한다는 것을 알고 "충격"을 받았다고 술회하고 있으니, 죽재의 삶과 사상의 시작은 평온하고 순박했다고 하겠다.

소학교를 마친 죽재는 전주로 옮겨 신흥학교에서 중학교와 고등

1 경향신문, 1980년 8월 14일, 9면. 죽재의 출생지 주소와 가족 사항에 관한 정보는 1980년 5월 〈김대중내란음모사건〉과 관련해서 작성된 공소장 내용에 기초한다.

학교 과정을 이수한다. 이 학교는 호남 지역을 주요 무대로 삼고 활동했던 미국 남장로교 소속의 윌리엄 레이놀즈 선교사가 1900년에 세운 곳으로서, 한강 이남에 있던 최초의 근대적 교육 기관이었다. 죽재가 수학하던 그때까지 5대째 미국 선교사가 줄곧 교장을 맡고 있었음을 미뤄보아, 전주신흥학교는 아마도 식민지 시대 청소년에게 굴욕과 분노를 심어주기보다는 최소한의 상식과 희망을 허용하는 공간이지 않았을까 싶다. 그러나 죽재가 고등학교를 졸업한 이듬해인 1937년에 이 학교는 신사 참배를 거부했다는 이유로 폐교되고 해방 이후에야 복교가 되었으니, 죽재 역시 조선 사람 모두에게 부과된 역사의 짐을 지고 있었을 것이다.

고등학교를 마친 죽재는 1936년에 일본 교토에 있는 동지사대학 문학부에 입학하여 예과를 1년 수료한 후, 이어서 기독교 신학을 배우게 된다. 자유로운 학풍으로 유명한 이 대학은 추상적 관념이나 전통의 왜곡된 권위에 맞서 진리를 증언코자 하는 지적 정직성에서 탁월했던 죽재에게 깊은 영향을 주었다. 그는 이렇게 회고한다. "대학 예과를 마치고 신학과 1학년에 들어갔을 때…… 나는 처음으로 학문의 엄격성을 배웠고 그때 받은 충격은 지금도 내 마음에 역력하다."[2]

1941년 3월, 24세의 청년으로 귀국한 죽재는 평양에 있는 요한성경학교 교사로 1년 남짓 재직한다. 그리고 대구에 내려가서 대구제일교회, 범어교회, 동문교회 등에서 10년간 개신교 목사로 활동

2 서남동, 『전환시대의 신학』(한국신학연구소, 1976), 7쪽.

한다. 목회를 하면서도 학문적 열정은 대단했다. 그는 당대를 선도했던 국내외 신학자들의 사상을 섭렵하는 일에 남달랐다. 이점이 그 당시 신학적 차이로 인해 교단 분열의 길을 걷고 있던 장로교단 가운데 진보적인 노선을 표방하며 새롭게 출발하던 한국신학대학(현 한신대학교)의 교수로 발탁된 이유였을 것이다.

1952년 35세에 교수가 된 죽재는 아직 사상적으로 무르익지 않았다. 교수진의 수준 향상을 위해 장려되었던 유학을 떠나기 전까지,[3] 3년 동안 그가 쓴 글은 짧은 논문 한 편에 불과했다. 그 역시 당시의 자신에 대해서 "교단에 서게 되는 자는 신학적인 센티멘털리즘만 가지고는 지탱해나갈 수가 없었다."고 술회한다.[4] 죽재는 오랫동안 자신이 관심을 가져온 주제들, 즉 '역사적 실재란 무엇인가?', '신과 세계의 관계를 어떻게 파악해야 하는가?', '기독교 신학은 어떻게 새로운 해석을 제시할 수 있는가?' 등에 관한 문제의식을 안고 유학길에 오른다. 1957년 3월, 캐나다 토론토에 위치한 빅토리아대학교에 소속된 임마누엘신학대학원에서 수업을 마치고 죽재가 제출한 석사 학위 논문의 제목은 "현대 신학이 이해한 역사와 종말론(History and Eschatology in Contemporary Theology)"이었다. 이 논문은 그 시대의 선도적인 신학과 역사철학 사상과 대화하며, '역사적 실재'의 구조와 의미를 탐구한 것이었다.

1955년 한국신학대학으로 복교하여, 당대를 풍미한 실존주의 신

---

3 50년사 편찬위원회, 『한신대학 50년사: 1940~90』(한신대학출판부, 1990), 83쪽.

4 서남동, "내가 영향받은 신학자와 그 저서," 『서남동 신학의 이삭줍기』, 죽재 서남동 목사 유고집 편집위원회 엮음(대한기독교서회, 1999), 38쪽.

학과 역사철학과 대화를 전개하며 자신의 신학을 체계화시켜가기 시작한다. 당시의 한국 신학은 대체적으로 서구 신학을 소개하고 번역하는 수준이었다. 국내의 진보적인 신학자들은 한국 교회에 깊이 뿌리내린 근본주의 사상을 걷어내는 작업에서 서구 신학을 도구로 삼았다. 죽재는 1961년 9월에 연세대학교 신학과 교수로 이직하여 종합 대학이라는 보다 풍요로운 학문적 여건을 바탕으로 연구하며 가르칠 수 있게 된다. 이 시기의 그는 현대 신학의 동향에 누구보다 민감했기 때문에 "현대 신학의 안테나"라는 별명을 얻기도 했다. 그는 현대의 세계적인 신학적 흐름과 함께 나가면서도, 다른 한편으로는 학문의 첫 시기부터 자신을 사로잡았던 물음, 즉 '역사적 실재'를 기독교 신앙의 눈으로 해석하려는 문제를 끊임없이 심화 확대시켜갔다.

죽재는 연세대학교에서 15년 동안 재직하면서 교목실장, 신과대학 학장, 연합신학대학원장 등을 역임했다. 1960년대에 그는 학문적 열정은 높았지만 직접적인 사회적 실천 문제에 대해서는 그다지 흥미가 없었다. 박정희 정권에 대한 국민적 저항을 이끌었던 그의 은사 장공 김재준 목사의 말에 의하면, 죽재가 대학원장으로 있던 시절에 많은 기독교 인사들이 삼선 개헌 반대 투쟁을 하고 있었음에도 불구하고 그는 "비교적 냉담했다"고 한다.[5] 개인적인 사상사로 볼 때, 이때의 죽재는 이전에 자신의 학문적 도구로 사용했던 실존주의 사상을 넘어서, 세속화 신학으로 기독교 전통 신학을

5 김재준, "삼대 목사와 서남동의 민중신학," 『김재준전집』 제17권, 장공 김재준 목사 기념사업회 편(한신대학 출판부, 1992), 164쪽.

비판하고, 과학철학과 유기체 사상을 섭렵하면서 정신 지평을 우주론으로 넓혀가던 시기였다.

죽재의 사상적 자유로움을 말해주는 일화가 하나 있다. 그것은 1970년 3월 『현대와 신학』이라는 잡지에 기고한 "통일교회 원리강론의 비판적 연구"라는 글에서 비롯된 사건이다. 죽재는 그 글에서 통일교의 『원리강론』을 "한국의 신학계가 산출한 신학서 중에서 그 양과 조직력과 상상력과 독창성에서 최고의 것으로 인정"될 만하다고 주장한다.[6] 당시의 한국 신학이 대부분 번역 신학으로서 '한국적'이라 할 만한 사상을 갖지 못한 시대였기 때문에, "세계 교회의 갱신 기풍과 새로움에 대한 요망"을 알고 있던 죽재는 원리강론의 독특한 주장과 한국적 요소에 주목했던 것이다. 그는 대부분의 교회가 취했던 "정통을 전제로 하는 이단 사냥"을 하지 말고, 현대신학과의 대비 가운데 "자유로운 토론"을 하자고 제안했다. 하지만 그의 의도는 실제 현실에서는 빗나갈 수밖에 없었다.[7] 결국 그는 동료 신학자들로부터 숱한 비판을 받게 되었고, 몸담고 있던 연세대학교에서도 고초를 당했다.

다른 한편, 대부분의 개신교회가 한국 사회의 산업화 과정에 편

---

6 서남동, "통일교회 원리강론의 비판적 연구," 『전환시대의 신학』, 435쪽.

7 서남동, 『서남동 신학의 이삭줍기』, 144-145쪽. 국내의 진보적인 연구 기관인 한국신학연구소에서 1976년에 "통일교 대 해부"라는 주제로 『신학연구』 제10집을 발행했다. 서남동은 거기에 기고한 대부분의 신학자들이 통일교가 "기독교가 아니라는 명제로 끌고 가는데 너무 성급"했다고 평가한다. 서남동은 통일교에 적용된 비판이 한국의 기독교회에도 적용되어야 하며, "민중을 누르는 정치적, 종교적 권력 구조에 항거한 예수의 정통성"이라는 관점에서 모두가 평가되어야 한다고 주장한다.

승하여 성장주의로 무장한 채 내달리고 있을 때, 선각자들은 1960년대 중반부터 도시산업선교회를 만들고 교회의 울타리를 뛰어넘어서 고난받는 민중 현장 속으로 들어가고 있었다. 죽재 역시 이러한 현실이 무엇을 의미하는지를 직감하고 있었을 터이다. 특히 1970년 11월 13일, 23세의 청년 전태일의 분신 사건은 생명과 평화를 설파하는 모든 종교 사상의 진정성을 시험하는 계기가 되었다. 이 시절 죽재는 자기가 속한 시대에 앞서서 생태 환경과 과학 기술 문명에 대한 새로운 유기체적 비전을 완료해가고 있었으면서도, 다른 한편으로는 역사의 직접적인 부름에 대해서도 무감하지는 않았던 것 같다. 당시 서남동은 동료 학자들인 안병무, 현영학, 유동식 등과 함께 매주 독서 모임을 갖고 있었다. 미국에서 학업을 마치고 69년부터 이 모임에 합류한 서광선 박사는 다음과 같이 증언한 바 있다. "1970년 초겨울 우리가 만나는 자리에 서남동 목사님이 헐레벌떡 뛰어 들어오면서 전태일 분신 소식을 숨차게 말씀하셨던 기억이 새롭습니다. 그것이 우리 모두의 삶과 신학을 변하게 한 것이지요."[8]

1972년 10월 박정희에 의해서 유신 헌법이 선포되자, 한국 사회는 말이 법이지 실상은 무법천지의 광폭한 정치 폭력이 기승을 부리는 어둠의 세상이 되었다. 이즈음 세계 교회가 주목한 사건이 한국에서 벌어진다. 1973년 5월 20일 〈한국 그리스도인 선언〉이 발표된 것이다. 박정희 정권에 대한 정면 도전을 기독교 신앙의 이름으로 선언한 이 글은 다음과 같이 끝난다.

---

8 서광선 박사가 필자에게 보낸 이메일(2011년 7월 19일).

> 우리의 주님, 메시아 예수는 유대 땅에서 가난한 자들, 눌린 자들, 멸시받는 자들의 사이에 계셨고, 그들과 함께 살으셨다. 그는 로마 제국의 대표자 본디오 빌라도 앞에 담대하게 서시었다. 그리고 진리를 증거하시는 도상에서 십자가에 못 박혀 죽으셨다. 그러나 백성들을 해방하기 위하여 죽음에서 일어나 변화의 능력을 전해주셨다. 우리는 오늘, 주님의 발자취를 따라 갈 것을 결의한다. 그리하여 주님처럼 소외당한 동포들과 함께 살면서 정치적인 압박에 저항하고 역사의 개조에 참여하려고 한다. 왜냐하면 이것만이 우리의 사랑하는 조국, 한국 땅에서 메시아의 나라를 선포하는 길이라고 믿기 때문이다.

이 선언은 죽재가 주도적으로 준비해서 발표한 것이었다. 이 선언 이후 머지않아 '민중신학'이라고 불리게 될 한국 고유의 신학이 역사의 무대에 등장하게 되는데, 이때부터 죽재는 그 신학 전선에서 늘 맨 앞을 지키고 있었다.

죽재가 민중신학자로서의 면모를 본격적으로 선보이기 시작한 때는 1974년이다. 그해 연세대학교 교수퇴수회에서 "예수와 민중"이라는 논문을 발표한 후, 그 논문을 토대로 여러 곳에서 강연을 하고 가다듬어서 1975년 2월에 "예수 · 교회사 · 한국 교회"라는 제목으로 출판한다. 그것은 죽재 민중신학의 시발이 되는 논문이었다.[9] 같은 시기에 동료 안병무도 "민중 · 민족 · 교회"라는 논문을

---

9 서남동, "'민중의 신학'에 대하여," 『민중신학의 탐구』(한길사, 1983), 29쪽. 『기독교사상』 201호(1975년 2월)에 발표된 이 논문에 대해서 김형효 교수가 『문학사상』 4월호에서 "혼미한 시대의 진리에 대하여"라는 제목으로 신랄하게 비판하자,

발표하고, 독일의 신학자 위르겐 몰트만이 내한하여 "민중의 투쟁 속에 있는 희망"이라는 제목의 강연을 했으니, 바야흐로 한국에 민중신학의 시대가 열린 것이다.

이 시기 죽재로 하여금 새로운 사상 세계로 완전히 진입하게 만든 한 사건이 있었다. 그것은 1974년 여름에 발생했다.[10] 죽재는 그 다음해 11월 말에 케냐의 나이로비에서 열리게 될 세계교회협의회(WCC) 제5차 총회를 준비하기 위해 한국 교회의 대표로서 "신앙과 직제(Faith and Order)" 분과의 사전 모임에 참석했다. 유럽에서는 정치 신학이, 남미에서는 해방 신학이, 북미에서는 흑인 신학이 활발해지던 이 시기에, 이 총회는 "해방과 공동체", "해방을 위한 투쟁과 불의한 구조들" 등의 주제를 다룰 예정이었다. 준비 모임에 참석한 죽재는 참가자들로부터 한국의 상황과 정치적 억압의 상징이 된 김지하에 대해서 질문을 받는다. 아뿔싸! 저항시인으로 세계가 주목하고 또 민청학련 사건으로 인해 비상군법회의에서 사형까지 언도받게 될 그 사람과 그의 사상을 모를 수가 있다니! 죽재는 자기 신학의 관념성에 스스로 충격을 받고, 귀국 즉시 김지하 관련 자료를 모두 수집해서 읽게 된다. 이 과정을 통해서 한국 민중의 한(恨)과 희망에 관한 그 시인의 감수성은 죽재 신학에 그대로 흡수된다. "신(神)과 혁명의 통일"이라는 김지하의 시적 상상력이 죽

죽재는 『기독교사상』 203호(1975년 4월)에서 "'민중의 신학'에 대하여"라는 제목으로 답한다. 여기서 처음으로 "민중의 신학"이라는 말이 사용된다.

10 서남동, "예수 · 교회사 · 한국 교회," 『민중신학의 탐구』, 24쪽. 서남동은 이 회의가 1974년 여름, 아프리카 가나에서 열렸다고 회고하고 있다.

재의 신학 체계 안에 자리 잡게 된 것이다.[11] 그 개념은 죽재가 줄곧 관심을 가져왔던 '역사적 실재'에 관한 이해가 체계화 · 명료화된 것이기도 했다. 이 과정에서 죽재는 기독교 신앙을 민중의 관점에서 해석하려는 민중신학의 이상을 따라 행동하는 지성인으로서의 면모를 완전히 갖춘다. 1974년 11월 27일, 62명의 한국의 진보 인사들이 발표한 "민주회복국민선언"에 참여한 이유로 정부로부터 경고 조치를 받았음에도 불구하고, 교내에서는 구속 학생과 교수의 석방을 위한 기도회를 주도하고, 밖으로는 정치 집회의 강연자로 활동한다. 이듬해 3월, 8개 교단의 성직자들이 결성한 "기독교정의구현전국성직자단"에도 죽재는 적극적으로 참여한다. 결국 그해 5월 긴급조치 9호를 위반했다는 이유로,[12] 안병무, 문동환, 이계준 교수 등과 함께 교수직 해임을 권고받고, 6월 2일 사직하게 된다.

학교에서 쫓겨난 죽재는 그야말로 "방외의 신학자"가 되어, 자

---

11 서남동, "'민중의 신학'에 대하여," 『민중신학의 탐구』, 32쪽. 죽재는 당시의 심정을 다음과 같이 고백한다. "나 개인의 신학적 발상 과정에 있어서는 지하의 시가 그 의식('민중의 소리'에 대한 의식, 필자)을 듣게 하는 '소리의 모체'가 되었다는 것, 그리고 거기서부터 찾아가면 함석헌 선생이 1970년 이래 『씨올의 소리』에 거듭거듭 목이 터져라고 외치고 있는 것을 그동안 나는 듣고도 듣고 있지 않았다는 것을 알게 되었다."

12 박정희가 1975년 5월 13일에 대통령령으로 발표한 '긴급조치 9호'는 저항하는 시민들의 언론, 출판, 집회, 결사의 자유를 극단적으로 제한하기 위해 발효된 것으로서, 이 조치를 위반한 사람은 "영장 없이 구금, 압수, 수색"을 받게 되지만(8항), 이 조치를 실행한 주무부서는 "사법적 심사의 대상이 되지 않"(13항)았다. 그것은 근대 시민 사회가 이룩한 기본 합의마저 위배한 것이었다. 이 조치는 박정희가 죽고 난 이후에야 해제되었다.

신의 사상을 서재보다는 거리에서, 머리와 손이 아니라 가슴과 발로 써야 했다. 한편으로는 "한국기독자교수협의회"를 통해 활동하면서 기독교 사회운동에 신학적 정당성을 불어넣는 작업을 하고, 다른 한편으로는 문동환, 안병무 등 해직 교수들과 그 가족 및 해직 기자 등과 함께 "갈릴리 교회"를 설립하여 고난 받는 교회의 새로운 모델을 세워갔다. 그 와중에 민중신학자로서 피하기 힘든 시련의 시기를 맞게 된다. 1976년 3월 1일, "3 · 1 민주구국선언(일명, 명동사건)"에 서명함으로써 함석헌, 윤보선, 김대중, 안병무, 문동환, 이우정, 함세웅, 이문영 등과 함께 정부 전복을 선동했다는 죄목으로 투옥되어 22개월간 수형 생활을 했던 것이다.

1977년 12월 31일 형집행정지로 석방되고 난 지 두 달 후, 죽재는 감옥에서 구상했던 민중신학을 체계화시킬 수 있는 안정된 자리를 얻는다. 예전에 교수로 있었던 한국신학대학의 소속 교단인 한국기독교장로회의 선교교육원(현 총회교육원) 원장으로 부임하게 된 것이다. 이즈음 그의 정신 세계를 가늠케 하는 한 장면이 있다. 자신의 집무실 벽에 기라성 같은 기독교 신학자들의 사진이 아니라 처형장으로 압송되어 가는 전봉준 장군의 사진만을 걸어놓았다고 한다.[13] '한국의' 신학자로서 한국 민중의 영혼에 새겨진 고난과 희망을 신학적 언어로 풀어가겠다는 결심 때문이었을까? 어찌됐든, 1979년에는 죽재 민중신학의 핵심 사상이 담긴 "두 이야기의 합류", "한(恨)의 사제", "한(恨)의 형상화와 그 신학적 성찰" 등

---

13 김경재, "서남동의 민중신학과 동학사상," 『종교다원시대의 기독교 영성』(다산글방, 1992), 325-326쪽.

의 논문이 쏟아져 나온다. 그리고 여기에서 사용된 신학적 방법론은 더욱 구체화되어 이어지는 4년 동안 민중신학의 미래에 큰 영향을 준 10여 편의 논문으로 출현한다.

죽재의 마지막 5년 동안의 삶은 한국의 문화와 역사가 지닌 고난의 숨결을 종교 사상으로 형상화한 탁월한 시기였지만, 그 고난은 또한 바로 자기 자신의 고난이었기에 학문적 언어 역시 매우 구체적인 것이었다. 추상적이고 관념적인 전통 신학의 언어를 배격하고, 한국의 문화적 실재와 정치사회적 현실을 직접 증언하는 신학 방법론을 사용하면서, 그것은 "탈(脫)신학" 또는 "반(反)신학"이라고 불렀다. 그것은 전통적인 기독교 신학의 방법론이었던 철학적 사유를 부정하고 그것으로부터 탈출하겠다는 선언이었다.

그의 삶 역시 반듯한 학문적 공간 안에서의 편안한 삶이 될 수 없었다. 박정희의 죽음으로 인한 공백 상태에서 1980년 2월 교수로 복직되지만, 전두환의 5 · 17 비상조치로 인해 또다시 구속되어 해직된다. 5월 17일 제주도의 한 교회에서 강연하던 도중에, 죽재는 소위 '김대중내란음모사건'이라는 전두환 군사 정권의 정치 조작에 연루되어 잡혀간다. 그리고 군법회의에서 2년 6개월의 실형을 선고받고, 5개월여의 옥살이 끝에 형집행정지로 출옥한다.[14] 역사와 세계 속으로 생생하게 화육(incarnation)한 신의 현존을 증언하는 것이 기독교 신학이라면, 그 과제를 민중신학이라는 이름으로 수행하고, 자신 또한 역사의 흐름에 붙들어 매고 몸으로 증거하는 삶을

14 이 기록은 〈김대중내란음모사건〉에 연루돼 같이 구속되었던 한완상 박사의 회고에 의거한 것이다.

살아갔다.

죽재의 삶과 신학은 진리를 향해 끝없이 나아가는 구도의 길이었고, 그 길에서 발견한 것이 '민중'이었다. 겉으로는 억압과 고난을 당하는 약자에 불과하지만 실제로는 끊임없이 역사의 수레바퀴를 밀고 나가는 실체로서의 민중, 약탈과 갈등으로 이어진 역사의 사슬 마디마디에 생겨난 한(恨)과 증오를 도리어 창조적 생산 과정에 품고 녹여내면서 타락한 역사를 구원시키는 민중, 그래서 진화하는 우주가 나아가고 있는 방향이 어딘지 또 그 우주에서 섭리하는 신의 활동이 무엇을 향하고 있는지를 가리키는 지표가 되는 민중, 바로 그것을 증언하고 언어에 담아 형상화시키는 것이 죽재의 신학적 목표였다. 바로 이 정신으로 인해 한국에 민중신학이라고 하는 세계가 주목한 신학 사상이 생겨났고, 죽재 개인으로 보면 모교인 빅토리아대학에서 명예박사 학위를 받게 된다.

1984년 5월, 67세의 죽재는 명예박사 학위를 받기 위해 모교가 있는 캐나다 토론토를 향하게 된다. 출발 직전 그는 스승 김재준 목사에게 자신의 아호를 지어줄 것을 부탁한다. 그러나 뒤늦게 발견된 췌장암 때문에 귀국하자마자 병상에 눕게 되었고, 마지막 정신을 이어가는 가운데 동료 정대위 박사를 통해서 부탁한 아호를 전달받는다. 오랜 스승이 준 아호에 담긴 서남동의 삶은 다음과 같다.

"그의 용모와 뜻이 맑고 깨끗하며, 그의 지조와 마음은 곧고 비어 있다. 그의 학문은 넓고 사귐은 공경할 만하다. 고난을 받되 태연하고, 안정하여 학문에 힘쓰니 널리 그의 풍문이 들리는구나.

이에 그의 덕을 기리며 84세의 장공이 호를 지어 드러내노니 '竹齋'라."[15]

죽재 서남동은 한국 현대사의 격동기를 살아가며 민중신학이라는 실천적 기독교 사상을 탄생시킨 대표적인 인물로 평가된다. 그러나 그는 처절한 극단의 삶을 살았다기보다는, 그의 아호가 가리키듯이 대나무처럼 올곧게 "진리를 찾아 순례하는 구도자"로 살았다고 보는 것이 옳다. 그의 학문 세계는 지속적으로 확장되었고, 그 사상의 진보에 맞춰 삶 또한 변화되어갔으니, 우리는 죽재를 자신이 지어 이룬 것에 머물지 않고 늘 진리를 향해 새롭게 도약하는 영혼을 가진 이로 기억해야 할 것이다.[16]

안타까운 것은 죽재가 자신의 생각을 기록해낼 시간을 충분히 갖지 못했다는 점이다. 죽재가 민중신학을 본격적으로 펼친 기간은 10년도 채 되지 않는다. 감옥에서의 고문 후유증과 수많은 활동에서 오는 피로로 인해, 죽재는 67세의 나이로 1984년 7월 19일 세상을 떠나고 만다. 모든 육체적 죽음이 미완을 남긴다면, 죽재 역시 그러하다. 그러나 '민중'이라는 말이 역사의 활력을 상징하는 말로 살아 있는 한 죽재 역시 영원히 살게 될 것이고, 그 상징이 의미를 잃을 때 죽재가 남긴 사상적 교훈도 사라지고 말 것이다. 죽재가 다음 세대에게 남긴 분부는 분명하다. 그것은 민중의 눈으로 세

---

15 김재준, "삼대 목사와 서남동의 민중신학," 168쪽. 원문은 다음과 같다. "敬祝 徐南同敎授 學位受領, 謹呈 雅號曰 竹齊" 竹濟 其貌淨 其志潔 其操直 其心虛 其學博 其交敬 受難而泰 居安而學 普天之下 聞其風而 慕其德 故 八四 叟 長空 呈號曰 竹齊如是.

16 김경재, "죽재 서남동의 신학사상," 『신학사상』 46집(1984년 가을), 513쪽.

계를 읽고, 민중의 편에서 사상을 전개하고 실천하라는 것이다.

동료 민중신학자였던 안병무 박사의 말로 죽재의 삶에 대한 마지막 서술을 대신한다.

> [기독교 신학은] 교회의 전통적 유산과 연결해서 설명하고 해명하라는 요구가 있는데, 솔직히 말해서 서남동의 눈에는 교회가 무얼 요구하는가가 중요하지 않았어요. 지금 당장 급한 것은 민중이 현장에서 요구하는 것이 무엇인가였고 그것에만 전력을 기울였던 겁니다. 한마디로 그는 장(場)을 옮겼던 겁니다. 교회도, 신학이라는 것도 그의 장이 아닙니다. 민중이 장이었습니다.[17]

17 안병무 외 5명, "서남동 박사와 민중신학," 『신학사상』 46집, 534쪽.

2

서남동의 주요 사상의 맥락

죽재 서남동의 사상은 종교적이면서도 세속적이고, 철학적이면서도 역사적이다. 그의 신학 사상은 타 학문과의 의사소통성이 크고, 사회역사적 관찰의 구체성을 놓치지 않으면서도 종교사상적 깊이를 지니고 있다. 죽재 신학이 지닌 다양한 면모로 인해 그가 30년 동안 쓴 100여 편의 논문을 일정한 해석 기준을 갖고 분석하기가 쉽지 않다. 많은 이들에게 '민중' 신학자로 인식된 그에 관한 평가를 만족시키기 위해서 저항적인 정치신학자로서의 죽재의 모습을 과도하게 강조한다면, 그의 신학 사상 전체를 조망하기 어려울 것이다. 따라서 민중신학 이전과 이후를 대비시켜, 1975년에 나온 "예수 · 교회사 · 한국 교회"라는 글 이전의 신학 세계를 죽재의 사상적 준비기로 해석하는 방식은 피하고 싶다.[1] 진리를 향한 구도자

1 서남동, "민중신학을 말한다," 『민중신학의 탐구』, 173쪽. 이 논문은 1974년 연세대학교 신과대학 교수퇴수회에서 발표한 "예수와 민중"을 발전시킨 것으로서, 죽재는 여기서부터 자신의 "민중신학의 외적인 출발"이 있었다고 말한 바 있다.

의 열정으로 자기 사상을 보다 더 깊고 넓게 가꿔갔던 죽재의 전체 모습에 주목할 필요가 있다는 말이다.

분명 죽재는 타고난 조직 신학자로서의 기질을 갖고 있었다. 기독교 신학의 여러 분야 가운데, 특히 조직 신학은 사상적 포괄성과 일관성을 생명으로 삼는다. 조직 신학은 사상적 보편성을 해치는 단편적 증거에 대한 집착을 경계하고, 부분적 진술의 효율성보다 전체적 조망의 일관성을 중요시한다. 죽재가 평생의 학문적 주제로 삼게 될 '역사적 실재'에 대해서 연구하여 40세에 제출한 석사 학위 논문을 보면, 현대 신학에서 핵심적인 위치를 지닌 사상가들의 다양한 목소리를 수렴 통합하려는 치열함이 엿보인다. 50세에 작성한 "현재적 그리스도"라는 논문에서는 서구 신학 사상사에 등장한 그리스도론을 '실존'과 '역사'와 '우주'라는 세 차원의 비전으로 분류한 후 그것들을 오늘이라는 현실 지평 위에서 통합한다. 62세 때의 논문 "두 이야기의 합류"는 '신'과 '혁명'을 통일시키고 '신국 상징'과 '천년왕국 상징'을 동시에 수용하여, 신앙과 운동, 존재와 가치, 현실과 이상, 초월과 내재를 동시에 품는 신학을 전개한다.

한 사람이 자기 사상을 구축해간 과정에서 어찌 단선적인 길을 걸을 수 있을까마는, 그렇다고 자기 생각을 일관되게 밀고 나간 과정이 없던 사람을 또한 어찌 사상가라고 말할 수 있을까? 만일 죽재를 뛰어난 신학 사상가로 이해한다면, 그의 사상의 궤적을 관통시킬 주제를 발견해야만 하는 과제가 주어진다고 하겠다. 이에 대해서, 죽재가 필생의 과제로 삼았던 것은 기독교 신학의 근본적인 주제, 즉 '역사적 실재'와 '하나님의 현존'이라는 두 차원이 현실 세계의 지평 위에서 어우러져 함께 빚어내는 역동성을 포착하는 것이었다고 말하고 싶다. 죽재는 매 시기 주요 사상과의 대화를 철저하게 전개하면서 이 주제를 심화 · 확장시켜갔다. 그 과정을 살펴보자.

죽재의 학문적 출발은 '역사적 실재'라는 문제에 대해서 관심 갖기 시작한 30대 중후반에 이뤄졌다고 볼 수 있다.[2] 20대 초반을 보낸 동지사대학 유학 시절, 그가 자유주의 신학을 섭렵하면서 지적 정직성의 가치와 학문하는 자세의 철저함을 배웠겠지만, 그 사상으로부터 지속적인 영향을 받았던 것 같지는 않다. 일본 유학 후 돌아와서 10년 동안 대구에서 목회했을 때 비로소 학문적 "씨름"을 할 수 있는 정신의 알맹이를 만들어간다. 이때 그의 정신적 텃밭을 가꿔준 것은 무교회주의자 야나이하라 타다오가 간행한 『가신(嘉信)』, 함석헌의 성경 강해, 칼 바르트와 에밀 부르너의 신정통주의 신학, 소로킨의 종합사회학, 토인비의 문명론, 라인홀드 니버의 정치적 실재주의, 폴 틸리히의 철학적 신학, 루돌프 불트만의 실존주의 신학 등이었다. 이 가운데 그의 '역사적 실재'에 대한 구상에 직접적인 영향을 준 사람은 니버, 틸리히, 불트만이었다.

이들의 사상에 대한 최초의 정리는 1957년 석사 학위 논문으로 작성한 「현대 신학에서의 역사와 종말론」에서 이뤄진다. 이 논문은 총 3부로 구성되었다. 1부는 "역사와 존재론", 2부는 "역사에 대한 해석", 3부는 "역사와 종말론"을 다루고 있다. 이 논문에서 죽재는 당대를 주도한 신학자와 역사철학자들의 사상과 대화하면서 역사

2 서남동, "내가 영향 받은 신학자와 그 저서," 『서남동 신학의 이삭줍기』, 39쪽.

적 실재의 본질이 하나님의 종말론적 현존에 있다는 것을 논증한다. 여기서 '종말론적'이란 말이 의미하는 것은, 역사적 시간의 추이(推移)가 멈춘다는 것을 의미하는 것이 아니라, 역사적 시간 속에 임한 신적(神的) 현실에 착안하여 세계를 이해한다는 것을 뜻한다.

죽재는 '기독교는 역사적 종교다'는 명제에서 출발하여 틸리히, 콜링우드, 니버의 역사관을 비교 연구한다. 이들을 통해서 그는 역사를 단순히 평면적인 "시간의 기간(period)"이 아닌 카이로스적인 "위기(crisis)"요 따라서 종말론적 현실이라고 이해한다. 이때 신앙고백의 참된 의미는 종말론적 현실로 채워진 역사적 실재성에 대한 의식과 연관된다. 이것에 대해서 죽재는 "'그리스도 안에서'라는 말이 의미하는 것은 인간 존재가 역사적 실존이라는 것이고, '성령 안에서'라는 말이 의미하는 것은 인간의 상황이 항상 종말론적 상황이라는 점이다"라고 말한다.[3] 이 주장은 니콜라이 베르자예프의 철학을 기독교 신학에 적용한 것으로서, 죽재는 "인간의 역사란 동시에 하나님의 역사"요, "시간은 영원과 통합(integrate)"되어 있다고 주장한다. 여기서 그가 추구했던 신학적 주제가 분명해진다. 그것은 "영화되어버린(spiritualized) 종말론을 기독교의 종말론적 진리의 전 체계 안에 통합시키는 것"이요, 이를 통해 "비역사화된 종말론을 역사의 영혼으로 변경시켜 역사적 실재를 획득"하게 하는 것이다.[4]

---

3 서남동, 「History and Eschatology in Contemporary Theology」, 신학 석사 학위 논문 (Emmanuel College, 1957), 65쪽.

4 위의 논문, 117쪽.

이런 결론에 도달했을 때, 틸리히의 존재론적 사유에 대한 비판 또한 가능해졌다. 즉 죽재는 틸리히의 신학에서 "카이로스 개념은 일반화되어서 공허해"졌고, "현재의 중요성이 충분히 평가되지 못했다"고 평가한다.[5] 따라서 자신이 크게 영향을 받은 틸리히보다 불트만의 실존론적 해석으로 논문의 '잠정적 결론'을 대신한다. 역사적 실재란 "세속 역사가 종말론적 역사 속으로 비역사화되고, 동시에 하나님의 미래인 천상의 역사가 현실화된 종말론 속으로 역사화"되는 지평에서 형성되는 실재로서, "종말(eschaton)로 채워진 카이로스"의 현실이 역사의 참된 의미라는 것이다.[6]

캐나다 유학에서 돌아온 죽재는 이어지는 7년 동안 이 논문에 담긴 생각을 풀어내는 작업을 진행한다. 그 작업이 실존주의 신학의 답습만은 아니었다. 물론 그가 신적(神的) 본성이 마침내 역사의 미래에 동화될 것이라는 낙관을 담은 헤겔과 마르크스의 본질주의(essentialism)보다는, 역사적 실존(existence)이 지닌 비극에 대한 직관에 기초하여 사상을 전개하는 실존주의 신학을 신뢰했던 것은 사실이다. 그러나 그 두 사상 사이의 긴장이 가져다줄 창조적 결과물에 대한 기대마저 버리지는 않았다. 이미 자신의 학위 논문 서문에서 죽재는 "불트만의 주장이 자신의 최종적인 결론은 아니다"고 말한 바 있고, 거기서 다루지 못한 주제는 "종말론과 성령"이라고 했다. 그가 역사적 실재의 본질을 카이로스적 종말론이라고 표현했다면, 이제는 어떻게 역사 속에 내재한 신의 현존 구조를

5 위의 논문, 148-149쪽.

6 위의 논문, 192쪽.

신학적으로 해명할 것인가 하는 과제를 안고 있었던 것이다. 이러한 관심사는 63년에 쓴 "신을 아는 길"이라는 논문에서 실존주의적 계시 신학의 한계를 지적하고, 새로운 자연 신학의 필요성을 제안하는 것에서 분명해지고 있다.

> 神의 마음은 그와의 인격적 교통으로 알게 된다. 이것이 신앙의 길이다. …… [그러나] 우리가 자연 신학을 전부 거부하고 인간의 실존적 물음만이 신에게로 인도하는 길이라고 한다면 그 신은 일신교의 신은 되어도 유일신교의 창조주는 되지 못한다. 그 신은 민족의 신은 되어도 인류의 신이 되기에는 아직 미흡하다. …… 실존의 한계 상황에서만 만나는 신은 삶의 한복판에 찾아오지 아니할지도 모른다.[7]

이 당시 죽재는 역사적 실재 속에 임한 신의 현존에 대한 증언을 하기 위해서는, '실존' 안에서 발생하는 카이로스적 경험에 집중해야 한다고 주장했던 실존주의적 사유 방식을 넘어서, 보다 거시적인 지평을 열어야 한다는 생각에 이른 것이다. 이러한 이해는 그 후 10년 동안 "밀려오는 신학적 파도"들과 맞서는 가운데 더욱 명확해진다.[8] 그 과정은 크게 보면 두 단계로 나뉜다. 첫째는 1964년 본훼퍼의 『옥중서신』으로부터 받은 충격 이후 5년 동안 전개된 세속화 신학, 신의 죽음의 신학, 희망의 신학과 대화하는 시기요, 둘째는 유기체 철학과 과학신학적 탐구를 통해서 우주 · 역사적 실재

7 서남동, "신을 아는 길," 『전환시대의 신학』, 60쪽.

8 서남동, "머리말," 『전환시대의 신학』, 8쪽.

속에 임한 신의 현존에 대해서 통전적인 사고를 확립하는, 또다른 5년 동안의 기간이다.

죽재가 '세속화 신학'이나 '신 죽음의 신학'과의 대화를 통해 분명히 본 것은 전통 신학적 사유의 한계와 기성교회의 역사적 몰락의 징후였다. 기독교 신학이 문명의 세속화를 긍정적으로 평가하며 "기독교의 비종교화"를 외치거나 신의 죽음의 신학을 제창하게 된 근본 이유는, 전통 신학적 사유의 스펙트럼이나 그 언어로써는 이제 더 이상 역사 속에 임한 신의 현존을 증언할 수 없게 되었다는 한계 의식 때문이요, 다른 한편으로는 성서적 복음을 제도화된 현대 교회 대신 역동적인 역사 자체와 연결시킴으로써 복음의 생동감을 회복시키려는 의도 때문이었다. 죽재는 자신이 '기독교의 비종교화'를 제창한 이유를 다음의 세 가지로 지적한다. 첫째, 현대 기독교가 교권적 기독교와 동일시되어서 성서적 계시를 배반한다는 점. 둘째, 역사적 기독교 자체가 이미 성서적 계시를 그리스·로마 문화로 포장한 것이어서 그것이 오늘의 문명 의식과 맞지 않는다는 점. 셋째, 이전에는 없었던 성서적 신앙과 과학 기술 문명 사이의 새로운 관계를 찾아내야 할 필요가 있다는 점.[9]

죽재에게 신 죽음의 신학이 증언하고 있는 '신 부재의 현실'은 전통 신학적 사유의 무능과 파멸을 의미한 것이지, 신 자체의 부정을 의미한 것은 아니었다. 또한 세속화 신학이 말하는 '세속화'란 성스러움을 완전히 해체한 세속주의가 아니라, "타자와의 만남

---

9 서남동, "기독교의 비종교화와 성서적 신앙," 『전환시대의 신학』, 241쪽.

과 미래의 발전을 향해서 열려진 문"으로서 "복음의 내적 충동"이라고 파악하고 적극적으로 받아들였다.[10] 하지만 이 두 신학이 세속 역사에 방점을 찍고 그 속에 임한 신의 이름 없는 현존을 역설적으로 증언코자 했다 할지라도, 신학적 구조와 내용을 볼 때 그것은 신 부재의 현실에 대한 현상학적 기술에 불과한 것이었지 새롭게 요청되는 신학적 사유를 창조적으로 제안한 것은 결코 아니었다. 따라서 이 '이름 없는 신'에게 어떻게 그 시대의 세속 문명이 동의할 수 있는 이름을 부여할 것인가 하는 문제는 죽재에게 남겨진 과제가 되었다. 그것이 죽재가 실존주의 신학과 세속화 신학과의 대화를 마치고 나서, 유기체 철학과 과학 신학을 학문의 새로운 파트너로 삼게 된 이유였다.

이 전환기적 시기인 1967년에 쓴 논문 "현재적 그리스도"를 보면 죽재의 문제의식이 무엇이었는지 알 수 있다. 그는 이 글에서 실존주의 신학과 세속화 신학에서는 다루지 않았던 "우주적 그리스도"의 필요성을 제안한다. 그것은 실존주의 신학이 "지금 여기의 카이로스와 결단만을 제시했을 따름"이지 역사의 미래 전망을 그려내지 못했고, 세속화 신학 역시 역사의 장래 전망을 보여주는 데 약할 뿐만 아니라 종교적 신앙의 자리마저 제거하는 위험을 안고 있다고 봤기 때문이다.[11] 이 글에서 죽재는 그리스도의 역사적 현존을 세 차원으로 분류하고 다시 통합하면서, 그리스도의 "입상적(立

10 서남동, "세속화의 과정과 그리스도교," 『전환시대의 신학』, 232쪽, 237쪽.

11 서남동, "현재적 그리스도," 『전환시대의 신학』, 80쪽; "복음의 전달과 그 세속적 해석," 227쪽.

像的) 역동적 모습"을 제시하고자 한다. 그 의미를 짚어보자면, 실존주의 신학과 세속화 신학이 제공한 정당한 가르침을 수용하면서도, 그것의 한계를 넘어보자는 시도였다고 평가할 수 있다.

앞의 논문에서 죽재는 먼저 실존주의 신학이 착안했던 "케리그마의 그리스도"의 현재성에서 출발한다. '케리그마'의 그리스도란 성경의 말씀과 신앙의 고백을 통해서 실존의 계시적 차원으로 경험되는 그리스도이다. 그러나 죽재에게 이 그리스도는 더 이상 실존주의 신학의 그리스도는 아니다. 그는 여기서 세속사와 구속사의 이분법을 넘어선 판넨베르크의 보편사 개념을 바탕으로 그리스도의 현존을 설명하고 있는데, 이 문제를 완전히 이해하기 위해서는 "전통적 신학의 유산인 자연과 초자연의 구분법이 교정"되고 "자연 개념 자체의 새로운 이해"에 기초한 신학적 사유가 필요하다고 주장한다.[12] 둘째는 "세속적 그리스도"로서, 역사 속에서 경험되는 그리스도이다. 죽재는 여기서 이미 나중에 민중신학에서 자주 회자될 "선한 사마리아 사람의 비유"를 예로 들면서, "강도 만난 사람"이 "세속적 그리스도"의 이미지라고 제시한다. 교회의 전통적인 해석과는 다르게 그리스도의 역사적 현존방식을 세속화 신학의 가르침을 따라서, 새로운 모습으로 제시한 것이다. 셋째는 "우주적 그리스도"인데, 이 개념에 실존주의 신학이나 세속화 신학이 제시하지 못한 새로운 유기체적 사고에 관한 전망이 담겨 있다.

이 세 차원의 그리스도의 현존이 서로 분리되지 않고 통합적으로

---

12 "현재적 그리스도," 71쪽.

이해될 수 있는 수렴 구조를 어떻게 만들 것인가? 죽재가 테이야르 샤르댕의 유기체 사상과 과학 신학, 생태주의 사상에 몰입하게 된 이유는 바로 이 문제를 해명하고자 했기 때문이라 할 수 있다. 물론 개인의 '실존'을 개별 실재의 경험으로만 이해하게 만드는 근대의 개체주의적 존재론에 대한 문제의식이나, 역사와 우주에 대한 미래 전망이 부재한 세속화 신학의 한계에 관한 문제의식은 그가 이전에 경험한 틸리히의 "싸크라멘트적 자연관"과 함석헌의 범재신론적 역사 철학에서부터 시작되었다고도 볼 수 있다. 그리고 1968년에 쓴 "기독교의 비종교화와 성서적 신앙"이란 글에서도, 토인비가 20세기의 가장 역사적인 사건을 동서양의 고등 종교의 만남이라고 봤다면, 자신은 그보다도 종교의 역사에서 "더 큰 운명적인 사건은 종교와 과학의 만남"이라고 주장한 바 있다.[13] 그 이유는 종교와 과학의 만남을 통해서 신학은 실재에 대한 새로운 유기체적 이해를 얻고, 이를 바탕으로 전통 신학의 한계를 극복할 뿐만 아니라, 현대문명에 보다 책임 있는 대응을 할 수 있다고 판단했기 때문이다.

역사적 실재 속에 현존하는 신(神)에 대한 명료한 진술을 가능케 할 신학적 언어를 죽재가 획득한 것은 유기체 철학과 과정 신학과의 대화에서였다. 그가 언제부터 테이야르와 화이트헤드 등의 사상을 접했는지는 분명치 않다. 대개 테이야르에 관한 논문이 1968년에 써졌기 때문에 죽재의 우주론적 구상 작업의 기간을 그 시기를 둘러싼 몇 년 동안에 한정시키곤 한다. 그리고 사실 그것이 죽

13 서남동, "기독교의 비종교화와 성서적 신앙," 『전환시대의 신학』, 242쪽.

재 자신의 고백이기도 하다.[14] 하지만 전통적인 계시 신학과 결합한 근대의 기계론적 존재론에 대한 문제의식을 우주론적 자연 신학으로 풀어보려는 관심을 보인 것은 그보다 훨씬 오래 전이다. 63년의 논문 "신을 아는 길"에서 이미 화이트헤드, 테이야르, 하트숀의 자연 신학의 가치를 높이 평가하고, 그 이후의 글에서도 이러한 새로운 자연 신학의 필요성을 누차 강조한다.

죽재가 민중신학자로 기억되고 있기 때문에 그동안 이 시기의 사상 활동이 상대적으로 주목받지 못했고, 심지어 다른 민중신학자들은 죽재가 비역사적인 우주론에 경도되어 당시의 냉혹한 정치 현실을 외면했다고 비판하기도 한다. 그러나 죽재의 사상사에서 이 시기는 그가 30대 중후반부터 자기 신학의 중심 주제로 삼아온 "역사적 실재"에 대한 물음을 가장 포괄적인 지평에서 완결지어갔던 기간으로 보는 것이 옳다. 그렇다면, 이 시기 죽재의 사상은 주목될 필요가 있고 또 앞으로 더 분명하게 재조명되어야 할 것이다.

죽재는 이 시기에 역사적 실재란 만물의 우주적 연관 관계 속에서 사건(event)으로 존재한다는 유기체적 세계관을 확립한다. 이로써, 그가 줄곧 품고 왔던 '성령론적 물음'의 핵심인 하나님의 영의 충만한 현재적 내재를 설명할 수 있는 새로운 자연 신학이라 할 범재신론(panentheism)적 사유 체계를 마련할 수 있었다. 그리고 이 범재신론을 통해서 그의 민중신학적 방법론인 "성령론적 공시적 해석"을 전개할 수 있는 철학적·신학적 근거를 마련한다. 이 점에

14 "민중신학을 말한다," 164쪽.

대해서는 나중에 다시 상세하게 다루겠지만, 여기서 강조하고자 하는 것은 그의 유기체적인 신학적 세계관이 한국 지성사에서 시대를 매우 앞서간 사상이었다는 점이다. 그 세계관은 최근에 와서야 만개하고 있는 유기체적 생태주의 사상과 관계론적 생명 신학을 전개할 수 있는 가능성을 이미 열어놓았기 때문이다.

이와 같은 작업이 무르익어가던 1970년대 초중반에 죽재는 점점 한국 역사의 정치적 격랑 속으로 빠져들어간다. 이와 동시에 민중신학적 구상 역시 뚜렷해진다. 죽재가 그 이전 5년 가까이 존재·우주론적 사유에 심취해 있었지만, 그것만으로는 한국의 민중 현실을 증언할 수 없다고 느꼈다. 그는 여전히 존재·우주론적 사유와 사회 경제적 이해는 "상호보완적인" 것이라고 생각했지만, 유신독재에 맞서 저항의 파고가 높아가던 한국 사회에서 신학이 자기 소임을 다하기 위해서는 사회 경제적이고 정치 신학적 측면이 현실적으로 보다 중요하다고 판단한 것이다.[15]

1975년에 나온 "예수·교회사·한국 교회"는 죽재 민중신학의 출발이 되는 논문이다. 이글은 1974년 말에 했던 강연을 정리하여 발표한 것으로서, 예수와 교회사를 민중의 해방이란 관점에서 재해석하고, 한국 교회의 참된 모습을 "민중과 씨울의 소리를 듣고 그것을 대변하는 예언자적 교회"의 모습에서 찾고 있다.[16] 1976년 3월부터 22개월간 '3·1 민주구국선언' 사건으로 감옥 생활을 마치고 나온 죽재는 보다 분명하게 민중신학의 과제와 방향을 제시한다.

15 "민중신학을 말한다," 182쪽.

16 "예수·교회사·한국 교회," 23쪽.

1979년 봄에 쓴 "두 이야기의 합류"는 이전에 이룩한 신학적 성과물을 토대로 하여 자신의 민중신학적 사유를 명료하게 대변한 글이라고 할 수 있다. 이 글에서 죽재는 다음과 같이 한국 민중신학의 과제를 제시한다.

> 한국의 민중신학의 과제는 기독교의 민중전통과 한국의 민중전통이 현재 한국 교회의 '신의 선교' 활동에서 합류되고 있는 것을 증언하는 것이다. 현재 눈앞에 전개되는 사실과 사건을 '하느님의 역사 개입' 성령의 역사, 출애굽의 사건으로 알고 거기에 동참하고 그것을 신학적으로 해석하는 일이다. 거기에 동참한다는 것은 그 전통을 이어받는다는 것이며 그것을 신학적으로 해석할 때에 위에 전제한 전거들이 필요불가결하게 된다. 이것을 필자는 성령론적 · 공시적 해석이라 하고, 전통적인 기독론적 · 통시적 해석과 대조시킨다.[17]

죽재 민중신학의 방법론과 주요 개념이 여기서부터 쏟아져나오고 있는데, 사실 그것들은 소위 민중신학의 시대에 발견된 전적으로 새로운 사유라기보다는, 죽재 개인의 사상사에서 이미 등장하여 오랜 시간 동안 발전되고 가다듬어진 것으로 보는 것이 옳다. "두 이야기의 합류"는 죽재의 독특한 개념이지만, 사실 그 개념은 죽재가 자기 신학의 필생의 주제로 삼아왔던 '역사적 실재'와 '하나님의 영의 임재'의 합류를 지칭하는 것이라고 해야 한다. 또한 죽재가 여

---

17 서남동, "두 이야기의 합류," 『민중신학의 탐구』, 78쪽.

기서 표현한 “기독론적 · 통시적 해석”에 대한 비판 의식은 이미 10여 년 전 세속화 신학과 신 죽음의 신학과의 대화에서 분명히 한 것으로서, 세속화된 “탈기독교 시대”의 등장 자체가 전통적인 기독론적 사유와 언어의 몰락을 의미하는 것이었다. 그리고 나중에 보다 자세히 다루겠지만, “성령론적 · 공시적 해석”이라는 개념은 그가 유기체 철학을 통해서 형성한 범재신론의 지평 위에서 전개하는 신학적 해석학이라고 할 수 있다.

그렇다면 죽재의 민중신학을 한국적 특수 상황을 ‘증언’하기 위한 신학으로 보기보다는, 그가 기독교 신학의 핵심 주제를 붙들고 매 시기 밀려오던 신학적 파도들을 타고 넘으면서 정립해왔던 사상들의 종합적 표출로 이해해야 할 것이다. 그는 민중신학을 통해서 “특별한 것을 새로 만들어내는 것이 아니라 기독교의 원점을 강조”하려 했다고 말한 바 있다.[18] 그 기독교의 원점을 오늘 우리 시대의 사상과 언어로 증언하는 방법이 “성령론적 · 공시적 해석”이요, 이 해석을 통해 드러나는 장면이 “두 이야기의 합류”요, 그 합류로 이루어지는 지평이 “신과 혁명의 통일”이요, 이 통일을 증거할 역사적 실재가 바로 한국 역사 속에서 명확하게 부각된 ‘민중’이라 할 것이다. 따라서 죽재가 자신의 신학 여정에서 마지막으로 집중한 ‘민중’이라는 개념에는 히브리 민중의 신앙을 타고 흘러왔던 성경의 정신이 깃들어 있고, 그것을 둘러싸고 신학적 사상 투쟁을 벌여온 기독교 신학의 정수가 담겨 있다고 할 것이다. 또한 민중이라는 개념은

18 서남동, “새로운 공동체를 위하여,” 『민중신학의 탐구』, 259쪽.

범재신론이라는 광활한 사상적 지평 위에서 하나님의 영이 현존하는 가장 활동적이고 구체적인 지점을 가리키고 있다고 볼 수 있다.

죽재가 1975년에 처음으로 "민중의 신학"이라는 표현을 사용하면서 자신의 신학에서 "민중"이라는 사상적 응축 지점을 분명히 했을 때, 이전의 서구 기독교 신학이 발견하지 못한 한국 신학의 지혜를 드러낼 수 있었다. 조직 신학적으로 분류하면, 그것은 인간론, 죄론, 교회론에서의 새로운 해석이다. 유기체적인 범재신론이 기독교 세계관으로서 부각되지 않았던 시기에 신학 사상은 모든 이원론에 시달렸다. 특히 인간론에서, 기독교 신학은 인간을 단지 타락한 존재로서 구원받아야 할 피동적인 대상에 불과한 것으로 손쉽게 처리했다. 그러나 죽재는 '민중'이 타락한 역사가 만들어낸 '죄'의 짐을 짊어지고 있지만 그 죄를 스스로 속량하면서 타락한 역사를 정화시키는 구원자의 역할을 한다고 봤다. 그에게 민중은 역사를 떠받치는 등뼈요, 역사가 속량받기 위해 나아가야 할 길을 직감하는 역사의 영혼으로서, 자력으로 구원을 이루어가는 존재이다.

이렇게 이해할 때, 흔히 고통과 고난을 죄에 빠진 모든 인간이 응당 써야 할 굴레로 보고, 고통이 응축되어 생긴 민중의 '한(恨)' 역시 죄의 결과물로 단정해버린 기존의 신학적 주장에 대해서 비판적인 대응이 가능해졌다. 죽재는 민중의 고난과 '한'을 당연시하는 죄론이 도리어 그것을 유발시키는 지배 체제에 대한 신학적 정당화를 한다고 봤다.[19] 따라서 그는 '죄'가 "지배자의 언어"로 활용

---

19 서남동, "민중신학의 성서적 전거," 『민중신학의 탐구』, 244쪽.

되는 지점을 분명히 하고, "민중의 언어"인 '한'에 주목할 뿐만 아니라,[20] 교회는 민중의 한을 푸는 "한의 사제"로서의 역할을 해야 한다고 주장한다.

민중의 현실적 고난과 희망에 관심하는 이러한 신학적 태도는 죽재의 마지막 신학 작업을 특징짓는 '탈(脫)신학' 또는 '반(反)신학'으로 나타났다. 그것은 "민중의 언어를 찾는 작업"이었다.[21] 1982년대에 들어서면서 죽재는 한편으로는 민중의 언어가 담겨 있는 민담을 소재로 해서 '이야기 신학'을 전개하고, 다른 한편으로는 민중 현실을 구체적으로 드러낼 수 있는 '사회 경제학적 방법'을 사용하면서 민중의 삶에 임한 신의 몸의 현실인 '계시의 하부 구조'를 보여주려고 했다. 그것은 철학적 사유에 기초한 전통적인 기독교 신학 방법론과는 분명히 달랐기 때문에, 자신의 방법론을 "반신학" 혹은 "탈신학"이라고 불렀다. 그는 전통적인 기독교 신학 방법론을 의도적으로 유예(moratorium)시키면서, 한국의 문화와 정치 경제적 상황에 기초한 신학적 구체성을 살려내려 했다. 이것은 현대 신학에 요구되는 상황 신학으로서의 자의식, 즉 모든 신학은 특정한 상황 속에서 전개되는 것이요, 따라서 실제적인 신학 작업이란 자신이 처한 상황에 대한 해석과 그 상황이 요청하는 희망에 응답하는 학문이어야만 한다는 사실에 입각한 것이었다. 죽재의 상황 신학적 관심은 기독교 신학의 종교 사상적 고유성을 한국 민중의 언

20 서남동, "한의 형상화와 그 신학적 성찰," 『민중신학의 탐구』, 107쪽.

21 서남동, "80년대 한국교회의 신학적 과제," 『민중신학의 탐구』, 145쪽.

어로 되살려내려는 것이었다.[22]

한국에 개신교가 전파된 지 130여 년이 지난 지금, 기독교의 선교 활동과 신학자들이 넘쳐나고 있다. 그러나 한국적인 종교 정신과 신학이라 할 만한 것은 찾아보기 힘들다. 어쩌면 그러한 현상은 기독교 신학에만 해당되는 것은 아닐 것이다. 문명의 미래를 위해 묵은 정신과 제도를 걷어내려는 진취적인 기상이 높지 않기 때문에 온 세계가 낡은 질서에서 신음하고 있다. 죽재가 가졌던 신학적 관심과 공헌은 바로 그 지점에 있다. 그는 '역사적 실재'를 묻는 자신의 최초의 물음에서 출발하여, 신학 사상을 두루 섭렵한 후 마지막에 '민중'에 이르렀다. 그에게 민중은 시대의 유행 속에서 우연히 만난 존재가 아니라, 일생을 건 사상적 모험 끝에 다다른 지점이었다. 역사의 진보와 우주의 진화를 이야기할 수 있는 지점이 바로 그곳이요, 신과 세계가 만나는 지점이 바로 그곳이라고 생각했기 때문이다. 그는 민중의 고난과 희망을 통해서 낡은 문명이 무너지고 도래해야 할 새로운 문명이 무엇인지를 읽어냈다. 그가 제창한 민중신학은 개신교가 한국에서 1세기 동안 자라오면서 거둔 탁월한 결실이었음은 물론이요, 인류 문명의 미래를 위해 한국의 종교 사상이 제시한 분명한 비전이었다고 평가해야 할 것이다.

---

22 서남동, "한국 신학으로서의 민중신학의 과제," 『서남동 신학의 이삭줍기』, 죽재 서남동 목사 유고집 편집위원회 엮음(대한기독교서회, 1999), 360쪽, 365쪽. 죽재는 포괄성을 미덕으로 여긴 조직 신학자로서의 기질을 마지막까지 버리지 않았다. 그는 이렇게 말했다. "저는 사회경제사를 절대시하지는 않아요……종교적인 차원을 모두 탈락시켜버리고 사회, 정치적인 영역 안에서만 구원의 성취를 보는 것과는 거리가 멉니다."

3

서남동의 중심 사상 해설

1) 두 이야기의 합류: 기독교 신학의 본성과 이상

"두 이야기의 합류"는 1979년에 발표된 논문의 제목이자, 죽재의 민중신학적 사유를 대변하는 중심 개념이다. 이 개념은 민중신학이 등장하게 된 신학적 배경을 설명해주면서, 그와 동시에 민중신학이 증언해야 할 신학적 과제가 무엇인지를 밝혀준다. 죽재는 기독교의 민중사와 한국의 민중사가 1970년대의 한국 기독교인의 역사 참여적 삶에서 '합류'하고 있다고 봤고, 그것을 증언하는 것을 자신의 신학의 과제로 이해했다.[1] 이 논문에서 "두 이야기의 합류"라는 개념은 죽재의 민중신학적 사유의 특징을 보여주는 다른 개념들로도 표현되었다. 예를 들어, "개인 영혼의 순화와 사회 구조의 인간화"를 동시에 다루려는 시도로서의 "신과 혁명의 통일",

1 "두 이야기의 합류," 77쪽.

역사 너머의 구원으로 인도할 타력적 구원의 상징으로서의 "신국(神國)"과 역사 안에서 자력으로 이뤄갈 구원을 상징하는 "천년 왕국", 이 "두 중심점"을 함께 지녀야 할 기독교 신학의 성격과 과제에 관한 주장이 바로 그것이다.[2]

"두 이야기의 합류"라는 개념의 일차적인 중요성은 그것이 탈역사화된 기독교 신학의 제반 문제점을 해결하는 의도를 갖고 있다는 점에 있다. 건강한 기독교 신앙이란 두 이야기가 조화롭게 합류된 정신이다. 이 신앙은 한편으로 초역사적인 절대적 진리의 빛 아래에 자신을 바로 세우려는 종교 영성일 뿐만 아니라, 다른 한편으로 자신이 살고 있는 세계에 대한 철저한 책임을 동반하는 삶이요 정신이다. 이 세계 너머를 지향하는 종교 영성은 이 세계를 변혁하는 지혜와 동력을 제공해주며, 이 세계를 변혁하려는 삶을 통해서 이 세계 너머를 희망하는 종교 영성은 정당성을 획득한다. 이러한 조화로운 관계가 깨질 때, 기독교 신학은 극단화되고 신앙은 타락한다. 죽재가 "두 이야기의 합류"라는 개념에 담았던 열망은 기독교 신앙과 삶에서 반드시 담고 있어야 할 두 차원의 빛을 통전적으로 제시하려는 것이었다.

"두 이야기의 합류"라는 개념은 1979년 3월에 "민중의 신학"이라는 이름으로 발표했던 글을 보완하여 완성한 논문의 새로운 제목으로 처음 등장했다. 그동안 이 개념은 1970년대 중후반에 비로소 명확해진 죽재의 민중신학 사상을 대표하는 개념으로 이해되어

---

2 "두 이야기의 합류," 57쪽, 63쪽.

왔다. 그러나 이 글에서는 그 개념이 특정한 (민중신학의) 시기에 만 국한된 개념이 아니라, 죽재의 전체 학문 여정을 관통하는 중심 개념으로서, 죽재의 사상을 전체적으로 조망할 수 있는 개념이라는 주장을 하고자 한다. 이 결론에 이르기 위해서 그 개념의 배경이 되는 사상과 형성 과정을 추적해보겠다.

죽재의 신학 사상은 크게 보면 세 단계를 거치면서 확장되고 심화되어갔다. 그의 신학은 '역사적 실재'에 관한 실존주의적 물음과 함께 시작되었고, 그것에 대한 큰 해답을 유기체적 과학 신학과 생태학적 사유를 통해서 획득한 후, 자신의 사유를 종합하여 한국 현실에 적용한 민중신학으로 전개되었다. "두 이야기의 합류"라는 표현은 민중신학의 시기에 등장했지만, 그 개념이 그때에 이르러서야 비로소 형성된 것이라기보다는, 실재의 본성, 역사의 사건, 우주의 운동, 신과 세계의 관계 등에 관한 철학적 · 신학적 사색에 집중했던 앞선 시기 역시 주도했던 죽재의 핵심적인 관심사로 보는 것이 옳다. 그 개념과 연관된 죽재의 사상 투쟁의 역사를 개관해보면, 이점이 분명해질 것이다.

먼저 죽재의 학문적 출발이 '역사적 실재란 무엇인가'라는 물음과 함께 이뤄졌다는 사실에 대해서 생각해보자. 이 물음은 철학의 근본 주제이기도 하다. 철학은 '실재'의 본성과 의미를 묻고 그것에 답하기 위해서, 법칙과 자유, 일(一)과 다(多), 전체와 부분, 가능태와 현실태, 작용인과 목적인, 필연과 우연, 영속과 사멸 등의 관계에 관심해왔다. 그리고 대부분의 철학은 이 대립항들을 유기체적으로 설명하여 실재의 전모를 드러낼 수 있기를 희망해왔다. 죽재의 개념을 따르자면, 그것은 두 이야기가 합류되어 실재하는 모든 존재의 역동성을 증언하는 것이라고 할 수 있다. 이 '합류'를 외면했을 때, 다시 말해서 '두 이야기' 대신 '한 이야기'에만 주목할 때, 사유는 극단을 치닫게 된다. 예를 들어, 법칙이나 작용인만 고려했던 근대 과학은 기계론과 환원주의에 귀착되었고, 세계의 우연성과 사멸성에 관심하는 종교는 비실재론과 타계주의에 경도되었다. 따라서 죽재의 "두 이야기의 합류"라는 개념은 철학의 근본 물음과 그 해결책에 관한 문제와 깊이 결부되어 있다는 점을 먼저 고려해야 한다.

특히 기독교 사상가로서 죽재는 기독교 신앙을 떠받치고 있는 핵심 사상인 신의 '화육(incarnation)'에 관한 물음을 안고 있었다. 신은 실재하는가? 세계에 의미를 주는 신은 어떤 방식으로 존재하는가? 신의 화육으로 고백되는 예수 그리스도의 본성은 무엇인가? 기독교 신학은 이 물음들에 대해서 '두 이야기의 합류'의 방식으로 대답해왔다. 기독교가 이해한 신은 역사로부터 완전히 분리된 천상의 존재가 아니라, 역사 속으로 화육함으로써 자신의 의미를 드러내는 존재였다. 따라서 기독교 신학은 신과 세계의 본성을 설명할 때 '두 이야기'의 합류, 즉 초월과 내재, 영원과 시간, 성(聖)과 속(俗), 역사와 유토피아(하나님 나라) 등의 두 이야기를 서로 유기체적으로 엮어 합류시킴으로써 사상적 균형을 지키고자 했다. 기독교 신학의 역사에서, '한 이야기'만을 주목한 신학은 시기적 유행으로 타고 잠시 흥행했을지언정 결국에는 역사에서 도태되었다.

죽재가 자신의 신학을 구축해나가기 시작했을 때, 서구의 철학과 기독교 신학의 사상적 토양은 실존주의였다. 실존주의 신학은 인간의 실존적인 경험에 진리 판단의 거점을 두고서, 개인의 내면적 실존 의식을 신과 세계의 의미를 이야기할 수 있는 유일한 공간으로 삼았다. 1958년에 쓴 글 "그리스도교 역사관"을 보면, 죽재가 실존주의 신학에 심취해 있었음을 알 수 있다. 그는 다음과 같이 말한다.

> 그리스도교 사관은 역사를 자연으로 환원하지 아니하고 역사의 의미를 세계 과정으로 세속화하지 아니하고 역사의 종말을 미래에로 객관화하지 아니한다. 그리스도 이후로 역사는 종말적인 국면에 돌입했다. 역사는 예나 지금이나 여전히 지속해가지만 그리스도인에게 세계 과정은 끝이 난 것으로, 역사는 순간순간이 그 종말이 되었고 인생은 순간순간의 결단이며, 세계는 순간순간에 비세계화해야 할 것이었다.[3]

죽재는 여기서 "순간순간의 결단"이 존재하는 인간 실존 상황에서만 기독교적 진리가 파악될 수 있다고 보고 있다. 다시 말해서, 신의 성스러운 실재는 객관화된 세계 과정에서는 파악될 수 없고, 오직 속(俗)의 무게를 견디고 있는 인간의 실존 의식에서만 체감된다는 것이다. 초월적 신이 내재하는 곳 또는 신의 내재가 경험되는 곳은 인간의 실존 의식이며, 시간과 영원이 합류하는 지점은 실존의 한계 상황이라는 주장이다.

---

3 서남동, "그리스도교 역사관," 『전환시대의 신학』, 199쪽.

그러나 죽재는 점점 실존주의적 경향성을 떨쳐버리고, 새로운 방식으로 존재 · 우주론적 사유를 전개해나간다. 그것은 신에 관한 지식을 인간의 실존적 경험과의 연관 속에서만 파악하려고 했던 실존주의적 사고가 인간의 주관이라는 범주를 벗어나기 힘든 한계를 지니고 있다고 생각했기 때문이다. 따라서 역사와 우주 전체의 실제적 여건을 사유의 대상으로 고려하여 신을 다시 이야기할 수 있는 '자연 신학'의 필요성을 제기하기에 이른다. 1963년에 초고가 만들어지고 그 후 2년 가까이 여러 곳에서 강연과 설교를 하면서 완성해갔던 "신을 아는 길"이라는 글에서 다음과 같이 선언한다.

> 우리가 자연 신학을 전부 거부하고 인간의 실존적 물음만이 신에게로 인도하는 길이라고 한다면 그 신은 일신교의 신은 되어도 유일신교의 창조주는 되지 못한다. 그 신은 민족의 신은 되어도 인류의 신이 되기에는 아직 미흡하다. 네 회의에 대답하는 신과 내 절망에 대답하는 신이 같은 신이라고 누가 보증하느냐. 그리고 또 실존의 한계 상황에서만 만나는 신은 삶의 한복판에 찾아오지 아니할지도 모른다.[4]

죽재가 위와 같이 실존주의적 사유에 문제를 제기하고, 그것을 자신의 사상에서 탈각해가게 된 과정에는 두 가지 계기가 있었다. 첫째는 인간의 실존 상황에 주목한 기독교 신학이 자신의 시대에

4 "신을 아는 길," 60쪽.

서 그 사상적 기능과 효과를 더 이상 갖지 못하게 되었다는 판단이다. 이 판단은 "현대 신학의 안테나"였던 그가 당시의 신학 담론에서 중요성을 획득해간 '세속화 신학'을 접하고 나서 보다 더 확연해졌다. 실존의 한계 상황에서 경험된 신의 계시를 기독교적 진리담론의 핵심으로 삼았던 실존주의 신학과는 달리, 세속화 신학은 세속적인 삶에서 그리스도를 따름으로써만 기독교적 진리를 입증코자 했다. 그 이유는 '세속화'된 현대 문명의 실상 자체가 실존주의 신학의 계시 신학적 주장이 더 이상 통용될 수 없는 담론이라는 점을 입증하고 있으며, 따라서 이런 세속 문명 속에서 기독교 신학이 취해야 할 방향은 '담론'을 넘어서 '삶'으로써 "삶 한복판에서" 신을 경험하지 않으면 안 된다는 점을 주장하기 위해서였다. 죽재는 세속화 신학과의 대화를 통해서, 신의 초월이란 "우리의 시야와 능력을 넘어" 있기 때문에 실존 상황의 종교적인 관계에서 파악해야 한다는 실존주의적 주장을 뒤로 하고, "우리들의 삶의 한복판에 있는 초월"에 참여하는 길을 발견하게 된다. 그것은 이웃을 향한 헌신을 통해서 신에게 복종하는 것이었다.[5]

하지만 죽재는 자신의 신학적 입장을 세속화 신학의 주장과 일치시키지는 않았다. 그는 기독교 신앙을 세속에서의 헌신적인 삶으로 이해했던 실천 윤리를 수용하면서도, "신의 실재를 역사적 삶으로 100% 환원해" 버린 듯한 세속화 신학이 어떻게 "신의 초월을 경청할 수 있을까?" 하고 반론을 제기했다.[6] 그리고 실존주의 신학

5 서남동, "복음의 전달과 그 세속적 해석," 『전환시대의 신학』, 226쪽.

6 "복음의 전달과 그 세속적 해석," 226쪽, 227쪽.

이 제공했던 교훈을 따라서, 죽재는 실존적 한계 상황에서 경험되는 선험적(a priori) 초월성을 기독교 신학의 또 다른 준거점으로 삼아야 한다는 입장을 유지했다. 그러나 그가 현대 신학에서 자연 신학을 다시 가능케 할 새로운 성찰이 등장했다는 사실을 자각해 가면서, 이전과는 다른 세계관 속으로 진입한다. 그것이 실존주의 신학을 극복하도록 추동한 두 번째 계기이다.

자연 신학의 새로운 가능성에 대한 죽재의 자각은 앞에서 언급했던 63년의 글 "신을 아는 길"에서 시작되고 있었다. 그것은 죽재가 실존주의를 넘어설 수 있는 존재·우주론에 관한 새로운 세계관을 적극적으로 모색하는 길로 들어서게 되었다는 사실을 의미한다. 그는 이 글의 결론에서 "자연 신학을 부활시키고 그리스도의 계시를 거기에 관련시키자는 제안"을 한다.[7] 이 제안은 자연 신학 대신 계시 신학 일변도의 사상적 편향을 달려왔던 칸트 이후부터 실존주의 철학의 시대까지 지속된 기독교 사상의 물줄기를 바꿀 새로운 과학적 발견과 철학적 성찰이 등장했음을 체감해가는 과정에서 생겨난 것이었다.

죽재는 앞의 글에서 이미 근대의 고전 물리학과는 다른 현대 물리학의 개념들을 새롭게 도입하여 자연 신학의 가능성을 모색하기 시작했다. '시간'과 '인과율'에 관한 상대성 이론, 물질을 '실체(substance)'가 아닌 '사건(event)'으로 보는 양자역학의 견해를 채택하여, 기독교적 세계관을 자연 신학적으로 새롭게 서술할 수 있

---

7 "신을 아는 길," 62쪽.

는 가능성을 모색한다. 특히 유기체 철학에 기초하여 새로운 차원에서 자연 신학을 전개했던 A. N. 화이트헤드, 테이야르 샤르댕, C. 하트숀과 같은 과정 신학의 의의를 소개하면서, "자연 신학의 장래가 이 신학적 방법에 달린 것"이라고 적극적으로 평가한다.[8]

죽재가 자연 신학의 새로운 가능성을 추구했다는 사실은 과소평가되어서는 안 될 중요한 사항이다. 자연 신학이란 매 시기의 철학과 과학이 길러낸 탁월한 지혜를 신학적 체계 안에 담으려고 하는 철학적 신학이다. 죽재가 "자연 신학의 부활"을 주장한 것은 18세기 이후 주류 기독교 신학에서 자취를 감춘 '철학적' 유신론의 현대적 복권을 의미한다. 사실 모든 종교 사상은 명시적이든 암묵적이든 간에 특정한 존재 · 우주론에 기초한 어떤 세계관과 결부되어 있다. 기독교 신학 역시 시대를 흘러가면서 특정한 세계관을 채택하고, 그 세계관 위에서 영원과 시간, 초월과 내재, 성(聖)과 속(俗), 역사와 유토피아(하나님 나라) 등의 두 이야기를 성공적으로 합류시키거나, 아니면 분리시켜 실패한다. 따라서 존재 · 우주론적 사유를 담은 철학적 유신론은 신학의 가장 근본적인 사상적 토대라고 할 수 있다.

역사적으로 볼 때, 기독교 신학은 자연 신학과 계시 신학의 상관관계 속에서 사상의 균형을 유지하려고 노력했다. 기독교 신학이 태동한 2세기 초의 신학적 변증에서부터 근대 계몽주의 시대에 이르기까지 신학은 자연 신학적 감수성과 자체담론을 보유하고 있었

8 "신을 아는 길," 52쪽.

다. 특히 13세기 중엽에 아리스토텔레스의 철학으로 기독교의 신학 체계를 집대성한 토마스 아퀴나스로부터 18세기 초엽의 라이프니츠에 이르는 500년 가까운 기간 동안, 기독교 신학은 자연 신학의 전성기를 맞았다. 이 기간은 소위 "우주론적 신 존재 증명"의 시대로서, 신학은 당대의 철학과 과학과의 대화 속에서 신의 존재를 우주론적으로 증명할 수 있다고 주장했으며, 또한 그 주장은 당대의 철학과 과학으로부터 동의를 획득했다.

하지만 18세기에 이르러 기독교적 세계관이 이신론(deism)이라는 초자연주의에 경도된 이원론적 세계관에 귀착되고, 그 종교적 세계관이 과학적 세계관과 대립하다가 마침내 서로 결별하게 되면서, 기독교 신학 안에서 존재 · 우주론을 다루는 자연 신학은 점점 자취를 감추게 되었다. 그 결과, 신에 관한 대부분의 신학 담론은 존재 · 우주론적 지평을 상실한 채, 오직 윤리 · 실존적 지평 위에서만 움직이게 되었다. 칸트로부터 실존주의 시대에 이르는 거의 2세기 동안, 대부분의 서구 기독교 신학은 신에 관한 경험과 지식을 인간의 윤리 의식이나 실존 의식과 연관지어 설명했다. 이 시기의 주류 기독교 신학은 자연과 우주 안에서 신의 활동을 해명하려는 '자연 신학'을 부정하고, 우주와 자연이라는 매개가 필요 없는 '계시 신학'을 표방했는데, 그것은 실상 우주 안에서의 신의 활동을 설명할 수 있는 철학적 언어를 상실한 신학이 선택할 수밖에 없는 불가피한 조치였다.

그렇다면, 실존주의 신학이 인간의 실존 상황에 착안했던 것은 그것의 철학적 한계—존재 · 우주론적 지평 상실—에 다름 아닌 것으로 읽을 수 있다. 인간의 실존 경험에서 우러나는 죄의식을 신에 관한 지식으로 이해했던 실존주의 신학은 영혼을 지닌 인간의 종교적 심성을 잘 포착했지만, 기독교 신학의 전통을 대변하는 신학으로서는 한계를 지닌 사유 체계였다. 왜냐하면 거기엔 존재 · 우주론이 빠져 있고, 그 부재는 실상 자신이 암묵적으로 전제하고 있는 철학적 유신론에 관한 해석학적 상상력의 부재였기 때문이다. 이렇게 자연 신학이 거세된 실존주의 신학에서 '두 이야기의 합류'는 개인의 실존 상황이라는 협소한 지점에서만 이루어졌다고 볼 수 있다.

죽재는 "자연 신학의 부활"을 말함으로써 두 이야기의 합류라는 신학적 드라마를 자연이라는 총체적인 우주의 지평으로 확장하여 그려내고자 했다. 그의 자연 신학적 시도는 1963년 "신을 아는 길"에서 시작되어, 1966년의 논문 "영혼의 편력"에서 이어진다. 그는 화이트헤드의 유기체 철학과 대화하며, 근대 과학이 그 형이상학적 존재론으로 전제하고 있는 실체론과 개체론과는 다른 "사건"적 존재론에 주목한다.[9] 그리고 1968년도의 "탈출의 공동체"라는 글에서는 다음과 같이 주장하기에 이른다.

> "많은 과학적 증거와 깊은 사색을 거쳐, 금일의 철학이 도달한 것은 종래의 존재론과 인식론을 폐기해야 하겠다는 결론이다. 진정한 존재론은 형이상학적 내지 실존론적 실재로부터 역사적 실재 곧 과

9 서남동, "영혼의 편력," 『전환시대의 신학』, 153-155쪽.

정, 관계, 기능의 존재론으로 옮겨갔다."[10]

죽재가 관심했던 것은 과정적 존재론 또는 관계적 존재론에 기초한 새로운 자연 신학이었고, 그 가능성을 가장 잘 보여준 사람으로서 그의 주된 대화 상대자가 된 사상가는 테이야르 샤르댕이었다. 죽재는 테이야르의 "수렴의 신학"이 "종교와 과학", "신의 사랑과 세계 신앙", "신의 실제와 세계 실제"의 관계를 통전적이고 유기체적으로 파악하여, "이원론의 극복"과 "미래의 비전"으로 요약되는 현대 신학의 두 가지 최대 과제를 수행하는 일에서 "[그] 어느 대답보다도 더 억센 설득력을 발휘"했다고 봤다.[11] 그가 테이야르 사상과 긴밀한 대화를 나누며 얻은 것은 관계론적인 생태 신학의 관점이었다.

오늘의 신학이 '화해의 복음'을 말하며, 인간관계, 세상적인 구원에 치중하는 사이에 인간 존재의 상황은 매우 달라졌다. 지금은 화해(reconciliation)의 복음을 넘어선 속량(redemption)의 종교가 필요하게 되었다. '화해'라는 개념에는 인격 관계[만이 담겨있]지만, 속량이라는 개념에는 자연 환경의 수선까지를 포함한다. 생태학적 전망, 총체적 과정(holistic process)에서 보면 신의 존재도 초월적 타자가 되기보다는 우주적 유기체다. 성육신한 신, 그리스도에 관해서 자기중심적, 이기적 욕심으로 물들인 지금까지의 신학이, 그리스도를 인간

10 서남동, "탈출의 공동체," 『서남동 신학의 이삭줍기』, 262-263쪽.

11 서남동, "떼야르 드 샤르댕의 '오메가 포인트'," 『전환시대의 신학』, 312쪽.

의 구주로만 국한한 데 대해서 생태학적 신학은 그를 우주의 완성(consummation)으로 보려는 것이다.[12]

죽재는 이제 기독교의 성육신 신앙을 인간과 역사에 한정시키지 않고 전 우주적 차원으로 그 지평을 넓힌 후, 그것을 유기체 철학의 언어로 설명한다. 존재 · 우주론적 세계관을 확립한 그에게 포착된 세계의 실재는, 신과 인간과 자연이 "하나의 생태계"를 이루고 그 관계는 "하나의 유기체적인 현상을 정시(呈示)"하며, 따라서 "신은 우주의 마음이고, 우주는 신의 몸"이라는 은유로서 표현된다.[13] 이렇게 "인간과 자연의 화해와 공동생활(symbiosis)"에 착안한 신학적 세계관을 가리켜 죽재는 "범재신론(panentheism)"이라고 불렀다.[14] 이미 "신을 아는 길"에서부터 화이트헤드와 테이야르와 하트숀의 신학적 세계관을 "범재신론"으로 소개하고, 그것을 가리켜 "인간의 자연 지식과 인간 이해가 혁명적으로 달라진 데 따라서 그 신관도 거기에 상응해 가고 있는 새로운 신론"이라고 평가한 바 있다.[15] 그때로부터 10년 가까운 기간 동안, 죽재는 '역사적 실재란 무엇인가'라는 물음에 대한 해답을 추구해오면서 마침내 범재신론이라는 신학적 세계관을 확립하고, 그것을 통해서 종래의 기독교 신학을 비판할 뿐만 아니라 기독교 신앙이 추구해온 본래적인 비전

12 서남동, "생태학적 신학 서설," 『서남동 신학의 이삭줍기』, 445쪽.

13 서남동, "자연에 관한 신학," 『전환시대의 신학』, 294쪽.

14 서남동, "생태학적 윤리를 지향하여," 『전환시대의 신학』, 280-282쪽.

15 "신을 아는 길," 53쪽.

을 오늘의 신학적 과제와 결부시켜 주장하기에 이른다. 죽재의 목소리를 들어보기로 하자.

> '창조'라는 것은 기독교 이외의 세계에서 '우주'라거나 '자연'이라거나 '세계'라는 말에 해당하는 성서적 용어이지요. 창조란 무엇이냐, 이렇게 볼 때에 인간의 자연을 보는 안목, 자연에 대한 지식이 혁명적으로 증가되고 새로워졌으니까, 하느님이 자연 전체, 우주 전체를 창조하고 또 창조해가시는 분이라면, 새롭게 알려지는 창조, '자연 전체'라는 것은 뭐냐 하는 질문을 하게 됩니다. 따라서 신의 이해도 달라질 수밖에 없지 않느냐 하게 됩니다. 이렇게 되니까 교회의 전통적인 신이 현대 지성에 대해서 점점 멀어지고 모호해지고 무력해지고 설득력이 적어지는 것이지요. 전통적인 기독교 신학이 이미 낡은 후퇴된 과거의 자연관이나 우주론하고 결탁되고 만 그런 것이기 때문이지요. 새로 자연과학적인 지식이 반영되고 그것이 성서적 계시와 부합되면 기독교 신학이 전체적으로 다시 새로운 활력을 얻을 수가 있고 창조주의 복권이라고도 할까요, [그것이] 이루어질 수 있는 것이지요. 이렇게 새로워지는 관계를 맺지 않는 한 기독교 창조신은 '교회 안의 신'이지 교회 밖에서 통용되는 신, 전체를 창조하는 신은 못되지요. 현대 지성인이 보는 전체 우주 창조 속에 있는 그런 신으로 다시 재현해야 된다는 것이 중요합니다.[16]

16 서남동, "해방과 참여의 신학," 『서남동 신학의 이삭줍기』, 321-322쪽.

죽재가 구축한 범재신론적 세계관은 역사적 현실 속에서 당하는 민중의 고난에 대한 신학적 응답을 체계적으로 제공할 수 있는 사상적 토대가 되었다. 1970년대 중반부터 본격화된 죽재의 민중신학은 한국 민중의 현실에 착안한 '상황 신학'의 성격과 그 고난으로부터의 해방을 추구하는 '정치 신학'의 성격을 갖고 있지만, 그것은 실상 매우 포괄적이고 문명비판적인 세계관 위에서 전개된 신학이었다. 우리가 죽재의 민중신학을 바로 이해하고자 한다면, 그가 민중신학적 주장을 시작하기 이전에 이미 견고한 철학적 사유를 바탕으로 자신의 신학적 세계관을 확립해두었다는 사실을 기억해야 할 것이다.

죽재가 유기체 철학을 종합하고 그 토대 위에서 철학적 유신론을 완성했던 화이트헤드의 사상을 자신의 사상과 일치시켰다는 사실을 언급할 필요도 있다.[17] 화이트헤드의 유기체 철학에 기초한 과정 신학이 범재신론이라는 신학적 세계관 위에서 신과 세계의 관계를 역동적인 유기체적 관계로 해석하듯이, 죽재 역시 신과 세계라는 두 이야기를 합류시켜 자신의 민중신학을 전개했다. 죽재가

---

17 서남동, "[과학과 근대세계] 서평," 『서남동 신학의 이삭줍기』, 479쪽. 죽재는 다음과 같이 밝힌다. "어떤 사람들은 인간 역사의 지평을 전부라 생각하고, 자연사의 지평이나 형이상학은 불필요하거나 허구라고 생각한다. 그러나 현대인은 지금 나타나는 자연사의 지평에 눈을 감을 수 없고 또 형이상학이 불가피하다고 생각하는 사람들이 있다. 나는 그중의 한 사람이다. 어떤 사람들은 사회의 인간화 과정에서만 신의 역사를 본다고 하고, 인류의 출현이니 영의 차원에서는 신의 역사를 보지 못한다고 한다. 어떤 사람들은 자연 철학에서는 신은 가려졌고 거기에는 신의 자리는 없다고 하지만, 나는 화이트헤드에 따라서 거기야말로 성서의 신, 창조주가 계시된다고 보는 사람들 중의 한 사람이다."

자신의 글 "민중의 신학"을 고쳐 완성한 후 "두 이야기의 합류"라는 제목을 새롭게 단 것은 우연이 아니었다. 그는 민중의 고난을 보면서 그리스도의 고통을 보았고, 민중의 희망을 통해서 신의 섭리를 봤다. 죽재에게 민중에 관한 이야기는 신의 이야기였고, 이 두 이야기는 범재신론의 지평 위에서 합류하고 있었다.

"두 이야기의 합류" 개념은 죽재의 범재신론적 민중신학의 특징을 말해준다. 그가 두 이야기의 합류를 "신과 혁명의 통일"이라고 주장했던 것은 범재신론적 세계관을 염두에 두었을 때에야 비로소 그 의미의 전모가 드러난다. 죽재의 "신과 혁명의 통일"을 비판했던 소위 '정통' 신학은, 신과 혁명이라는 두 이야기는 결코 합류할 수 없다고 볼 수밖에 없는 특정한 세계관에 기초하고 있었다. 그 세계관이란 초자연주의에 경도된 이원론적 우주론에 기초한 것으로서, 그 세계관에 포섭된 신학은 기독교 종교가 본래부터 추구해온 "두 이야기의 합류"를 결코 해명할 수 없는 자체 결함을 지니고 있다. 그 신학적 세계관에서, 성(聖)과 속(俗)은 서로 다른 공간이요, 영원과 시간은 서로 분리된 시간이며, 역사와 하나님 나라는 서로 대립하며, 이 세계를 초월한 신은 이 세계에 (좀처럼) 내재하지 않는다. 두 이야기는 결코 합류할 수 없는 서로 다른 이야기가 되는 것이다. 그러나 죽재의 범재신론적 세계관에서 "신과 혁명은 통일" 되며, 민중의 자력적 구원은 신의 타력적 구원을 배제하지 않고, 역사 속에서 구현될 것으로 희망되는 천년왕국의 상징은 역사 너머에서 이뤄질 신국의 상징과 대립하지 않는다. 두 이야기는 반드시 합류한다. 이 세상에게 주는 신의 복음이 있다면, 바로 그것이다.

이렇게 죽재 사상에 담긴 관계론적 유기체적 사유의 특징은 강조될 필요가 있다. 우리는 "두 이야기의 합류"라는 개념에 담긴 죽재의 생각을 이해하기 위해서 그의 전체 학문 여정에서 이 개념이 확대되고 명료해지는 발전 과정을 지녔다는 점을 봐왔다. 이 글에서 그 개념에 담긴 사상사적 배경을 민중신학 이전 시기로까지 확장하여 설명한 까닭은 그간 발생했던 죽재의 사상에 대한 오해와 편협한 이해를 시정하기 위해서다. 여기서 오해라 함은 신학적 보수주의에서 일어난 잘못된 문제 제기를 말함이요, 편협한 이해라 함은 동일한 민중신학 진영에서 발생한 빗나간 접근을 의미한다.

신학적 보수주의는 자신들의 특정한 세계관으로는 포착되지 않은 죽재의 사상을 기독교 신학의 전통에서 단절된 것이라고 평가하는 무의식적 편견을 드러내곤 했다. 그러나 그것은 죽재의 민중신학이 얼마나 풍요로운 사상적 내용을 담고 있는지를 파악하지 못한 인식의 자기 한계를 표출한 것에 불과하다. 죽재는 기독교 신학이 품고 길러온 다양한 전통과 철저한 대화를 하는 한편, 자연 신학의 언어와 지혜를 잃어버린 현대 신학의 한계를 넘어서고자 했다. 그 사상 여정의 결과물이 "두 이야기의 합류"이다. 이 개념은 보수주의 신학이 줄곧 시달려온 제반 신학적 이원론을 극복하고, 온 우주 안에 역사(役事)하는 신의 섭리를 증언코자 했던 기독교 신학의 본래적 이상을 오늘의 언어로 표현해낸 것이다. 또한 그것을 민중의 고난과 결부지어 서술하고자 했던 죽재의 민중신학은 고난당하는 사람들에게 구원의 손길을 펼친 하나님의 이야기로 가득한 성경의 근본 메시지를 오늘의 고난당하는 사람들을 위해서 복원시킨 것이다.

다른 한편 죽재의 민중신학을 특정한 컨텍스트에서 적용되는 상황 신학으로 보거나, 역사적 해방이라는 주제에만 주목한 정치 신학이라고 평가하는 것은, 죽재 사상의 전모와 깊이를 모두 담지 못한 단편적 이해라고 할 수 있다. 죽재의 민중신학이 범재신론이라는 포괄적인 세계관 위에 기초한 신학이라는 점과, 그가 전통 신학의 탈역사주의적 성격을 비판하기 위해서 "천년왕국의 상징"을 도입했음에도 불구하고 여전히 "신국 상징"을 포기하지 않고 두 상징을 "타원형의 두 중심점같이 병존"시켜야 한다고 누차 강조했던 이유를 이해해야 한다.[18] 죽재의 사상에는 일반적으로 상황 신학이나 정치 신학이라고 규정되는 범주 안에 모두 담기지 않은 사상적 요소가 있다는 점을 이해하는 것이 필요하다. 그것이 21세기라는 변화된 여건에서 민중신학을 전개·발전시키는 데 요구되는 자세일 것이다.

1980년의 한 인터뷰에서 죽재가 했던 말을 들어보자. "나의 사관은 '하느님께서 인간의 역사를 이끄신다'는 말로 공식화할 수 있겠습니다."[19] 이 표현은 기독교 신앙인이 할 수 있는 가장 단순한 고백이자 가장한 심원한 선언이라 하겠다. 또한 그것이 죽재가 "두 이야기의 합류"라는 개념으로 응축시킨 기독교 신학의 원점이라고 할 수 있다. 기독교 신학은 신비로운 신의 초월에만 탐닉하는 영원회귀의 종교 신화를 따라 움직이지 않으며, 신의 내재를 세계와 동

18 "두 이야기의 합류," 57쪽; "'십자가-부활'의 현실화," 320쪽.

19 "민중신학을 말한다," 171쪽.

일화하여 신의 초월에 담긴 종교적 희망을 해소시키지도 않는다. 신은 세계와 "합류"한다. 그곳이 어디인가? 죽재는 그곳을 민중이 고통당하는 현실이라고 봤다. 그곳에서 벌어지는 해방을 향한 창조적인 활동에서 신의 타력적인 구원의 섭리와 민중의 자기초월적인 자력적 투쟁이 합류한다.

이 지점에 도달하기까지 그의 사상은 두 단계의 도약이 필요했다. 첫째 도약은 "두 이야기의 합류" 지점을 인간의 경험 세계로 한정했던 실존주의 단계에서 그 합류 장소를 우주의 창조적인 진화 과정 전체로 확장시켜본 범재신론적 세계관으로의 존재·우주론적 비상이다. 둘째 비상은 범재신론적 세계관의 참된 의미를 민중의 자기초월적인 활동 지점으로 응축시켜 주목케 하는 실천론적 집중이다. 21세기를 견뎌낼 수 있는 종교 영성이란 두 가지 차원을 품은 정신 운동일 것이다. 그 하나는 자기와만 관계하는 신이 아니라 자기를 넘어선 타자, 그리고 그 타자의 총합인 세계 전체와 연관된 신의 드넓은 활동에 관한 묵상이요, 다른 하나는 그 묵상이 명상과 관조에 머물지 않고 세계구원의 길을 꿈꾸는 새로운 환상과 이상, 그 창조적 상상을 실제화시키는 실천이다. 죽재의 "두 이야기의 합류" 개념은 이 두 차원의 영성을 담고 있다.

이제까지 "두 이야기의 합류"를 신학적 세계관의 차원에서 서술해왔다면, 마지막으로 강조하고자 하는 것은 이 개념에 담긴 실천론적 차원이다. 죽재가 자신의 사상 투쟁을 마치고 꽃피운 민중신학은 바로 이점에 대한 강조이다. 신과 세계를 '이해'하는 것에 그치지 않고 고난당하는 피조물과 민중의 구원에 관한 믿음과 그 믿음을 살아내는 '실천'에 대한 관심, 이점에 대해서는 죽재 자신의 말로 대신한다.

> 오늘 우리에게는 두 갈래 증인의 전통이 있다. 성서의 믿음의 증인들의 전통과 우리나라 역사상에 뻗어나간 민중운동의 전통 말이다. …… 그 두 전통이 오늘의 우리에게 합류되고 있다. …… 오늘 우리는 이 두 전통을 이어받아야 한다. 그것은 이 땅에서 태어나서 오늘을 사는 한국 크리스천들의 역사적 운명이다. …… 나는 이러한 믿음의 전통을 이어받는 것이 곧 예수만을 바라보는 것이라고 생각한다. 증인의 전통을 이어받는다는 것, 예수만을 바라본다는 것은 역사적 지식의 문제 곧 이론의 문제가 아니고, 실천의 문제 곧 프락시스의 문제이다. …… 예수를 바라본다는 것은 편협한 교조주의가 아니고 실천의 굳은 의지를 말한 것이다.[20]

죽재의 "두 이야기의 합류" 개념은 그가 한 평생 추구해간 신학의 목표, 즉 기독교 신학이 증언해야 할 것이 무엇인지를 말해준다. 그는 이 개념을 통해서 역사 속으로 화육하는 하나님, 고통당하는 민중(과 모든 피조물)에 대한 신의 구원 계획—생명, 평화, 정의에 관한 신적 비전—이 구현되는 장소로서의 역사(와 우주)가 지닌 중층적 구조와 역동성, 그 신적 비전에 참여함으로써 비로소 존재 의미를 갖는 기독교 신앙의 고유성 등을 담아내고자 했다. 우

---

20 "恨의 사제," 41쪽.

리는 이 개념을 종교인으로서 그가 해나간 총체적인 종교 사상적 모험을 압축시킨 말로 이해해도 좋을 것이다. 이 개념에는 전통적인 교리의 답습을 넘어서 진리의 바다에 가닿으려는 진리에 대한 추구가, 그 진리 담론이 추상에 머물지 않도록 고통과 희망이 교차하는 생명 현실에 주목하도록 하는 생명에 대한 추구가, 그 생명에 대한 갈망이 이기적 욕망으로 환원되지 않도록 신의 부르심의 차원으로 끌어올리는 신에 대한 추구가 오롯이 새겨져 있다.

2) 성령론적, 공시적 해석: "두 이야기의 합류"를 드러내는 신학적 해석학

죽재가 추구해간 기독교 세계관이 '역사적 실재' 속에 담긴 '신의 활동', 그 "두 이야기의 합류"였다면, 그 합류가 일어나는 지평을 드러낼 수 있는 해석학적 방법론은 무엇일까? 죽재는 그것을 "성령론적 · 공시적 해석"이라고 불렀다. 이 방법론은 다음과 같이 설명되고 있다.

> 한국의 민중신학의 과제는 기독교의 민중전통과 한국의 민중전통이 현재 한국교회의 '신의 선교' 활동에서 합류되고 있는 것을 증언하는 것이다. 현재 눈앞에 전개되는 사실과 사건을 '하느님의 역사개입' 성령의 역사, 출애굽의 사건으로 알고 거기에 동참하고 그것을 신학적으로 해석하는 일이다. 거기에 동참한다는 것은 그 전통을 이어받는다는 것이며 그것을 신학적으로 해석할 때에 위에 전제한 전거

들이 필요불가결하게 된다. 이것을 필자는 성령론적 · 공시적 해석 (pneumatological-synchronic interpretation)이라 하고, 전통적인 기독론적 · 통시적 해석(christological-diachronic interpretation)과 대조시킨다.[21]

여기서 그는 "성령론적 · 공시적 해석"을 기독교 신학의 새로운 방법론으로 제시하면서, 이 방법론을 기독교 신학의 전통적인 방법론인 "기독론적 · 통시적 해석"과 대비시키고 있다. 하지만, 죽재는 이점에 대해서 이와 같은 짧은 선언만 남겼을 뿐 다른 부연 설명을 하지 않았다. 따라서 우리의 과제는 그가 가졌던 문제의식을 파악하고, 그것이 어떻게 전개되어나갔는지를 추적하는 것이 되겠다. 죽재는 왜 새로운 해석학적 방법론을 도입해야만 했을까? 그리고 그러한 도입이 필요하다고 체감해갔던 과정은 어떠했는가? 이 질문을 안고 "성령론적 · 공시적 해석"이 지닌 신학적 의의에 대해서 살펴보기로 하자.

앞에서 우리가 "두 이야기의 합류"라는 개념이 죽재의 사상사 전체를 꿰뚫고 있었다는 점에 대해서 살펴봤듯이, "성령론적 · 공시적 해석" 역시 동일한 전제를 갖고 접근할 수 있다. 다시 말해서, 죽재가 "성령론적 · 공시적 해석"을 통해서 증언하고자 했던 것은 '역사적 실재'에 관한 그의 오래 된 물음과 깊이 결부되어 있다는 것이다. 신과 세계/역사라는 두 이야기가 합류하는 '실재'의 본성

21 "두 이야기의 합류," 78쪽.

과 구조에 대한 전통적인 신학적 증언 방식에 관한 죽재의 문제의식은 실존주의 신학 이후 세속화 신학과 대화하면서 본격화되어갔으며, 유기체 철학과 대화하는 과정을 통해서 자신의 방법론을 완결지었고, 최종적으로 민중신학을 통해서 집약되어 표출되었다. 이 과정에 대해서 하나씩 나눠서 생각해보기로 하자.

먼저, '성령론적' 해석이 문제 삼은 것은 무엇인가? 죽재가 성령론적 해석을 주장하게 된 과정은 전통적인 '기독론적' 해석의 한계와 문제점을 느껴간 과정과 일치한다. 여기서 기독론적 해석이란, 오늘의 구원이 자신을 대신해서 십자가에 달려 죽은 그리스도의 대속적인 행위에 대한 믿음(지적인 동의)을 통해서 가능하다는 신학적 주장을 말한다. 이 기독론적 신학은 기독교가 오랫동안 자신의 종교적 신념을 설명하기 위해 활용해온 특정한 유신론(초자연주의적 이원론)에 기초한 것으로서, 인간의 타락과 죄를 강조하면서 이에 상응하여 구원의 '타력적' 성격을 주장해왔다.

이 신학적 세계관은 서로 연관된 일련의 사유 체계를 지니고 있다. 예를 들어, 저 세상에 존재하는 초월적인 신, 그 신을 알 수 있는 유일한 증거로서의 성경, 신의 뜻을 저버리고 죄인이 된 인간, 인간을 죄로부터 구원하기 위해서 동정녀의 몸을 빌려서 세상으로 온 예수, 예수에 대한 믿음(그가 행한 일에 대한 지적인 동의)을 통해서 얻게 될 구원, 구원받은 사람들의 모임으로서의 교회, 구원의 길을 모르는 사람들에게 예수의 가르침을 전하는 행위로서의 교회의 선교, 구원받은 자가 죄로 물든 이 세계를 떠나서 얻게 될 영원한 구원으로서의 영생(afterlife), 이 세계의 종말로서의 천국과 지옥 등이 바로 그것이다. 이와 같은 신학적 이해는 기독교의 전통적인 교리라고 일컬어져왔지만, 실상은 일정한 철학적 유신론에 기초하여 형성된 신학적 해석이라고 할 수 있다. 기독교 신학이 오랫동안 사용해온 고전적인 철학적 유신론은 자연과 초자연을 이원론적으로 분리시켜 사고하는 우주론에 기초한 것으로서, 그 오래된 역사만큼 소위 '전통 신학'이라는 이름으로 불리면서, 마치 기독교 교리 자체인 것처럼 여겨졌다. 그리고 그 사상적 지배력은 20세기 전반부를 풍미했던 실존론적 신학의 시대까지 지속되었다. 그러나 죽재는 그러한 주장이 더 이상 신학적 기능을 발휘할 수 없게 되었다고 판단했다.

죽재는 그 증거를 서구 기독교 문명 내부로부터 등장한 무신론에서 발견했다. 다시 말해서, 무신론의 등장이란 전통적인 신학 방법론이었던 기독론적 해석이 자기 시대의 종교 정신을 이끌고 갈 수 있는 사상적 힘을 더 이상 유지할 수 없게 되었다는 사실을 반증하는 역사적 증거라고 본 것이다. 따라서 기독교의 전통적 주장에 대한 서구(기독교) 문명의 응답이 무신론이었다면, 이제 기독교 신학은 전통적인 방식과는 근본적으로 다른 시대 분석과 신학적 응답을 제공해야 할 새로운 과제를 갖게 되었다고 할 수 있을 것이다.

이러한 전환점에서 죽재는 먼저 무신론의 등장이 주는 역사적 의미를 적극적으로 파악하고자 했다. 그는 무신론과 함께 "닥쳐오는 미증유의 신학적 폭풍"에 맞서기 위해서는,[22] '기독론적 해석'을

---

22 서남동, "그리스도론적 무신론," 『전환시대의 신학』, 30쪽.

여전히 전제하고 있는 실존주의 신학의 한계를 넘어서야 한다고 느꼈다. 실존주의 신학은 "개인의 내면성, 주체성, 인격적 관계, 사적인 것만이 삶의 본래의 순수한 영역이고, 그 밖의 것은 모두 '외화(外化)' 내지 '소외'라고" 봤다.[23] 이 주장은 인간의 실존성에 대한 탁월한 이해를 지니고 있음에 분명하지만, 사상사적으로 볼 때 그것은 전통적인 기독론적 해석이 적용/수용될 수 있는 "순수한 영역"이란 이제 개인의 실존 경험밖에 남지 않았음을 직감한 신학의 본능적 의식을 표출한 것이라고도 할 수 있다. 세상은 더 이상 기독교의 전통적인 주장인 기독론적 해석을 받아들이지 않는 무신론의 시대가 되었고, 그로 인해 기독론적 해석이 수용될 만한 곳은 소외된 상태에서 구원을 갈구하는 실존 의식뿐이기에 그것을 매개로 삼아 기독교 신학을 전개해야 한다는 방식인데, 이러한 이해는 보다 근원적인 해결책을 인지하(기에는 시간이 무르익)지 못한 것이라고 할 수 있다. 여기서, 보다 근원적인 해결책이란 기독론적 해석 자체를 청산하고, 새로운 해석을 도입하는 것을 뜻한다.

죽재의 이러한 문제의식은 "그리스도교 전통의 재고품 청산 작업"을 수행한 무신론의 적극적인 측면을 수용하면서, 무신론 시대를 살아갈 수밖에 없는 사람들에게 새로운 신학적 해석을 제공하고자 했던 '세속화 신학'과의 대화로 이어진다.[24] 세속화 신학은 무신론이 몰고 온 자신의 시대를 비극으로 평가하지 않았다. 무너져야 할 것이라면 당연히 무너져야만 한다고 봤다. 세속화 신학이 제

23 "민중신학을 말한다," 167쪽.

24 "신을 아는 길," 42쪽.

공한 탁월한 측면은 자기 시대 인식이다. 세속화 신학은 이제 기독교가 "콘스탄틴 이후 시대(post-Constantine Era)" 또는 "탈 기독교 시대(post-Christian Era)" 또는 "종교 이후 시대(post-religions Era)"를 살아갈 수밖에 없다고 봤다.[25] 이 시대는 기독교의 전통적인 제도와 신학이 더 이상 기능할 수 없는 시대를 의미한다. 콘스탄틴 이후 시대란 기독교가 국가 종교로서의 제도적 호황기를 더 이상 누릴 수 없다는 것을 의미하고, 탈 기독교 시대란 기독교를 유일하고, 참되며, 절대적인 종교로 봤던 정신 구조가 허물어진 시대를 뜻하며, 종교 이후 시대란 '신'을 전제하는 종교적 사유를 반드시 필요로 하지 않는 세속화 시대의 등장을 의미한다. 이러한 시대를 만드는 과정에서 무신론이 적극적인 역할을 수행하기도 했고, 반대로 무신론의 등장 자체가 그러한 시대가 도래했음을 드러내는 증거이기도 했다.

근대 후기에 대두된 무신론은 근대 사회가 인간을 "도구화 · 물상화"하면서 문명을 "강압적이고 악마적인" 상황으로 끌어갈 때, 인간의 자유와 평등을 향한 저항 정신과 결합되어 등장했고, 그 "저항의 궁극적 대상"으로 신을 삼았다는 점에서 무신론은 "요청적인" 측면을 가졌다고 죽재는 평가한다.[26] 그래서 그는 무신론의 활동에 의해서 만들어진 (신이 없는, 또는 신을 죽인) 세속화 현상을 도리어 "기독교의 변태"이자 "복음의 내적 충동"으로 본 세속화

---

25 "세속화의 과정과 그리스도교," 228–229쪽.

26 서남동, "유신론과 무신론의 대화," 『전환시대의 신학』, 16쪽.

신학의 주장에 동의한다.[27]

그럼에도 불구하고 죽재는 세속화 신학의 입장에 자신을 일치시키지는 않았다. 그는 세속화 신학이 전통적인 방식의 '기독론적 해석'을 극복함으로써 세속화된 시대에서 기독교 신학의 새로운 가능성을 모색했음에도 불구하고, 그 신학이 기독교 신학의 가장 큰 물음이자 자신의 근본 물음이었던 신과 세계가 '합류'하는 역사적 실재를 밝혀줄 신학적 사유를 제공하지 못한다고 판단한 것이다. 죽재는 "(전통적인) 유신론을 '배격'하고, 무신론을 '돌파'하려고" 했다.[28] 그가 무신론을 돌파하려고 했던 이유는 무신론의 적극적/해방적 의미를 수용하되, 그 사유의 방식까지 받아들일 수는 없었기 때문이다. 왜냐하면 기독교 신학이 근대의 기계론적, 이원론적 세계관과 결합되어 전통적인 유신론을 형성했듯이, 그 유신론을 비판하는 무신론 역시 "근대의 자연관의 부산물"일 뿐이라고 이해했기 때문이다.[29] 따라서 그는 "유신론과 무신론을 넘어선 그 무엇"을 찾아야 한다고 봤다.[30] 그의 말을 들어보자.

---

27 서남동, "세속화의 과정과 그리스도교," 『전환시대의 신학』, 232쪽, 233쪽.

28 "유신론과 무신론의 대화," 13쪽.

29 "유신론과 무신론의 대화," 15-17쪽. 유신론과 무신론 모두가 근대적 사유체계에서 비롯된 것으로 본 죽재의 판단은 정확하다. 그는 "무신론은 유신론에 대한 필연적인 반동"으로서 "무신론은 유신론의 허상"이라고 말한다. 즉, "자연이 비인격화하니까 자연을 넘어선 초월신론—deism과 같은—이 반동과 대가로 발생하고, 이러한 유신론에 다시 반동해서 무신론이 생긴다"는 것이다.

30 "유신론과 무신론의 대화," 17쪽. "유신론과 무신론의 대화"를 쓴 1962년도의 죽재는 폴 틸리히의 사상에 의존하여 유신론과 무신론을 동시에 극복하는 길을 모색했다. 틸리히는 근대의 초자연주의적 유신론이 전제하고 있던 신, 그 신을 부정한 무신론, 이 둘을 비판하며 신은 "존재의 기반(the ground of being)"이지 실제

> 필자는 생각하기를 신학적 무신론은 그리스도 신앙을 명료하게 하는 데 큰 도움을 줄 뿐만 아니라, 앞으로의 그리스도교 신학을 재활 발전시키는 데 큰 공헌을 할 것이라고 보는 바이다. 그러나 우리가 알아야 할 것은 신학적 무신론이나, 요청적 무신론이나, 유물론적 무신론이 유신론을 청산일소해버리는 것은 아니다. 필자는 신학적 무신론의 의의와 공헌을 인정하고 배우면서도 그와 동시에 무신론 극복의 정도는 예나 이제나 여전히 자연 신학(자연 신학의 주제는 신의 존재를 논구하는 것), 새로운 자연 신학 내지 철학적 신학을 추구하는데 있다고 생각한다.[31]

모든 사상은 일정한 형이상학적 전제를 갖고 있으며, 기독교 신학 역시 특정한 철학적 세계관을 전제하고 있다. 따라서 (전통) 신학의 한계를 극복할 수 있는 가장 근본적인 작업은 그것이 전제하고 있는 사유 체계를 무너뜨리고, 새로운 세계관을 건립하여 그 위에 사유의 집을 다시 짓는 일일 수밖에 없다. 죽재는 그 작업을 '성령론적 해석'으로 수행했다.

죽재의 '성령론적 해석'은 두 가지 주요 관심을 갖고 있다. 그 하나는 세속화 신학과 공유하는 것으로서, 복음을 실천적/정치적으로 해석하는 것이다.[32] 전통 신학이 신을 역사로부터 분리시키고, 실

하는 존재(existing being)는 아니라고 주장했다. 즉 신을 실제하는 존재로서 전제한 유신론과 무신론은 잘못되었다는 것이다. 그러나 죽재는 얼마 지나지 않아서, 새로운 자연 신학의 필요성을 주장하면서 틸리히의 견해로부터 벗어난다.

31 "그리스도론적 무신론," 40-41쪽.

32 "민중신학을 말한다," 166쪽.

존주의 신학이 역사로부터 분리된 그 신을 인간의 실존 의식에 국한시켜 최소한의 인식론적 연관 관계를 유지하고자 했다면, 세속화 신학은 이미 그 신은 사라졌음을 선언하고 신앙인의 실천적 차원에서 신과의 관계를 회복하고자 했다. '신 없이, 신 앞에!'라는 세속화 신학의 슬로건이 바로 그것을 가리킨다. 그것은 '신 앞에' 서고자하는 실천을 통해서 '없는' 신을 연상하게 하는 방식이었다. 그러나 죽재는 세속화 신학의 프로젝트만으로는 부족하다고 느꼈다. 왜냐하면 '없는 신'이 전제된 기독교적 실천은 지속 가능하지 않고, 신학적 사유가 근본적으로 불가능하기 때문이다.

따라서 죽재의 성령론적 신학은 세속화 신학과는 다르게 자연 신학을 모색하는 길을 걸었다. 그는 "새로운 자연 신학"이 (전통 신학이 주장해온 방식으로 존재하는) 신이 죽은 세속화 시대에 다시 신을 이야기할 수 있는 신학적 사유의 토대를 제공할 수 있을 것이라고 생각했다. 여기서 자연 신학이란 신과 세계를 새롭게 해석하여, "항상 내재적(內在的)이고 지금 하시는 하느님의 활동", "지금 살아 계신 하느님"을 증언하려는 것이다.[33] 죽재는 성령론적 해석을 통해서 "자연 신학을 회복"하고, 이로써 정치 신학적 실천을 뒷받침할 신학적 세계관을 구축하고자 했다. 그리고 이 신학적 세계관은 "두 이야기의 합류" 개념으로 표현되었다.

그렇다면, 죽재의 성령론적 해석이란 정치 신학과 자연 신학을 창조적으로 결합하여, 세계 속에서 활동하는 신과 그 신의 활동

33 "민중신학을 말한다," 166쪽.

에 능동적으로 참여하는 세계/인간, 이 둘의 관계를 증언하려는 것이라 할 수 있다. 성령론적 해석은 신의 창조와 구속 활동을 해명하려는 기독교 신학의 본래적 사명과 연관되어 있으며, 인류/우주의 희망에 대한 기독교의 비전인 종말론으로 관심을 이동하고 있는 현대 신학의 전반적인 동향을 반영하고 있다. 죽재는 성령론적 신학을 통해서, "역사에나 성례전에나 성서에나 신학에 묶어둘 수 없"는 신의 활동을 '성령'의 관점에서 조망하고, 이것을 "오는 시대(the Age to come)"에 대한 종말론적 비전을 강조한 성경의 본래적인 메시지와 결부시켰다.[34]

죽재는 성령론적 신학의 전거를 12세기의 신학자 요아킴 플로리스(1135~1202)의 사상에서 찾았다. 요아킴은 성부의 시대가 신에게 인류가 복종하는 율법의 시대요, 성자의 시대가 신의 아들에 관한 믿음과 교리가 지배하는 교회의 시대라면, 성령의 시대는 신의 보편적인 은총 속에서 인류가 사랑과 자유와 기쁨을 누리는 영의 시대라고 특징지었다. 그리고 자신의 시대를 바로 성령의 경륜이 주도하는 "성령의 제3시대"라고 주장하면서, 인류의 종말론적 구원에 관한 기대를 소생시키려고 했다. 죽재는 요아킴의 사상을 전통적인 기독교 주류 신학의 모체였던 어거스틴의 사상과는 다른 "혁명사관"으로 높이 평가했다.[35] 어거스틴의 신학에 담긴 이원론적 역사 이해, 역사에서 종말론적 긴장을 제거함으로써 생겨난 교회의 지배 체제, 여기서 파생된 교권주의적 기독교 정복주의와 승리주의

34 서남동, "성령의 제3시대," 『전환시대의 신학』, 124쪽.

35 "성령의 제3시대," 125쪽; "예수 · 교회사 · 한국 교회," 16-17쪽.

등에 관한 의식적인 비판이 요아킴의 사상에 담겨 있다는 것이다. 죽재는 요아킴의 사상이 땅 위의 모든 것이 "부패하고 멸망"하기보다는 "변모하고 갱신된다"는 신념을 가진 것으로서, 진리가 새로운 단계로 도약하도록 모험할 것을 촉구하는 사상이라고 평가했다. 그리고 그 사상이 탈 기독교 시대로 표현되는 오늘날에 절실히 요청되는 신학의 방향이라고 보았다.[36]

다시 말해서, 죽재는 요아킴의 "성령의 제3시대" 사상이 "어거스틴적인 '교회 시대' 사관에서 거세된 혁명적인 기대"를 회복시키고, "억압의 이데올로기"와 "정치 종교"로 변질된 기독교 전통을 우리 시대에 바로 세울 수 있는 단초를 마련한다고 봤다. 그리고 요아킴의 사상을 재해석한 자신의 성령론적 신학을 통해서, "민중의 시대"로 일컬어질 탈 기독교 시대에 기독교의 본래적인 사상을 "재(再)기독화"하는 해석학적 방법론을 만들려고 했다.[37] 그는 이 방법론을 가리켜서 "자기 존재를 발전시키고" 있는 신의 "점진적인 계시 과정"에 주목하는 신학으로서 "민중신학의 전거"가 된다 말한다.[38]

전통적인 기독론적 해석이 "이미 주어진 종교적인 범주"에 맞는 해석을 추구하면서 오늘의 신학적 정당성을 과거(이천 년 전의 예수와 그에 관한 전통 교리)에서 찾은 반면, 죽재의 성령론적 해석은 "지금 현실의 경험과 맥락"에 맞는 신학을 추구하기 위하여 과

36 "성령의 제3시대," 128쪽.

37 "성령의 제3시대," 132쪽.

38 "두 이야기의 합류," 59쪽.

거의 전거를 활용하는 특징을 갖고 있다.[39] 이것이 죽재의 성령론적 해석의 특징, 즉 기독교 신학이 증언하고자 하는 핵심 사항인 우주 만물을 구원하기 위해 '지금 활동하고 있는 신'(요 5:17)에게 주목하는 모습이다. 그가 이런 주장을 하게 된 까닭은 기독교 신학의 준거점을 신이 행한 과거의 일에서 찾지 않고 신의 현재적 활동에서 찾았기 때문이다.

이제 "성령론적 · 공시적 해석"의 두 번째 부분, "공시적"이라는 개념에 관한 토론으로 이동할 수 있겠다. 죽재는 "공시적" 해석을 "통시적" 해석과 대비시키면서, 신의 현재성에 주목하고 있는 자신의 성령론적 신학과 "공시적" 해석이 상응 관계에 있다고 봤다. 여기서, 통시적(通時的) 해석이란 해석의 정당성을 과거의 준거점으로 시간을 거슬러 올라감으로써 얻는 방식이요, 공시적(共時的) 해석이란 "두 이야기의 합류"가 발생하는 현재적 지평, 즉 현재 사건을 일으키고 있는 신에 관한 증언의 능력에서 해석의 정당성이 형성된다고 보는 방식이다.

1967년에 쓴 "현재적 그리스도"라는 글에서, 죽재는 기독교 신앙의 고유성이란 "그리스도의 현재성"을 주장하는 것에 있다고 이미 말한 바 있다. 그는 "그리스도의 부활과 파루시아(parousia)와 성육신"은 과거가 아니라, 그리스도의 "현재성"을 가리킨다고 주장한다.[40] 이 논문은 죽재가 실존주의 신학과의 대화를 마치고 세속화 신학과 씨름하던 시기에 작성되었지만, 그 내용은 70년대부터 본격

39 "두 이야기의 합류," 78쪽.

40 "현재적 그리스도," 65쪽.

화된 유기체 철학이나 민중신학적 사유의 특징을 이미 갖고 있다. 이 논문의 내용을 따라가면서 그 "현재성"을 이해하고 해명할 수 있는 해석학적 방법론으로 제시된 "공시적" 해석이 어떻게 펼쳐지고 있는지 살펴보기로 하자.

죽재는 이 글에서 그리스도를 세 양태, 즉 "케리그마적 그리스도", "세속적 그리스도", "우주적 그리스도"를 분류하고, 차례대로 그 현재성의 의미를 서술한다. 첫 번째 "케리그마적 그리스도"의 현재성은 실존주의 신학에 대한 비판이라고 할 수 있다. 실존주의 신학은 역사를 이원론적인 구도 속에서 '구속사'와 '세속사'로 나누고, 그리스도의 현재성이 등장하는 본질적인 지평을 역사(history) 자체가 아니라 실존적으로 포착되는 역사성(geschichte)에 있다고 주장했다. 따라서 그리스도에 관한 참된 지식으로서의 '케리그마'는 보편적 역사에서 발생하는 "역사적 지식"과는 다른 것으로서, 역사의 의미를 묻는 "신앙의 지식"과 관계되는 것으로 해석되었다. 그러나 죽재는 이러한 실존주의 신학에 대해서, 역사에 관한 "존재론"은 없고 "인식론"만 있다고 비판한다.[41] 그는 실존주의 신학이 "특수한 신앙의 논리나 성령의 역사(役事)를 가미"하여 예수의 역사적 의미를 파악하고 있다고 비판하면서, 그런 만성화된 "신학적 습성을 탈피"해야 한다고 주장한다.[42]

대신, 죽재는 역사에 관한 새로운 관점을 제시한 판넨베르크의 '보편사' 개념을 채택하여, 전통 신학의 "자연과 초자연의 [이원론적]

41 "현재적 그리스도," 69쪽.

42 "현재적 그리스도," 68쪽.

구분법을 교정"하고, 그리스도가 케리그마를 통해 등장하는 현재적 지평을 역사 자체, 즉 "보편사"라고 주장한다.[43] 실존주의 신학이 '케리그마의 그리스도'가 도래하는 현재적 순간을 보편적인 역사적인 삶 속에서가 아니라 '역사성'을 자각한 실존 의식에 있다고 본 반면, 죽재는 그 현재성이 보편사 위에서 계속해서 발생한다고 본 것이다.

> 참 역사는 매 순간의 영원한 현재도 아니고, 이 역사의 상층, 곧 구속사라고 불리는 초역사도 아니다. 본래적인 역사는 방향이며, 의미와 목표를 가진 보편사이지 위에 있다는 평행선의 윗줄이 아니다. 신의 존재 양식이라고 알려진, 또 목표를 향하는 역사는 '그리스도-케리그마'에서 그 의미와 방향이 알려진다. 역사적 예수는 또한 오실 메시아이기 때문이다. 그리스도가 보편사의 방향이다.[44]

이렇게 그리스도의 현재성을 보편적인 역사의 지평 위에서 발견할 수 있다는 생각은 두 번째 양태인 "세속적 그리스도"에 관한 설명에서 더욱 구체화된다. 여기서 죽재는 "성서의 신의 존재 방식"은 "역사(歷史)"이며, "성서의 계시는 역사적 사건"이라고 주장한다.[45] 그가 '역사'를 강조한 것은 세속화의 현실을 살아가야 할 오늘날의 신학이 과거의 신학과는 다른 "역사 의식"을 갖지 않으면 안 된다는 생각에서 비롯되었다. 죽재에 의하면, 기독교 신학은 이제 '탈 기독교 시대'를 살아가면서, "2천 년의 역사적 기독교가 그 성

43 "현재적 그리스도," 71쪽.
44 "현재적 그리스도," 71쪽
45 "현재적 그리스도," 72쪽.

서적 기원에 위배되지나 아니했는가 하는 반성"이 전제된 신학을 해야 하며, "성서적 계시를 현대적 사고 양식으로 재표현하여 타 종교 타 신앙들과 대화"하면서, "전체적 휴머니즘을 지향"하는 것을 목표로 전개해야 할 상황이다.[46] 또한 기독교 선교의 과제가 '지역적인 확장'이 아닌, "교회 구조 자체의 변혁"으로 이동해야 하며, "타계(他界)를 실재로 생각하고 현세를 가상으로 보는 종교적 실재관"을 변경해야만 하는 상황에 놓여 있다.

이런 역사 의식을 가질 때, 그리스도는 매우 세속적인 모습으로 현재화하고, 성서의 이야기는 새롭게 해석될 수밖에 없을 것이다. 죽재는 누가복음 10장에 나온 '선한 사마리아 사람'의 비유를 예로 들면서, "세속적 그리스도"가 어떤 모습으로 등장하는지를 설명한다. 전통적으로 교회는 그 비유에서 강도 만난 사람을 치료해준 '선한 사마리아 사람'이 그리스도(인)의 역할을 하는 것으로 설명해 온 반면, 죽재는 '강도 만난 사람'이 그리스도의 역할을 담당한다고 해석한다. 세속적 그리스도는 고난받는 형제로서 현실화하고 있기 때문에, 그 강도 만난 사람에게서 그리스도를 만나지 못하면 다른 어느 곳에서도 그리스도를 만나지 못한다는 주장이다. 따라서 오늘의 기독교 역시 고난 받는 형제의 얼굴에서 그리스도의 얼굴을 발견하지 못한다면 그것은 "종교의 실패"일 뿐이라고 진단한다.

여기서 많은 사람들은 다음과 같은 의문을 품을지도 모른다. 만일 그리스도가 그렇게 세속적인 모습으로 존재한다면, '케리그마적

46 "현재적 그리스도," 72쪽.

그리스도'는 어떤 의미를 가진단 말인가? 죽재의 대답은 이렇다. 케리그마적 그리스도의 현재성이란 2천 년 전으로 되돌아가야지만 파악될 수 있는 것이 아니라, 역사 속에서 세속적 삶을 살고 있는 현재 교회의 선교에서 "그리스도의 현재태"를 드러낸다. 그리스도는 역사 속에서는 고난받는 형제의 모습으로서 "실재적 현실"로 존재하며, 고난받는 형제의 모습이라는 그 실재적 현실이 그리스도와의 본질적인 관계를 맺고 있음을 말할 수 있는 근거는 그 "잠세적(潛勢的) 가능태"로 존재하는 케리그마와의 연관성에 있다.[47] 따라서 '케리그마적 그리스도'와 '세속적 그리스도'는 동일한 사건의 서로 다른 두 측면으로서, 서로가 서로를 채워주는 관계가 된다. 즉, "케리그마적 그리스도가 없는 세속적 그리스도는 가현적(docetic) 그리스도요, 세속적 그리스도가 없는 케리그마적 그리스도는 영지적(gnostic) 그리스도"라고 할 수 있다.[48]

이러한 이해는 죽재가 세속화 신학과의 대화를 통해서 체득했다고 볼 수 있다. 그러나 그것이 세속화 신학의 반복은 아니었다. 세속화 신학은 전통적인 기독론적 이해가 지닌 한계점을 분명히 인식했다. 전통 신학이 '케리그마적 그리스도'와 '세속적 그리스도'의 관계를 '본질과 속성'의 관계, 또는 '복음과 적용'의 관계로 봤다면, 세속화 신학은 '케리그마적 그리스도'의 현재성을 부정하는 방식

47 "현재적 그리스도," 78쪽.

48 "현재적 그리스도," 78쪽. 죽재에게 '케리그마적 그리스도'와 '세속적 그리스도'는 가능태와 현실태의 관계로 이해된다. 죽재는 이 둘의 관계를 다음과 같이 표현하기도 했다. "가능성이 없는 현실은 우발적 사고(事故)요, 유령이며, 현실이 아닌 가능성이라면 공허한 이념에 불과하다."

으로 그 둘의 관계를 '단절'시키고, 세속적 그리스도에만 주목했다. 그러나 죽재는 이와는 달리, 전통 신학의 문제가 '케리그마적 그리스도'를 준거점으로 삼았기 때문에 발생한 것이 아니라, 그리스도의 현재성을 케리그마의 근원이 되는 역사적 시원점(2천 년 전의 예수)으로 회귀해야지만 말할 수 있다는 '통시적' 해석에서 비롯된 것으로 봤다. 그리고 죽재의 해결책은 세속화 신학(이나 신 죽음의 신학)이 취한 '단절'의 방식이 아니라, 그 둘이 '가능태와 현실태'의 관계로서 현재의 역사적 지평에서 서로 역동적 관계를 맺는 것으로 봐야 한다는 것이었다. 그리고 그것을 증언할 수 있는 신학적 방법론으로서 '공시적' 해석을 제시한 것이다.

그리스도의 현재성을 묻는 죽재의 '공시적' 해석은 그 신학의 지평을 역사에 국한시키지 않고 우주로 확장시킨 특징을 갖고 있다. 죽재가 그리스도의 현재성이 드러나는 세 번째 양태로서 "우주적 그리스도"를 제시한 것은, '인간과 자연,' '역사와 우주'를 구분/분리하고 전자에만 주목했던 근대 신학을 비판함과 동시에, 그리스도의 우주적 차원의 활동을 종말론적 비전의 근거로 삼았던 기독교 신앙의 핵심을 현대 신학 안에서 새롭게 복원시키려는 것이었다고 말할 수 있다. 죽재는 우주적 그리스도의 모습을 통해서, 전통 신학의 과거지향적인 통시적 해석과 세속화 신학의 단면적 해석을 뛰어넘어, 포괄적인 공시적 해석의 가능성을 모색했다.

죽재는 세속화 신학이 역사의 미래 전망을 제시하는 일에 미약할 뿐만 아니라, 예배와 신비의 자리를 제거함으로써, '탈근대(postmodern)'의 시대를 살아가는 사람들에게 충분한 비전을 제공하지 못한다고 판단했다.[49] 그는 미래의 희망에 관한 종교적 거점으로서뿐만 아니라, 모든 삶의 활동이 하나님에 대한 예배가 될 수 있음을 보여주는 우주적 그리스도를 강조함으로써, 현재적 그리스도의 입체상을 완성한 것이다. 죽재에게 우주적 그리스도는 "오시는 하나님(coming God)"이 현재화하는 지점에서 등장한다. 그것은 "창조의 회복"이요, "우주의 찬송"이요, "만물의 갱신"으로서, "새 사람", "새 관계", "새 유기체"를 의미한다.[50]

죽재의 "공시적 해석"은 신과 세계가 함께 어우러져 진행되는 창조적인 사건과 활동을 증언하려는 신학적 관점이라 할 수 있다. 우주 안에서 벌어지는 모든 활동은 신과 세계라는 두 이야기가 합류하여 발생하는 것으로서, 과거의 영향과 미래의 예기가 뒤엉킨 현재의 지평에서 일어난다. 이때, 케리그마적 그리스도는 말씀을 통해서 오늘에 현실화된 그리스도의 "과거의 프로필"이요, 세속적 그리스도는 선교와 봉사를 통해서 현실화되는 그리스도의 "현재의 프로필"이요, 우주적 그리스도는 유기체적 관계 속에서 형성된 친교를 통해서 현실화될 그리스도의 "미래의 프로필"이 된다.[51] 이 셋은 서로를 필요로 하고 서로를 채워줌으로써 기독교 신앙을 충만케 한다. 케리그마적 그리스도는 "수직적 차원"에서 "인격적 실존"을 불러일으키는 "믿음"이요, 세속적 그리스도는 "수평적 차원"에서 "사회적 실존"을 불러일으키는 "사랑"이요, 우주적 그리스도는

49 "현재적 그리스도," 80쪽.

50 "현재적 그리스도," 81-82쪽.

51 "현재적 그리스도," 83쪽.

"대각선적 차원"에서 "역사적 실존"을 불러일으키는 "소망"으로 표현된다.[52]

이제 종합해보자. 죽재의 "성령론적 · 공시적 해석"은 전통적인 기독교 신학의 근본적인 문제였던 이원론적 세계관, 특히 그것이 근대적 사유 체계 안에 배태된 이성주의, 개체주의, 감각주의와 결부되면서 생겨난 숱한 문제점들을 극복하려는 해석학적 시도였다고 할 수 있다. 죽재는 1972년에 쓴 "예수의 예루살렘 입성"이라는 논문에서, 근대적 사유 안에 담긴 이분법적 사례를 다음의 네 가지로 예시한 바 있다. 첫째는 실재를 "정신과 물질로 이분"하는 것이요, 둘째는 인간의 인식을 "지성과 직관으로 이분"하고 지성에 치중하는 것이요, 셋째는 세계를 "인간과 자연으로 이분"하고 인간중심주의로 나가는 것이요, 넷째는 "디오니소스적인 면과 아폴로적인 면의 양면의 조화"를 깨뜨리고 아폴로적 질서에 집착하는 것이다.[53]

그렇다면 기독교 사상의 새로운 활로는 어떻게 열리는가? 죽재는 위와 같은 이분법적인 의식을 지양하고 "상보, 조화, 통체(holism, integrity), 자발성"을 획득해야 한다고 말한다.[54] 그것은 실재에 관한 인식에서 물질-정신의 이분법을 극복할 수 있는 유기체적 사유, 이성과 직관의 소통을 고려한 통전적 사유, 전통적인 초월적 유신론과 범신론과 무신론을 동시에 지양하는 범재신론적 사유, 인간중심주의와 역사주의를 극복할 우주적/생태적 차원의 사유를

52 "현재적 그리스도," 84쪽.

53 서남동, "예수의 예루살렘 입성," 『전환시대의 신학』, 97쪽.

54 "예수의 예루살렘 입성," 96쪽.

확립하는 것이다.[55] "성령론적 · 공시적 해석"은 바로 그러한 종합적인 문제의식을 안고 전개된 '사건의 철학'이라 할 것이다. '두 이야기의 합류' 지점에서 과거를 뛰어넘고 미래가 예기된 '사건'이 발생한다면, 그 사건을 일으키는 신, 그 사건을 통해서 현재화되는 신에 관한 증언이 '성령론적 · 공시적 해석'이라는 말이다.

성령론적 · 공시적 해석은 또한 '공감과 실천의 윤리'를 지향하는 해석이기도 하다. 만물을 구원하기 위해서 현재 사건을 일으키는 신에 관한 신학적 증언이란, 그 사건이 몰고 올 새로운 가치를 추구하는 신앙의 윤리를 동반하기 마련이다. 말하자면 이렇다. 신이 세계를 속량하기 위하여 사건을 일으킨다는 것은 이 세계 속의 모든 생명이 당하는 고난의 현실을 뒤엎고서 정의와 평화를 이끌어내기 위해서 일한다는 것을 의미하며, 이 신과 연합하여 구원을 얻기를 희망하는 종교적 신앙은 정의와 평화를 갈구하는 모든 생명의 고난 속에 참여할 것을 요청받는다는 말이다. "평화를 위하여 일하는 사람이 신의 자녀가 될 것이며, 정의를 위하여 고난을 당하는 사람이 천국을 소유할 것"(마 5:10)이라는 예수의 말은 바로 여기에 적용된다.

죽재는 세계를 속량하는 신의 영(靈)인 성령이 일으키고 있는 현재적 사건, 그 사건을 통해서 드러나는 그리스도의 현재성을 증언하려고 성령론적 · 공시적 해석을 전개했다. 그것은 "이웃의 아픔과 그들의 한(恨)에서 재림하시는 그리스도를 동정(同定, identify)"

55 "예수의 예루살렘 입성," 97-99쪽.

하는 기독교의 실재관과 윤리관을 주장하는 신학적 해석학이다.[56] 그리스도의 십자가는 "창조의 진행이 처음 의도했던 것과는 달리 진행되어가서 사후에 취하게 된 신의 응급 처방"일 수 없다. 죽재에 의하면, 십자가는 신이 고난당하는 피조물과 동화되어 겪는 "신 자신의 고난"에 관한 상징이며, 따라서 십자가는 "우주론으로 이해"될 필요가 있다. 그럴 때 십자가와 동반된 우리의 영상은 오늘날 "눌린 자들을 위한 인간적인 결단으로 확대"될 수 있을 것이다.[57] 고난당하는 자들과 함께 하는 신의 거룩한 영인 성령은 그들의 고난을 통해서 이 세계를 속량해가신다. 성령이 활동하는 장면은 따라서 고난당하는 민중이 일어나는/부활하는 장면이요, 따라서 "성령의 시대는 민중의 시대"이다.[58] 이제 죽재의 '민중신학'에 관한 이야기를 본격적으로 꺼낼 수 있겠다.

3) 민중메시아론: 범재신론에 기초한 변혁적 신학 사상

1970년 11월 13일, 서울 청계천 평화시장 앞에서 전태일이라는 노동자가 자신의 몸에 석유를 끼얹고 불을 붙였다. "근로기준법을 준수하라! 우리는 기계가 아니다!" 그가 외친 구호는 노동자들의 고통과 한(恨)을 대변하는 것으로서, 경제 성장 이데올로기가 감추고 있던 처참한 사회적 실상을 그대로 드러냈다. 그의 죽음은 한국

---

56 서남동, "한의 형상화와 그 신학적 성찰," 『민중신학의 탐구』, 108쪽.

57 서남동, "한국교회의 십자가 이해," 『전환시대의 신학』, 91쪽.

58 "두 이야기의 합류," 60쪽.

사회를 일깨워 '우리가 도대체 어떤 길을 걷고 있는지'를 묻게 하는 각성의 계기가 되었다. 종교계 역시 예외는 아니었다. 추모식이 거행되던 11월 23일, 죽재의 스승이었던 김재준 목사는 설교에서 다음과 같이 고백했다. "우리 기독교인들은 여기에 전태일의 죽음을 애도하기 위해 모인 게 아닙니다. 한국 기독교의 나태와 안일과 위선을 애도하기 위해 모였습니다."

당시 대부분의 한국 교회는 개인의 영혼 구원을 강조하는 피안적인 신앙 세계에 머물러 있었을 뿐, 교회의 사회적 책임을 신앙의 과제로 여기지 않았다. 종교 정신이 어두웠기 때문이다. 그 어두움은 종교만의 것이 아니었다. 온 사회가 그러했다. 전태일의 죽음은 그 어두움 속에서 고난당하고 있었던 사람들이 일상적으로 맞을 수밖에 없는 비극적 현실을 상징하는 사건이었다. 그런데 그 비극적 상징이 어둠을 밝히는 등불이 되었다.

한국 교회의 선각자들은 1960년대부터 이미 도시 산업 선교를 통해서 가난하고 눌린 자들을 위한 기독교적 실천을 하고 있었다. 이 자각적인 교회의 활동은 새로운 신학의 등장을 요청하고 있었다. 거기에 전태일 사건이 몰고 온 종교적 반성과 각성이 더해지면서, 한국 기독교에 '민중신학'이 등장했다. 민중신학은 교회가 가난하고 눌린 자들을 외면함으로써 성경의 참된 정신을 저버리게 된 사실을 반성하는 참회의 신학이요, 복음의 정신을 되살리고 기독교 신앙을 재각성시키는 길이 고난당하는 자들과 함께 하는 삶에 있다는 사실을 의식한 실천의 신학이었다.

죽재 서남동은 1975년부터 '민중의 신학'을 제창하면서 한국 교회가 맞고 있던 반성과 각성의 시대를 이끌어갔다. 그의 민중신학은 사상적 차원에서 '두 이야기의 합류'라고 할 수 있다. 하나는 그가 세계적인 신학 사조를 두루 섭렵하고 그 사상적 가치를 수렴하여 형성한 포괄적인 신학적 세계관이요, 다른 하나는 이기백, 강만길 등 사학자들의 작업을 통해서 새롭게 이해된 한국 역사와 김지하, 권정생과 같은 민중 문학가들의 도움으로 형성된 한국적 정신이다. 이 두 이야기가 전태일로 상징되는 한국 민중의 삶과 고난에 대한 증언이라는 신학적 과제에서 합류하여 죽재의 민중신학을 탄생시켰다. 그는 민중의 고난과 희망을 민중의 눈으로 그리고 민중의 편에서 해명할 수 있는 신학적 언어를 만들어내고자 했다. 그것은 민중의 고난 속에서 그만 자신의 자취를 감추고 만 신을 부활시키는 작업이기도 했다.

민중신학에서 말하는 '민중'이란 누구인가? 그동안 기독교 신학은 고난당하는 사회적 약자인 민중을 자선의 대상으로 여기거나, 그들이 기성 체제의 하위 집단으로 존재하는 까닭을 그들의 죄에서 찾았다. 그러나 죽재는 민중이 고난당하는 사회적 약자임이 분명하지만, 그와 동시에 자신의 고난을 통해서 역사의 죄악을 속량해가는 역사의 주체라고 본다. 그는 민중을 "창조자 하느님과의 계약의 상대(partner)" 또는 "창조와 역사에 있어서 하느님의 공의 회복의 담지자(bearer) 내지 작인(agent)"이라고 말하면서, "민중이 당하고 있는 고난이 하느님의 역사 경영을 알아보는 색인(index)"이라고 주장한다.[59]

이러한 죽재의 주장은 인간에 대한 문명사적 이해와 밀접한 연관이 있다. 그는 오늘날의 문명사적 "가치의 표준이 귀족적인 데서 민중적인 데로 옮겨졌"고, 따라서 "민중적"이라는 말이 "인간적인 것의 대명사"가 되었다고 평가했다.[60] 이제 '인간은 민중적이어야 한다'는 가치 기준이 작동하는 문명을 살고 있다는 말이다. 여기서 민중적이란, "열심히 일하며 생산하는 모습, 사랑의 친교, 타고난 자연을 그대로 지니고 있는 모습, 인정 있고 검소하며, 소박하고 소탈한 성품, 젊고 생동적인 삶, 단순 솔직한 태도와 표현, 그러면서도 강인하고 용기 있는 행동을 의미"한다.[61] 죽재는 이러한 "가치와 미의 표준"을 가진 민중이 자기 스스로 주인이 되어 존재하며 역사를 이끌어간다고 봤다.

이것을 분명히 하기 위해서 그는 몇 가지 개념을 민중과 대조시키기도 했다.[62] 첫째, 그는 '백성'이라는 말이 봉건 시대에 군주에게 복종하는 사람을 지칭하는 말로서, 지배자가 피지배자에게 굴레를 씌우기 위해 사용한 이 개념을 민중에게 적용할 수 없다고 말한다. 둘째, 근대의 '시민(부르주아)'이 역사의 주체로서 활동하던 시대가 지나갔기 때문에, 이미 퇴색된 부르주아적 가치와 미의 기준을 오늘날 주인이 된 민중에게 적용할 수 없다고 주장한다. 셋째, 사회주의적 혁명 사관에서 역사의 주체로 이해된 '프롤레타리아'가 정치·경제적인 측면에 국한된 개념이라면, 민중은 그보다 넓은 사

59 "두 이야기의 합류," 47; "한의 사제," 37쪽.

60 "민중신학을 말한다," 175쪽.

61 서남동, "민중은 누구인가," 『서남동 신학의 이삭줍기』, 354-355쪽.

62 서남동, "민중(씨올)은 누구인가," 『민중신학의 탐구』, 205~209쪽; "민중신학의 성서적 전거," 225-230쪽.

회 · 문화적 실재이기 때문에 민중을 프롤레타리아로 환원시킬 수 없다는 것이다. 죽재는 이와 같은 대조를 통해서, 민중이 '역사의 주체'로 활동하는 장면을 포착하려고 했다.

이러한 이해는 민중 사관을 제시한 한국 사학자들의 도움을 통해서 가능했다. 하지만 그것만은 아니었다. 신학자로서 죽재는 예수의 가르침과 삶이 주는 의미에 대해서 민감했다. 그는 예수가 민중을 '위해서' 살았다기보다는 그 자신이 "민중적"이었다고 봤고, 따라서 예수를 "민중의 인격화, 민중의 상징"이라고 이해했다.[63] 그에게 예수의 십자가 사건은 성서의 이야기 가운데 있는 "민중 구원의 핵심적인 사건"이 된다.[64] 십자가 사건은 민중이 된 신(神)의 고난을 상징하고, 그 고난의 십자가가 세계의 죄악을 속량하기 때문이다. 그렇기 때문에 예수 그리스도의 십자가는 구원을 위한 "영구적 혁명"의 상징이 되며, 이때의 구원은 외부에서 고난당하는 자들에게 타력적으로 주어진 것이 아니라, 고난당하는 자들이 자신의 고난 속에서 자력적으로/주체적으로 벌여나가는 것이다.[65]

죽재에게 '예수 그리스도의 십자가'와 '민중의 고난'은 서로 분리되지도 않고 혼동되지도 않는다. '민중이 역사의 주체'라는 인식과 '그리스도가 구세주'라는 고백 역시 그러하다. 이런 상호유기체적인 파악이 가능한 것은, 앞에서 말했듯이 역사적 실재를 "두 이야기의 합류"로 이해했던 그의 범재신론적 세계관 때문이다. 전통 신

---

63 "두 이야기의 합류," 51쪽.

64 "두 이야기의 합류," 50쪽.

65 "두 이야기의 합류," 50쪽.

학의 이원론적 세계관에서는 그리스도가 구원의 주체요 민중은 구원의 대상이 되지만, 죽재의 범재신론적 세계관에서 그리스도는 고난받는 민중의 상징이요, 민중의 역사 속량적 활동을 통해서 그리스도는 드러난다. 따라서 죽재는 자신의 민중신학적 과제를 "민중이 자기 운명을 자기 스스로 결정하는 주체가 되어가는 것을 증언하려는 것"이라고 말했다.[66] 그 증언은 현재의 사건에서 화육하고 있는 그리스도에 대한 증언이기도 하다.

민중에 대한 증언을 신학적 과제로 삼은 죽재의 사상을 올바로 이해하기 위해서는, 그의 신학적 세계관에서 민중이 역사의 주체라는 인식과 하나님이 역사를 이끄신다는 신앙이 상충되지 않는다는 점을 주목하고 또 주목해야 한다. 이점에 대해서 그의 목소리를 직접 들어보자.

> 고난받는 민중이 어떻게 메시아냐, (중략) 메시아는 고난받는 이웃으로 화신(化身)해가지고 우리에게 접근합니다. 그런 의미에서 민중이 메시아입니다. 우리가 메시아를 만난다고 하는 것은 그러한 이웃의 아픔을 내가 의식한다 할까요, 그렇게 해서 새 시대의 문이 열리도록 돼 있고, 그런 의미에서 지금 고난받는 사람이 새 역사, 새 사회를 건설할 주역이 된다고 하는 그런 얘기입니다. 민중이 메시아입니다. 무슨 영웅적인 힘을 가지고 한다는 말 아닙니다. 그들의 고난을 통해서, 그들의 고난이 호소하는 그것이 계기가 돼가지고 지금보다도

66 "두 이야기의 합류," 66쪽.

의로운 사회를 건설하는 계기가 됩니다. 그런 의미에서 그들이 새 역사를 열 고난받는 메시아라 그 말입니다.[67]

이와 관련된 또 한 구절을 인용해보자.

성찬식에서 떡과 포도주를 함께 나눔으로써 주의 속죄의 은혜를 입듯이 우리 현실에서 이웃의 고난과 한에 연대할 때(약한 자의 침해된 권리를 세워서 그 한을 풀어줄 때) 우리는 새 시대를 도입하시는 메시아를 영접하는 속량의 은혜를 입는 것이다. 이것을 나는 '고난받는 민중의 메시아성' 혹은 '한의 속량적인 성격'이라고 말한다. (중략) 사회적 고난과 종교적 경건의 결합은 예레미야, 욥기, 시편의 여러 기자들에게서 더욱 뚜렷해지고 그런 발전의 범례적인 사례가 이사야 52장 13절~57장 12절의 '야웨의 고난받는 종'이다. 이 고난받는 '야웨의 종'은 물론 메시아의 예형(豫型)으로서 다음에 예수 그리스도가 그 사명을 수행하는 것이다. 이것이 구속사적 전통의 핵이다. 출애굽 도상의 이스라엘이 바로 '너희야말로 사제의 직책을 맡은 내 나라, 거룩한 내 백성이 되리라'(출 19:6)이며, '낯선 땅에서 나그네 생활을 하고 있는' 초대교회가 바로 '선택된 민족이고 왕적 사제들이며 거룩한 겨레이고 하나님의 소유가 된 백성'이듯이(벧전 2:9,11), 고난받는 민중이 백성의 속죄를 고난으로 집례하는 하나님의 제사장, 한의 사제가 된다. 되풀이하면 이것을 나는 '고난받는 민중의 메시아성' 혹은 '한

67 "민중(씨올)은 누구인가," 217-218쪽.

의 속량적인 성격'이라고 말한다.[68]

이 인용구는 훗날 신학적 논란의 초점이 된 '민중메시아론'과 관련된 주장이다. 죽재가 민중을 메시아라고 주장한 데 대해서 그동안 수많은 오해와 비판이 있었지만, 그 점을 다루기 전에 왜 죽재가 그러한 주장을 했는지에 대한 설명에서 출발하는 것이 좋겠다. 기존의 기독교 신학의 관점에서 볼 때 파격적일 수밖에 없는 "민중이 메시아다"라는 주장은 전통 신학의 가르침과 기성 교회의 삶에 대한 몇 가지 비판 의식을 담고 있다.

첫째, 죽재의 민중메시아론은 탈 역사주의적 구원관과 그것을 뒷받침하는 관념적인 메시아 신앙을 비판하고 있다. 그는 기독교가 "도덕적 · 종교적인 죄"에 집착하며, 대속적인 메시아 신앙에 의존하여 속죄와 구원의 내용에서 "사회적 · 정치적 해방과 신생"을 배제해온 것을 기독교 신앙과 신학과 교회의 타락으로 봤다. 회개(conversion)를 통해 죄를 씻고 구원을 얻는다는 종교적 가르침은 인간 실존의 심리적 상황에만 적용되는 관념적인 것이 아니요, 기독교 교리에 대한 지적인 동의를 이끌어내기 위한 것도 아니다. 죄로부터의 구원이란 "사회와 역사에 시간이 경과됨에 따라서 누적되고 경화되는 구조악[으로서의] 원죄가 정치적으로 사회적으로 속죄되는 것"과 유리될 수 없는 것으로서, "집단적인 회개, 사회적인 속죄, 공동체의 종교 체험 엑스타시"와 깊이 연관되어 있다는 것이다.[69]

---

68 "한의 형상화와 그 신학적 성찰," 108-110쪽.

69 "예수 · 교회사 · 한국 교회," 12쪽.

죽재는 기독교가 사회 · 정치적인 차원을 상실하고 고난당하는 민중이 처한 역사적 현실을 외면하는 종교가 된 까닭을 "부르주아적인 나태한 신앙"에서 찾았다.[70] 부르주아적인 신앙이란 사회적 차원의 구원을 신앙의 비본질적인 문제로 처리하고 기독교적 구원을 개인의 영혼 구원이라는 문제로 국한함으로써, 부르주아적 질서가 빚어낸 사회 · 정치적 문제를 호도하고 기독교의 종교적 지평을 심리적인 영역으로 제한한 신앙을 의미한다. 그러나 서구 기독교 문명에서 무신론이 등장한 결과 자체가 증명하듯이, 사회 · 정치적 차원의 구원을 외면하는 개인 구원의 신앙은 이미 그 시효를 다 했다고 볼 수 있다. 따라서 이제 기독교 신학은 신앙의 핵심 사항들을 보다 실제적으로 재해석하여 신앙의 관념성을 극복해야 할 과제를 맞고 있다. 그것은 십자가가 상징하는 것을 "사(死)의 문제가 아니라 살(殺)의 문제"로 파악하고, 부활을 "사회적인 개념이요 정치적인 문제"로, 즉 그것에 대한 믿음은 "정의, 평화, 새 사회, 새 질서에 대한 신앙"이라는 것을 다시 서술해내는 것이다.[71] 십자가와 부활에 관한 믿음을 민중의 죽음과 각성이라는 차원에서 재해석할 때, 기독교 신앙에서 개인 구원과 사회 구원은 '분리'되거나 "절충"되기보다는, 동일한 사건의 두 측면으로서 서로가 서로에게 의존하는 것으로 이해될 수 있을 것이다.[72]

---

70 서남동, "고난 받는 자의 승리," 『민중신학의 탐구』, 256쪽.

71 "고난 받는 자의 승리," 247쪽, 252쪽.

72 "민중신학을 말한다," 192쪽. 죽재는 개인 구원과 사회 구원의 관계를 다음과 같이 이해했다. "개인의 구원을 진정으로 추구하면, 그건 사회적인 구원과 같은 거라고 생각합니다. 그리고 사회적인 구원을 바르게만 추구하면 그것은 또한 개인

둘째로, 기독교 신앙을 사회 · 정치적으로 재해석하려는 죽재의 시도는 성경에 대한 '해석학적 투쟁'이라는 의미를 갖고 있다. 기독교 신앙이 탈 역사화되면서 성경에 대한 해석, 특히 기독교 신앙의 원점이 되는 예수 그리스도의 의미에 대한 신학적 해석 역시 관념화되고 말았다. 예수는 숭배의 대상이 되었을 뿐, "자기를 가난한 자, 눌린 자, 멸시받는 자, 병든 자와 동일화"한 역사적 예수의 의미는 상실되고 말았다.[73] 따라서 예수의 역사적인 출현 자체가 의미하는 "경제적 빈곤, 사회적 · 문화적 편견, 사실이 은폐된 어둠 속에 사는 무지, 정치적 억압으로부터의 인간의 해방 작업"의 차원을 복원시키는 것은, 예수 그리스도를 구세주로 고백하는 기독교 신앙의 본래적 의미를 되살리는 것이다.[74] 그것은 과연 어떠한 주장이 성경의 가르침을 진실로 이어가는 것인가를 겨루는 해석학적인 투쟁을 의미한다.

세계의 구원에 관한 성경의 증언은 '삶의 전 영역에서의 해방'에 관한 것이다. 따라서 인간 해방의 전 영역을 다루려는 죽재의 민중신학적 시도는 "성서적 계시의 핵심이며, 그 주 전승"을 오늘날 되찾으려는 것이었다.[75] 개인의 구원과 결부된 공동체의 해방, 정신적 차원의 구원과 역사적 · 정치적 차원의 구원을 함께 다루는 것은 지극히 "성서적인 발상"이다.[76] 또한 그것은 예수 당시 유대인들의

구원과 같은 선상에 있는 거라고 봅니다."

73 "예수 · 교회사 · 한국 교회," 12쪽.

74 "예수 · 교회사 · 한국 교회," 11쪽.

75 "두 이야기의 합류," 55쪽.

76 "예수 · 교회사 · 한국 교회," 11쪽.

문화 이념을 지배했던 묵시론적인 종말, 그리고 '로마의 평화' 대신 예수를 통해서 선포된 하나님 나라의 평화를 갈구한 신앙 공동체의 희망 역시 "새 질서를 기다리는 혁명적인 신앙"에 기초하고 있었다는 점에서, 죽재의 민중신학은 성경의 증언과 초대 교회 신앙 공동체의 정신을 이어가려는 시도라고 할 수 있다.[77]

셋째, 기독교 신앙과 성경의 정신을 전방위적으로 복원하려는 죽재의 민중신학이 고난받는 민중의 메시아성, 즉 민중이 "새 시대를 가져올 주인공"이라고 선언한 것은 전통 신학의 철학과 윤리관에 담긴 문제점을 극복하는 작업의 일환이었다. 전통 신학이 전제한 철학적 유신론은 신과 세계(역사/인간)를 이원론적으로 분리하여, 민중을 구원의 대상으로 처리하고, 구원이 탈역사적인 지평에서 이루어지는 것으로 해석했다. 죽재는 그러한 철학적 유신론은 이제 신학적 기능을 다했다고 봤다. 대신 이제는 사건적 실재관에 기초하여 이원론을 극복할 수 있는 유기체적인 세계관이 기독교 신학에 필요하다는 것이다.[78] 그 신학적 세계관은 신과 세계가 서로 분리되지 않고 '합류'하는 것을 증언할 수 있는 범재신론이요, 그 합류의 지점은 민중의 고난과 부활이다.

죽재의 민중메시아론은 민중의 고난과 부활 속에서 예수 그리스도의 십자가와 부활을 증언하려는 것이요, 그 증언이 구원의 길을

---

77 "예수 · 교회사 · 한국 교회," 15쪽.

78 죽재의 '사건적 실재관'과 '유기체적 사유'를 보여주는 대표적인 논문은 다음과 같다. "역사적 실재란 어떤 것이냐"(1963년), "영혼의 편력"(1966년), "떼야르 드 샤르댕의 '오메가 포인트'"(1969년), "생태학적 윤리를 지향하며"(1972년), "자연에 관한 신학"(1972년).

묻는 기독교적 삶의 참된 방향이자 윤리적 요청임을 말하고 있다. 죽재는 "민중의 고난에 동참하면 그게 사람 되는 길이고, 그게 바로 구원의 길"이라고 주장한다. 그런 점에서 "민중이 메시아"적 기능을 한다는 것이다.[79] 앞에서 말했듯이, 이러한 주장은 1970년에 발생한 전태일 사건 이후에 생겨난 한국 교회의 성찰과 반성에 기초해 있다. 이제 기독교 신학은 "성서적인 복음이 탈정치화되면서 양분되었던 개인 영혼의 순화와 사회 구조의 인간화를 '동시적으로 동일 체계'로서 다루는 시도"를 벌이지 않으면 안 된다는 것이다.[80]

이와 같이 죽재의 민중메시아론은 기성 교회의 전통적인 탈역사적, 개인주의적, 부르주아적 신학에 대한 비판 의식을 담고 있다. 그 비판은 신학적 이원론을 극복한 범재신론적 세계관에 기초했기 때문에 가능했고 또한 정당했다. 그러나 이원론적 세계관에 머무른 전통 신학의 대변자들은 "민중이 메시아다"는 주장을 기괴한 민중 숭배론 정도로 받아들였다. 전통 신학의 사유 체계에서, 메시아는 오직 그리스도일 뿐이요 민중은 메시아일 수 없으며, 구원은 오직 그리스도로부터 오는 타력적인 것이지 민중의 자력적인 것이 될 수 없다고 해석되었기 때문이다. 그 형식 논리에 의하면, "민중이 메시아다"는 주장은 '그리스도만이 메시아다'는 기독론적 주장을 대체하려는 것으로밖에 이해될 수 없었던 것이다.

그러나 민중메시아론에 대한 모든 오해와 무지는 바로 그 사유가 전제하고 있는 신학적 이원론에서 비롯되었다고 해야 할 것이

79 "민중신학을 말한다," 181쪽.
80 "두 이야기의 합류," 63쪽.

다. 여기서 '오해'라 함은 민중메시아론을 민중신학의 기독론으로 간주한 것을 말하고, '무지'란 그렇게 간주할 수밖에 없도록 만든 것이 그 사유 체계의 이원론적 전제에 있다는 것을 자각하지 못한 점을 말한다. 분명히 할 점은 민중메시아론이 민중신학의 기독론이 아니라는 사실이다. 어떤 기독교 신학이 '예수 그리스도가 메시아다'는 명제를 부정할 수 있겠는가? 문제는 '예수 그리스도가 메시아다'는 기독론적 고백이 이뤄지는 신학적 지평에 대한 해석학적 자의식이다. 즉 '민중이 메시아다'는 주장은 '그리스도가 메시아다'는 명제의 부정이 아니라, '그리스도가 메시아다'는 고백이 탈역사적인 신앙으로 흐르지 않도록 민중의 고난과 희망의 문제와 결부되어야 한다는 주장이요, 그 주장은 고난을 통해서/뚫고 이 세계의 구조적 죄악을 속량해가는 민중에 관한 증언을 목표로 한다.

따라서 민중메시아론은 기독론의 대체(代替)라기보다는, 민중이 고난을 통해서 역사를 속량해가는 과정과 결합된 신의 구원사적 섭리에 관한 범재신론적 증언으로 이해하는 것이 옳다. 민중메시아론은 종교적 신앙고백이 아니라 세계에 대한 신학적 해석, 즉 두 이야기가 합류된 민중의 고난과 희망 속에서 '신의 현존'을 증언하려는 신학적 실재론이라 할 수 있다. 민중메시아론을 기독론적 '대체'로 간주하는 신학은 자신의 사유 체계에 대한 자기 점검을 필요로 한다. 그 점검이 목표로 삼아야 할 것은 신학적 이원론의 극복이다.

하지만 불행히도 민중메시아론을 둘러싼 지난 시기 대부분의 논쟁은 이원론적인 신학적 사유를 벗어나지 못한 채 진행되었다. 민중신학에 대한 보수 신학 진영의 진부한 비판뿐만 아니라, 민중신학 진영의 자기 변호 역시 그러했다. 보수 신학자들에게 민중메시아론은 가히 경악할 만한 주장으로 비쳐졌다. 그 이유는 민중메시아론 자체에 있지 않고, 그것을 해석하는 보수 신학의 이원론적 사유 구조가 지닌 자기 한계에 있었다는 점은 불문가지의 문제이다. 그러나 일부 민중신학자들의 민중메시아론에 대한 변호 과정에서 파생된 왜곡에 대해서는 점검할 필요가 있다. 이들은 민중메시아론이 담보한 전통 신학에 대한 비판 의식은 수용하면서도, 전통 신학의 주장—'예수 그리스도만이 메시아다'는 주장—과 화해할 수 있는 길을 모색했다.[81]

그 처방은 민중이 메시아적 '기능'과 '역할'은 하지만, 메시아적 '존재'는 아니라는 논리로 나타났다. 이 주장은 민중과 메시아의 존재론적 동일시가 불러올 수 있는 신학적 불경을 피하면서도, 기능론적 가능성을 열어둠으로써 민중메시아론의 비판 정신을 유지할 공간을 확보하려는 시도였다. 그러나 문제는 이 주장이 암묵적으로 전제하고 있는 신학적 세계관에 있다. 그것은 전통 신학의 이원론적 세계관과 크게 다르지 않은 것으로서, 죽재의 범재신론적 사유 구조를 파악할 수 없는 태생적인 한계를 지니고 있었다. 그렇기 때

81 임태수, "제2종교개혁을 지향하는 민중신학," 『서남동과 오늘의 민중신학』, 죽재 서남동기념사업회 엮음(서울: 동연, 2009), 177쪽. 임태수는 다음과 같이 말한다. "안병무와 서남동의 민중신학은 잘못된 서구 신학을 비판하는 일에 큰 기여를 했다. 그러나 그들의 일부 주장들이 성서적인 관점에서 볼 때, 교회에서 받아들이기 어려운 부분들이 있다고 보고, 이를 수정하는 것이 민중신학의 장래를 위해 필요하다고 필자는 생각한다. 그렇지 않으면 민중신학은 설 자리를 잃을 것이라고 생각하기 때문이다."

문에 결과적으로, 민중메시아론을 위한 변론의 방식으로 제시된 기능론과 존재론의 분리는 결국 전통 신학의 이원론적 구도 속으로 다시 빠져들 수밖에 없었다.

죽재 역시 "'민중' 자체에게 메시아적 성격을 부여하느냐 않느냐의 문제는 전통 신학자들에게는 생각도 못할, 그야말로 이단적 논의가 될 것"이라고 진단했다.[82] 그러나 그는 그런 구도에 갇히지 않았다. 이미 이원론적 세계관을 넘어섰기 때문이다. 죽재의 범재신론적 구도에서, '누가 메시아인가'를 묻는 존재론적인 질문과 '누가 예수의 역할을 하느냐' 하는 기능론적인 질문은 분리되지 않는다. 예를 들어, 죽재는 '착한 사마리아 사람의 비유'에서 강도를 만나 고통받고 있는 그 사람이 바로 메시아(예수)의 '역할'을 한다고 해석했다. "신음소리"를 내는 그 사람이 메시아적 역할을 맡고 있다는 것이다. 그리고 이어서 말하기를, "예수가 세상에 온 것은 바로 이 신음소리를 내는 역할을 하자는 것이지, 다른 데 그 목적이 있는 것은 아닙니다. 예수의 수난의 의미가 여기 있습니다"라고 말한다.[83] 여기서 "신음소리를 내는" 예수의 '역할'과 예수의 그리스도적 '존재'는 분리되지 않는다. 그렇다면, 민중이 신음소리를 내는 메시아적 '역할'을 할 뿐이고, 예수는 그 신음소리를 듣고 구원을 베푸는 메시아적 '존재'라고 보는 견해가 죽재의 범재신론적 사유에 대한 적절한 해석일 수는 없지 않겠는가?

메시아적 '역할'과 '존재'를 구분함으로써 민중메시아론을 변증하

---

82 "민중신학을 말한다," 180쪽.
83 "민중신학을 말한다," 180쪽.

려는 방식, 즉 타력적 구원의 근거인 메시아적 '존재'와 자력적 구원의 기능인 메시아적 '역할'을 구분하는 해석은 민중이라는 역사적 실재에 담긴 타력적 구원과 자력적 구원의 통일성을 증언하려는 죽재의 의도를 빗나가고 만다. 죽재의 민중메시아론은 신과 세계의 두 이야기의 합류를 다룬 범재신론적 구도에서만 제대로 이해될 수 있다. 그 메시아는 개개인을 저 세상으로 끌고 가는 "천당 안내자"가 아니라 두 이야기가 합류된 이 세계 속에서 "새 시대를 가져올 주인공"이다.[84] 이 메시아로서의 민중은 스스로의 고난을 지고 새 시대를 열어가면서 하나님의 역사적 화육이신 그리스도(Christ as the God incarnate)를 드러낸다.

죽재의 민중메시아론은 민중과 그리스도라는 두 이야기의 합류, 즉 민중의 고난과 해방에 교차된 그리스도의 십자가와 부활을 증언하려는 것이요, 그 증언은 전통 신학이 초자연주의적 유신론에 기초함으로써 만들어낸 다양한 신학적 문제를 극복하려는 시도라고 할 수 있다. 민중메시아론은 전통 신학의 이원론적 세계관이 뿜어내는 탈역사주의적 신앙을 교정하고, 역사를 살아가는 교회와 신앙인이 취해야 할 바른 윤리적 삶에 관한 요청의 측면이 있다. 즉 고난을 당하는 민중이 메시아적 역할을 한다는 주장은 우리가 "민중의 고난에 동참하면 그게 사람 되는 길이고, 그게 바로 구원의 길"이라는 주장으로서, 신앙인과 교회가 민중의 고난에 동참해야 한다는 직접적인 요청이다.

---

84 "민중신학을 말한다," 180쪽.

그런데 다른 한편, 죽재의 민중메시아론에 담긴 이 윤리적 요청의 차원이 존재론으로 소급되어 해석됨으로써 또 다른 오해를 불러오기도 했다. 그것은 개념적 범주의 혼동이 일으킨 착시 현상이었다. 윤리적 호소는 '고난당하는 사람(민중)'과 '그 고난에 참여하는 우리(교회)' 사이의 간격을 전제로 가능하다. 이 간격은 '참여'의 윤리를 호소하기 위한 조건이 된다. 이 참여의 윤리는 주로 교회의 공적 선언을 통해서 호소되는 것으로서, '메시아이신 그리스도'가 우리에게 주는 명령처럼 다가온다. 따라서 참여의 윤리를 논할 때 부각되는 존재론적 측면은 '메시아이신 그리스도'이다. 참여의 윤리를 위해 필요한 조건인 '고난받는 민중의 현실'과 그 윤리적 요청의 근거로 부각되는 '메시아이신 그리스도의 명령' 사이에 형성된 명료한 개념적 대비는 우리에게 윤리적 행위를 유발하는 힘으로 작용한다.

그런데 눈여겨봐야 할 것은, 두 개념 간의 대비가 민중메시아론을 오해하게 만드는 착시 현상을 유발한다는 점이다. 즉, 그 개념적 대비가 존재론적 주장의 논거로 오용되어, 메시아는 오직 그리스도일 뿐 민중은 메시아일 수 없다는 주장을 하는 데 사용된다는 것이다. 그러나 그것은 형식논리학의 단순성에 사로잡힌 견해일 따름이다. 종교에서의 영적 분투나 윤리적 호소를 위해서 만들어놓은 의도적인 존재론적 이격—명령(섭리)하는 신과 그 명령(섭리)을 따르려는 존재 사이의 간격—은 종교적 삶의 신실성을 요구하기 위한 장치로 기능할 뿐이지, 그것 자체가 범재신론적 합류의 가능성—명령을 따르고 있는 존재에게 담겨진 신(의 명령)—에 대한 부정을 의미하는 것이 아니다. 그런데 죽재가 (민중의 고난에 참여하기를 요청하는) 윤리적 호소를 위해 만들어둔 존재론적 간격을 그 비판자들은 (그렇기 때문에 고난받는 민중은 그 고난을 해결하는 메시아일 수는 없다고 주장하며) 존재가 실재하는 방식에 관한 형이상학적 논증으로 사용함으로써, 민중메시아론의 의도를 곡해하고 말았다.

민중메시아론은 그 형성 초기부터 신학계의 뜨거운 감자였고, 그 낯선 주장—민중이 메시아다—은 그 낯섦으로 인해서 의심의 대상이 되어왔다. 그러나 죽재가 주장하고자 했던 것은 "예수님의 갈릴리에서의 민중 선교"였다는 사실, 그리고 "그것이 신약 선교의 출발점이고 기독교의 핵심이다"는 점이었다는 사실을 주목해야 한다.[85] 역사적으로, 신학의 왜곡, 영성의 타락, 교회의 쇠퇴는 "예수가 메시아다"는 믿음이 허약했을 때가 아니라, 그 믿음이 고난받는 민중의 삶으로부터 유리되었을 때 발생했다. 죽재는 고난받는 민중과 함께했던 예수를 증언하고자 했고, 예수의 십자가와 부활 사건의 의미를 민중의 고난과 희망 속에서 발견하고자 했다. "민중이 메시아다"는 그의 주장은 "예수가 메시아다"는 믿음에 대한 반역이 아니라 그 믿음의 참된 실현에 대한 추구였다. 민중의 삶에서 멀어진 제도의 신학에서 민중메시아론은 가장 위험한 교리일 것이다. 그러나 폭력으로 이룬 로마의 평화가 아닌 십자가로 이룬 그리스도의 평화를 추구하는 신학에서 민중메시아론은 가장 진실한 증언이 된다.

---

85 서남동, "새로운 공동체를 위하여," 『민중신학의 탐구』, 259쪽.

4) 계시의 하부 구조: 탈신학과 반신학

왜 오늘날의 교회는 하나님을 섬긴다 하면서도 민중의 고난은 외면하는 것일까? 고난당하는 히브리(하비루)들의 부르짖음에 응답하시는 하나님의 구원 활동에 대한 기록인 성경을 경전으로 삼고, 로마 식민지 체제 아래에서 핍박받던 유대 민중의 역사 속으로 성육신하신 그리스도를 믿으면서도, 왜 교회의 언어에 민중의 목소리는 담겨 있지 않은가? 심지어 민중을 비하하고, 그들과 함께 하는 것을 위험시하기에 이르렀을까? 이제는 이런 질문조차 매우 낯선 지경이 되었다. 그러나 역사를 길게 보면 그 이유를 설명하기가 어렵지 않다. 지배 이데올로기에 포섭된 종교 사상이 민중의 고난을 외면하는 신앙을 낳고, 민중의 고난으로부터 멀어진 신앙이 특권층을 변호하고 지배자를 대변하는 신학을 종교적 진리로 여기는 악순환이 생겨난다는 사실을.

죽재는 오늘날의 기독교 신앙과 신학이 민중의 고난과 무관한 방향으로 흘러간 까닭을 "우리의 생각과 언어, 가치 판단, 미(美)에 대한 감식까지도 지배자의 정신 구조에 동화"되어버렸기 때문이라고 봤다.[86] 그의 목소리를 들어보자.

> 십자가형을 잊어버린 십자가, 민중봉기와 메시아 정치에 이어져 있지 않고 떨어져나간 부활 신앙, 사회학적 해방과 상관이 없는 인간

86 서남동, "새 시대의 문턱에 서서," 『민중신학의 탐구』, 152쪽.

구원, 하나님의 성육신을 모르는 신의 초월성, 인간 차별을 물리친 어떤 부족들 사이의 평등한 계약 공동체인 이스라엘에서 유리된 야웨신, 이러한 신앙 내용과 신학적 사변은 실체가 없는 관념이며, 몸이 없는 마음이며, 신체가 없는 혼백일 뿐만 아니라, 한 발 더 나가서 그것들은 신체와 몸과 그 구조를 마비시키는 마취제로서 지배 이데올로기의 매체로 기능하여 인간을 노예로 만드는 것이다. 그리스도 신앙이 현장화 · 구체화되어야 한다는 주장은 신앙이 그 신체를 갖추고 어떤 현장을 찾아야 한다는 말이다.[87]

죽재는 기독교 신학이 인간을 노예화시키는 지배 이데올로기의 매체로서의 기능을 극복하기 위해서는 새로운 지평과 새로운 신학적 방법론이 필요하다고 봤다. 그리고 그것을 민중의 언어를 찾는 작업"이라고 주장한다.[88]

그렇다면 민중의 언어를 찾는 작업은 어떻게 가능할까? 죽재는 그것을 "계시와 복음의 하부 구조"를 밝히는 작업이라고 생각했다. 그는 이렇게 말한다.

전통적인 신학에서 생각했던 신학적 '이념'인 계시, 계약, 선민, 복음은 그런 이념들이 담겨지고 전승되고 표현되는 매체, 담지자가 필요하다. 나는 전자를 계시와 복음의 상부 구조(이념)라고 하고 후자를 계시와 복음의 하부 구조(몸)라고 말한다. 상부 구조는 신학적 연

87 서남동, "'십자가-부활'의 현실화," 『민중신학의 탐구』, 324쪽.

88 "80년대 한국교회의 신학적 과제," 145쪽.

구의 대상이지만 하부 구조는 사회과학적 연구의 대상인 것이다. 양자가 모두 '역사적 계시' '실체적 복음'을 구성하는 구성적인 요인인 것이다. 그런데 역사적 교회, 전통적인 신학에서는 양자가 분리되고 후자는 떨어져 나가버렸고 다시 전자는 억압적인 지배 이념에 흡수되어서 질서 유지라는 이름으로 자행되는 억압과 강포를 변호해주고 가난한 사람의 고통을 마취시키는 마취제의 역할을 담당하기도 했다. 본래적인 계시와 복음은 상부 구조라고 말하는 이념과 하부 구조라고 말하는 물질적(사회적 · 역사적 · 신체적) 실체가 있는 것이다. 역사적 계시의 물질적 실체, 곧 '몸'은 '가난한 사람'이다. 그렇기에 오늘 우리가(오늘의 교회가) 성서적 계시와 복음에 참여하고 상속받으려면 가난한 사람들과의 연대에서만 가능하다. 역사적 구조적인 복음과 계시로부터 그 구성 요인인 '가난한 사람들'을 사상해버리고 남는 것은 추상적인 이념인 계시, 복음뿐인 것이다. 그러한 것은 허구요 아편이다. 가난한 사람들과의 연대에서만 우리는 복음과 계시를 이어받는 것이다. 물론 '연대'의 전략은 신학적인 '해석'으로 다 되는 것이 아니고 사회적 · 정치적 실천으로 전개되는 것이다.[89]

죽재는 1980년대에 접어들면서 이전까지와는 다른 신학적 방법론을 모색해나간다. 이전까지의 그의 신학이 종교 사상으로서의 포괄성을 추구하는 방향으로 전개되었다면, 이제부터는 그 포괄적인 신학적 세계관을 민중의 고난 현실에 집중시키는 방식이 된다. 그

---

89 서남동, "세계의 생명과 그리스도," 『민중신학의 탐구』, 357쪽.

것은 민중의 고난의 실체를 보여줄 수 있는 "계시의 하부 구조"를 밝히는 작업이요, 민중의 희망을 담을 수 있는 "민중의 언어"를 찾아내는 작업이었다. 이 작업은 크게 보면 두 가지였다. 하나는 민중의 고난을 유발하는 '사회 구조'에 대한 파악이요, 다른 하나는 고난에 대처해온 민중의 '집단적 영혼'에 대한 파악이었다. 전자가 신학을 사회경제학 또는 정치경제학과 결합시키는 것이라면, 후자는 신학을 문학사회학 또는 예술사회학과 결합시키는 것이었다.[90]

죽재가 사회경제사적 방법을 사용하여 계시의 하부 구조를 밝히는 작업을 시도한 것은 1983년의 글 "세계의 생명과 그리스도"와 "빈곤의 사회학과 빈곤의 신학"을 통해서다. "세계의 생명과 그리스도"에서는 생명이 위협당하는 죽음의 세계를 핵, 환경 오염(땅, 물, 공기), 빈곤과 노동 환경 등의 주제로 조명하면서, 이를 통해서 "세계의 생명"이신 예수 그리스도를 "실증"할 수 있는 "계시의 하부 구조"를 밝히려고 한다.[91] "빈곤의 사회학과 빈곤의 신학"에서는 도시화와 산업화 과정에서 발생한 빈곤과 인권 유린의 현실을 사회학적 분석을 통해서 통계와 도표로 제시한 후, "복음의 하부 구조"란 "가난한 사람들 자신의 희망과 자의식과 연대의 기초"를 이루는 것이어야 한다고 역설한다.[92]

죽재는 하나님의 계시에 관한 신학적 주장을 하기 위한 물질적 토대/하부 구조를 밝히기 위해서 사회경제사적 해석을 도입했다.

---

90 "두 이야기의 합류," 64쪽.

91 "세계의 생명과 그리스도," 357쪽.

92 "빈곤의 사회학과 빈곤의 신학," 405쪽.

그의 의도를 정확히 알기 위해서는 다음의 두 가지 점에 주목해야 할 것이다. 한편으로, 죽재가 신학과 사회경제학의 차이를 분명히 인식하고 있었고, 따라서 사회경제사를 절대시하면서 신학을 사회경제학으로 환원시키지 않았다는 점이다. 그는 사회경제사의 과제가 "역사라는 것이 지배자와 피지배자의 관계이고, 지금까지 역사는 지배자 입장에서 쓰여져왔다는 사실"을 밝히는 것이라면, 신학의 과제는 "민중은 구원받아야 된다, 해방되어야 한다고 요청"하는 것이라고 봤다.[93] 신학의 고유한 과제에 관한 죽재의 주장은 '해방'의 언어와 상상력을 잃어버린 전통 신학에 대한 비판이자, 당시 한국의 진보학계에서 부흥하기 시작한 유물론적 정치경제학이 지닌 "결정론적 요소"에 대한 비판적인 태도를 반영하고 있다. 다음의 글을 통해서 죽재의 입장을 확인할 수 있다.

> 우선 사회경제사라고 할 때, 우리가 망각하고 있는 다른 측면을 보기 위해서 그것을 사용해도 좋지 않겠느냐 하는 정도지 그 이상의 것은 아닙니다. 인간 구원을 사회 혁명, 즉 역사 안에서의 구원으로 끝난다고 생각한다면 그런 비판을 받을 수도 있겠지만, 저는 역시 기독교의 신국상징, 즉 천년왕국을 넘어서는 신국상징도 있어야 한다는 생각입니다. (중략) 그런 점에서 [내 입장은] 종교적인 차원을 모두 탈락시켜버리고 사회, 정치적인 영역 안에서만 구원의 성취를 보는 것과는 거리가 멉니다.[94]

93 "한국 신학으로서의 민중신학의 과제," 360쪽.

94 "한국 신학으로서의 민중신학의 과제," 363-364쪽.

따라서 사회경제사적 해석을 채택한 이 시기 죽재의 신학을 기독교 신학의 기본 맥락에서 벗어난 것으로 보는 것은 잘못이며, 또한 사회경제사를 방법론으로 삼아 계시의 하부 구조를 밝히려는 그의 민중신학을 그가 이전 시기부터 걸어온 신학 여정으로부터 단절된 것으로 파악하는 것도 옳지 않다. 그는 기독교 신학의 핵심 가치를 인식하면서도, 다른 인문학과의 건설적인 관계를 맺으려고 했다.

다른 한편으로, 죽재가 기독교 신학의 고유한 과제를 인식하고 있었으면서도, 그 과제를 전통 신학으로의 회귀를 통해서가 아니라, 사회경제사적 해석을 통해서 수행하려 했다는 사실은 여전히 중요하다. 그는 계시의 상부 구조만을 다룬 기존의 신학적 문제점을 극복하기 위해서는 계시의 하부 구조에 대한 해명이 더욱 절실하고 긴급히 요청된다고 봤다. 이러한 인식은 시간이 갈수록 더욱 분명해졌다. 그리하여 결국 그리스도론, 구원론, 예정론 등 신의 계시에 관한 추상적인 토론으로 이뤄지는 전통적인 신학 방법론을 "유보(moratorium)"할 것을 선언하기에 이르렀다.[95]

신의 계시(의 상부 구조)에 관한 사색을 유보하고, 대신에 그 계시가 펼쳐지는 물적 여건(하부 구조)을 해명하기 위해서 죽재가 채택한 또 다른 방법론은 문학사회학적 해석이었다. 문학사회학적 해석은 전통적인 교리에 관한 담론에서 벗어나 이야기(민담)를 소재로 삼고 신학을 전개하는 "탈(脫)신학"이며, 추상적인 신학적 사유

95 서남동, "민담에 관한 탈신학적(脫神學的) 고찰," 『민중신학의 탐구』, 298쪽.

에 감추어진 지배 이데올로기적 의도를 파악하고 그것을 반대하는 "반(反)신학"이다. 죽재의 탈신학과 반신학은 기독교 신학 자체에 대한 거부가 아니었다. 오히려 기독교 사상의 본래적 가치를 회복하기 위해서 전통적인 신학 방법론을 "유보"할 수밖에 없는 상황에 처한 신학의 처지를 가리키는 말이라고 할 수 있다. 죽재는 이점에 대해서 다음과 같이 말한다.

> 전통적인 신학의 매체는 논리적 사변, 추상적 관념이며 그 방법은 연역적이고 그 담고 있는 내용은 초월하신 신의 존재다. (중략) [그러나] 하느님의 계시의 참다운 매체는 실제적·구체적 경험과 사례에서 귀납적인 방법으로 얻어낸 이야기이다. 추상적인 초월을 찾는 것이 아니라, 구체적인 성육신을 찾는다. 전통적인 신학이 초월적·연역적이라면 이야기 신학은 귀납적 신학, 아니 반(反)신학(countertheology)이다. 뿐만 아니라 전통적 신학은 '지배의 신학'이다. 곧 지배(통치)의 이데올로기에 편입, 흡수되어서 지배 질서를 정당화해주고 그것을 축복하는 기능을 수행한다. …… 통치 이데올로기와 지배 체제와 그 문화를 비판하고 시정하려는 민중의 이야기는 반신학이다.[96]

죽재는 기독교 신학의 원천인 성경 역시 본래 이야기에서 시작되었다는 사실에 착안하여, 오늘의 신학 역시 이야기로부터 시작될

96 서남동, "민담의 신학-反神學," 『민중신학의 탐구』, 305-306쪽.

수 있다고 생각했다. 즉 "계시의 매체는 사변 · 개념 · 말씀이라기보다는 행함 · 사건 · 삶 · 이야기"라는 것이다.[97] 이데올로기적인 가공이 이뤄진 율법과 교리와 추상적 사유 이전에 구체적인 삶의 이야기가 있었다면, 더구나 율법과 교리와 추상적 사유로 이뤄진 신학이 "지배의 신학"으로 탈바꿈되고 말았다면, 이야기(민담)를 통해서 그것을 전승해온 민중의 "집단적 영혼"을 발견하는 것이 중요하지 않겠는가? 따라서 죽재는 의도적인 탈신학화 작업을 1982년의 글 "민담에 관한 탈신학적(脫神學的) 고찰"이요, 1983년의 글 "민담의 신학-반신학(反神學)"과 "'십자가-부활'의 현실화"를 통해서 전개한다.

죽재는 "민담에 관한 탈신학적 고찰"에서, '쇠똥에 미끄러진 범'과 '은진미륵과 쥐'와 같은 민담들, '심청전'과 같은 판소리 이야기, '봉산탈춤'과 '홍길동전'과 같은 고전뿐만 아니라, '금관의 예수'와 '몽실언니' 등의 현대 문학, '사사 입다와 이름 없는 그의 딸'과 '예수 이야기' 등의 성경 이야기를 신명나게 들려주면서, 그것을 통해서 고난의 역사를 지혜롭게 헤쳐온 민중들의 "집단적 영혼"을 발견하고자 한다. 그가 이야기에 주목하는 것은 문학적 음미를 목표로 삼기보다는 신학적 관심에 의해서 추동된 것이다. 죽재의 범재신론적 세계관에서 고난당하는 민중의 삶이란 "하나님의 역사 경영을 알아보는 색인(index)"이기 때문이다.[98] 죽재가 발견하고자 했던 민중의 집단적 영혼은 계시의 하부 구조를 해명하는 열쇠요, 기독교

97 "민담의 신학-反神學," 305쪽.

98 "두 이야기의 합류," 47쪽.

신학의 관념성과 지배 이념적 기능을 시정할 수 있게 하는 기준이었다. 이점이 매우 중요하다.

기독교 신학의 가장 근본적인 관심은 하나님의 구원 활동에 관한 증언이다. 그렇다면 물어야 할 핵심 질문은 이것이다. 구원 활동을 하시는 하나님을 어디서 발견할 수 있는가? 하나님은 왜, 무엇을 위하여 활동하시는가? 전통 신학은 이 질문을 회피하거나 얼버무리고 말았다. 그러나 두 이야기가 합류된 죽재의 범재신론적 세계관에서 이 질문에 대한 답은 분명하다. 하나님이 일하시는 곳은 이 세상이며, 이 세상에서 일하는 까닭은 거기에 고난(을 유발하는 악)이 있기 때문이다. 세상을 속량하기 위한 하나님의 구원 활동이 이뤄지고 있는 최전선은 고난의 현장, 즉 생명이 죽임을 당하는 곳, 정의가 조롱당하는 곳, 평화가 짓밟히는 곳이다.[99] 따라서 물어야 할 실제적인 질문은, 누가 고난을 당하고 있는가? 고난의 실체는 무엇인가? 고난을 유발시키는 체제는 어떻게 형성되었는가? 누가/무엇이 고난을 유발하고 있는가? 하는 것이다. 그리고 이 물음에 대한 정직한 답변은 계시의 상부 구조에 대한 사색이 아니라, 계시의 하부 구조에 대한 관찰과 증언이다. 죽재가 전통 신학의 방법론을 유보하고 탈신학, 반신학을 주장한 까닭이 바로 거기에 있다.

죽재의 탈신학과 반신학은 죽어버린 신학적 사유를 부활시키기 위한 처방이었다. 하나님의 활동의 최전선인 민중들의 고난 현장을 외면할 때 기독교 신학은 사유의 종말을 피할 수 없다. 고난의

99 2013년 10월 말에 부산에서 열리게 될 세계교회협의회(WCC) 제10차 총회의 주제인 "생명의 하나님, 우리를 정의와 평화로 이끄소서!"는 바로 그것을 말하고 있다.

현실(하부 구조)에 대한 파악이 없는 신학은 구원에 관한 구체적인 언어를 가질 수 없기 때문이다. 따라서 죽재의 사회경제사적 해석과 문학사회학적 해석은 관념화되어버린 기독교 신학을 되살려내는 작업이라고 말할 수 있다.

> 탈신학화는 마음에 대한 육체의 부활이요, 정신에 대한 물질의 부활이요, 남성에 대한 여성의 부활이요, 지배자에 대한 민중의 부활이요, 하늘에 대한 땅의 부활이요, 이성과 지성에 눌려 있는 감정과 본능의 긍정이요, 역사와 신학에 가리고 밀려난 이야기와 민담의 복권을 의미한다. 지금까지의 기독교 신학에서는 신의 초월을 추구하지만, 예수 이야기는 신의 성육신을 말한다.[100]

하지만 전통 신학은 여전히 계시의 하부 구조에 집중한 죽재의 신학 방법론에 대해서 의혹을 제기할 것이다. 하나님의 초월성을 증언하는 '계시의 상부 구조'를 외면할 때, 신학은 사회경제학으로 치환되어 결국 역사 평면주의적 세계관에 머무르는 위험을 자초하는 것은 아닌가? 죽재 역시 이 질문에 담긴 문제의식의 부분적 정당성을 인정했다. 따라서 죽재는 전통 신학이 집중했던 신의 초월적 활동에 관한 신국(神國) 상징과 자신이 강조했던 신의 역사 내재적 활동에 관한 천년왕국 상징이 서로 "병립 공존되어서 상호 견제되는 것이 불가피하기도 하고 바람직하다"고 여겼다.[101]

---

100 "민담에 관한 탈신학적 고찰," 299쪽.

101 "우리의 부활과 4월혁명," 125쪽.

하지만 죽재가 계시의 하부 구조에 집중하는 순간 그런 종합과 균형이 파괴되는 듯한 효과가 생겨난다. 그리고 그런 효과는 계시의 상부 구조에 치중한 전통 신학을 교정하기 위해서 죽재가 의도적으로 유발시킨 것이었다고 할 수 있다. 그런 의도 때문에 전통 신학적 주제에 관한 논의를 유예하자고 선언하지 않았을까? 이 모라토리엄 선언은 실상 기독교 신학의 정상화를 위해 치러야 할 비용이었던 것이다. 그리고 그 비용을 감내할 수 있었던 그의 신학적 낙관은 범재신론적 세계관이라는 든든한 토대에 기초하고 있었다. "모든 것 위에서, 모든 것을 통하여, 모든 것 안에서" 활동하는 신(엡 4:6)은 세계로부터 떠나 있지 않으며 세계를 통해서 드러난다는 믿음. 그것이 기독교 사상가로서 죽재가 계시의 하부 구조를 강조한 민중신학을 전개할 수 있게 한 토대였다.

죽재의 탈신학, 반신학에는 복합적인 의도가 담겨 있다고 말할 수 있다. 그의 탈신학은 로고스 중심적인 서양 사상의 관념적 한계를 극복하려는 것으로서, 구체적이면서도 주체적으로 사유할 수 있는 아시아 신학의 가능성에 관한 모색이었다. 하나님에 관한 증언을 한국 민중의 고난 현장에서 찾으려 했던 것은 한국적 상황에 관한 신학적 주체성임과 동시에, 기독교 신학의 본래적(이기 때문에 보편적)인 가치를 복권시키려는 시도였다. 또한 민중의 고난을 추상화시키지 않고 생생하게 드러내는 그의 반신학은 성경이 증언하는 '구원과 해방의 복음'을 "현대인에게 보다 옳게 전하는 길"이었다.[102] 예

102 "민중신학을 말한다," 171쪽.

수가 전한 구원과 해방의 복음은 "가난한 사람"을 위한 것으로서, "포로가 된 사람을 자유케 하고, 눈먼 사람을 보게 하고, 억눌린 사람을 풀려나게 하는" 실제적이고 총체적인 복음이기 때문이다(눅 4:18).

계시의 하부 구조를 밝히기 위해서 신학적 사유를 정치경제학과 문학사회학으로까지 확대시킨 죽재의 신학은 이전의 기독교 신학이 갖지 못한 또 다른 사상적 미덕을 갖출 수 있었다. 이제까지 교회가 터부시해왔던 민속(예술)에 담긴 종교성을 적극적으로 평가함으로써, 종교적 삶을 보다 포괄적으로 규명할 수 있게 되었을 뿐만 아니라, 한국의 전통과 역사에 대해서 기독교신학이 보다 책임 있는 목소리를 갖게 되었다. 또한 민담에 담긴 한국의 종교 전통(불교, 유교, 도교)과 대화하고 그 지혜를 적극적으로 평가함으로써, 여전히 다종교적 상황인 오늘날 보다 건설적인 종교 간의 만남을 할 수 있는 신학적 선례를 마련해주었다.

죽재가 탈신학과 반신학을 제창한 지 벌써 30년이 지났다. 그럼에도 불구하고, 그가 해결하고자 했던 신학적 문제는 여전히 남아 있다. 지난 30년 동안, 한국 교회는 민중의 고난에 주목하기보다는 풍요와 축복에 탐닉함으로써 도리어 종교적 위기를 심화시켜왔다. 따라서 전통 신학의 방법론을 유예시키고 계시의 하부 구조에 대해 관심했던 죽재의 탈신학/반신학적 관심은 여전히 유효하다.

그러나 그 관심을 이어가려는 오늘의 방식을 그 '유예'에서만 찾는 것이 바람직한가 하는 질문은 30년이 지난 지금에 와서는 던져볼만하다. 성장주의 이데올로기에 휩싸인 한국 교회가 종교적 진리의 발원지가 되기보다는 사회적 문제를 양산하는 진원지가 되어 버렸다는 비판이 거세진 지금, 그리하여 한국 교회의 이상이 실현되지 않아서 문제가 생겨난 것이 아니라 그 이상이 실현되어 만들어진 결과가 도리어 문제를 일으키고 있는 것이 아니냐는 의구심이 높아진 지금, 계시의 상부 구조에 관심했던 전통 신학을 유예시키기보다는 교회의 이상을 구성하고 있는 계시의 상부 구조 자체가 새롭게 해석되어야 할 과제 역시 긴급해졌기 때문이다. 앞에서도 말했듯이, 죽재 자신에게는 그 '유예'를 위해 치러야 할 비용을 감당할 수 있는 범재신론적 세계관이 있었지만, 오늘날의 신학은 죽재의 범재신론적 세계관으로 계시의 상부 구조를 새롭게 조망할 (죽재가 남겨놓은) 과제까지 안고 있기 때문이다.

5) 한의 사제: 죄, 한, 단, 그리고 기독교 신앙의 과제

구약 성경에 한 여인의 비극적 삶에 관한 기록(삼하 3:6~11, 21:1~14)이 담겨 있다. 그녀는 남성 중심 사회에서 희생당한 여인들의 전형적인 모습을 띠면서 침묵하는 사람으로 등장한다. 원래부터 그랬는지, 아니면 훗날 그녀의 저항을 기억하며 붙여졌는지 모르지만, 그녀의 이름은 "매의 딸" 또는 "불타는 숯"이라는 뜻이 담긴 리스바(Rizpah)다. 그녀는 이스라엘의 초대 왕 사울의 후궁으로서, 몰락하는 왕가의 비극을 떠안은 불행한 삶을 살았다. 남편은 전장에서 패배하여 죽었고, 가늘게 이어지던 왕권은 유다와의 전투로 인해 돌이킬 수 없는 파탄에 이르렀다. 왕가의 위엄이라고는 존재하지 않은 상황에서, 왕의 첩이라는 처지는 도리어 불행의 표적이 되기 쉬웠다. 남편이 세운 장수에 의해서 겁탈당하는 수모뿐만 아니라, 폭력적인 역사의 틈바구니 속에서 고통당해야만 했으니.

리스바의 비극은 반대편에 있던 다윗의 승승장구를 의미했다. 권력을 쟁취하기 위한 모든 싸움이 그러하듯, 다윗은 왕권을 수립해가는 과정에서 "피비린내 나는 살인자"(삼하 16:7)의 면모를 지녔다. 그러는 와중에 3년 동안 흉년이 들었다. 다윗은 흉흉해진 민심을 달래기 위해서 속죄양으로 삼을 만한 것을 찾았다. 그리고 강구한 해결책은 자기편에 선 기브온 사람들의 요청을 들어주는 것으로서, 예전에 기브온을 학살했던 사울의 업보를 생존해 있는 사울 가문의 사람들에게 묻는 것이었다. 다윗 왕조의 땅에서 발생한 흉년을 해결하는 일에 왜 다윗 자신의 속죄가 아닌, 사울 가문의 속죄가 요구되었을까 하는 질문은 유보하기로 하자. 분명한 것은, 흉년에 대한 속죄의 제물로 사울의 자손 가운데 남자 일곱 명을 죽였다는 점이다.

여기서 리스바의 비극은 절정에 달한다. 삶의 마지막 보루인 두 아들이 속죄양이 되어 나무에 매달린 채 죽임을 당한 것이다. 첩이요, 과부요, 아들도 없는 처지란 그 당시 사회의 여인에게는 존재를 삼중으로 부정당하는 것이었다. 무슨 일을 더 당하고, 무슨 일을 더 할 수 있을까? 이제까지 침묵하며 지내(오기를 강요당해)왔던 그녀는 마침내, 굵은 베로 만든 천을 바위에 둘러치고 그 위에 앉아서 "보리를 거두기 시작할 때부터 가을비가 내릴 때"까지 5개월 동안 공중의 새와 들의 짐승들이 주검을 상하지 못하게 막는다.

아, 미래도 없이 몰락해버린 리스바. 그녀가 벌이는 행위를 '저항'이라고 부를 수 있을까? 굳이 의미를 부여하자면, 그녀의 행동은 법마저도 지키지 않은 국가 폭력에 대한 저항이었다고 볼 수 있을 것이다. 아들의 죽임 당함은 분명한 불법이었다. "자식들은 그 아버지로 말미암아 죽임을 당하지 않을 것"(신 24:16)이라는 신명기 법에 위배되기 때문이다. 그러나 그녀는 지금 준법 투쟁을 하고 있지 않다. 오히려 그녀는 무려 5개월 동안 아들의 시체를 나무에서 내리지 않고 지킴으로써, 그녀 스스로 또 다른 신명기법(신 21:23)을 의식적으로 어기고 있다.[103] 어쩌면 그녀는 '나무에 달린 자'는 '하나님의 저주'를 받은 자라는 그 법의 선언에 스스로 걸려들면서, 아들에게 임한 저주와 자신의 저주스러운 처지를 일치시키고 있는지도 모른다.

그녀의 행동은 저항이라 할 만한 것이지만, 그렇다고 법의 정의에 호소하는 저항이 아니다. 그 저항은 미래의 회복을 꿈꾸는 저항이기보다는 자신이 감당할 수밖에 없는 비극을 도리어 심화시키는 저항이다. 그 저항은 정의에 수반된다고 여겨지는 '합리적 판단'에 호소하기보다는, '파괴된 인간 현실'을 그대로 드러내는 저항이다. 그 저항은 연대가 가능한 자들의 공분을 유발하는 저항이 아니라, 온 땅이 유배지로 변해버렸기 때문에 의지할 곳이라고는 오직 자기 슬픔밖에 없는 사람이 벌이는 '한(恨)의 몸부림'처럼 보인다.

사울이 왕이었을 때 기브온을 학살한 것은 분명 죄'였'다. 그러나

103 "그 시체를 나무 위에 밤새도록 두지 말고 그 날에 장사하여 네 하나님 여호와께서 네게 기업으로 주시는 땅을 더럽히지 말라. 나무에 달린 자는 하나님께 저주를 받았음이니라"(신 21:23).

여기서 묻자. 리스바의 고통은 남편의 죄에 대한 벌인가? 사울의 죄를 생존해 있는 그러나 이미 몰락해버린 그의 가족들에게 묻는 것은 정당한가? 흉년이라는 자신의 문제를 동조세력(기브온)을 얻는 책략과 결부시켜 해결하고 있는 다윗, 권력자가 되어 힘없는 적의 자손을 죽이는 것으로 정의를 내세운다고 믿는 다윗, 그의 행위는 죄를 씻는 일일까, 죄를 쌓는 일일까? 리스바는 정당한 벌을 받지 않겠다고 저항하는 죄인인가, 쌓여온 악(구조악)의 희생자인가? 우리는 사울의 업보, 다윗의 책략, 기브온의 요청, 그녀의 아들들의 죽음, 리스바의 저항, 이 모든 것에서 죄와 한이 교차하는 것을 보게 된다. 죄는 온 세계가 한데 엉겨 붙어 만들어낸 것이며, 한(恨) 역시 개인의 심리적 차원에서 해소될 수 있는 것이 아닌 것이다.

그렇다면, 죄란 어떻게 이해되어야 하며, 누가 죄를 물을 수 있는가? 리스바의 고통과 저항에서 우리가 볼 수 있는 것은 죄인가, 한인가? 죽재 역시 동일한 질문을 했다.

> 죄라고 하는 것은 무엇인가? 힘 있는 자들이 힘없는 자들에게 붙이는 딱지인 경우가 많지 않은가? 사회학적 분석 없이 종교적으로 죄를 말하는 것은 위험하다. 실제 우리가 당면한 문제는 한의 문제인 것이다. 죄의 문제가 아니라, 죄를 범하게 되는 여러 가지 사회 조건이 문제가 되는 것이다. 죄의 문제가 아니라, 횡포의 문제다. [따라서] 교리의 기본 문제에 대한 재검토가 요구된다.[104]

104 "민중신학의 성서적 전거," 244쪽.

이제까지 대부분의 기독교 신학에서 죄는 가해자(지배자)의 입장에서 해석되어왔다. 우리에게 익숙한 종교적 고백, '나의 죄를 용서하소서!'라는 말 자체가 죄를 '지은' 자의 입에서 나올 법한 말이지 않는가? 기독교의 죄의 고백에서 죄의 희생자에 대한 사회학적 이해는 생략되어왔으며, 따라서 죄의 용서를 구하는 회개는 가해자의 자책감을 더는 방식으로 기능했다. 그 결과 기독교 신학은 억압적인 사회 구조를 변호하는 공식처럼 작용했다. 그런 신학적 구도 속에서, 죄를 당한 희생자의 탄식과 분노를 담은 '우리가 왜 죄의 제물이 되어야만 합니까?'라는 항변은 종교성을 상실한 (자신들의 죄를 외면한) 언어로 해석될 수밖에 없었으며, 희생자의 용서가 담긴 '저들의 죄를 용서하여 주옵소서!'라는 선언은 (마치 자신이 죄를 사면할 자격이 있다고 보는) 종교적 자만처럼 이해되었다. 그러나 놀랍게도 그 말들은 죄를 둘러싼 성경의 언어이다. 전자의 탄식/분노는 예언자들의 언어(합 1:1~2)이고, 후자의 선언은 십자가에 달린 예수의 말(눅 11:4, 23:34)이다. 가해자의 관점에서 본 죄의 해석은 성경의 언어마저 곡해하게 만들었던 것이다.

따라서 우리는 한편으론 죄가 무엇인지 그 실재성에 대해서, 다른 한편으로는 '죄의 고백'이 갖는 기능에 대해서 새롭게 이해할 필요가 있다. 이에 상응하여, 새로운 신학적 사유를 위해서는 이 세계라는 실재를 구성하고 있는 '관계의 복잡성'과 그 관계망 안에서 살아가는 '주체의 창조성'에 관한 고려가 요구된다. 이 두 가지 고려는 전통적인 신학이 잘못된 전제를 갖고 있었기 때문에 여러 가지 신학적 문제를 양산할 수밖에 없었다는 평가에서 비롯된다. 전통 신학은 죄의 문제를 하나님과 인간의 문제로 일원화시키고, 인간과 인간 사이에서 빚어지는 죄의 문제를 부차적인 문제로 처리하고 말았다. 또한 죄의 문제를 하나님과 인간의 문제로 여긴 바로 그 전제 때문에, 죄로부터의 구원을 말할 때 인간은 피동적인 존재로 여겨졌으며 주체로서의 창조적인 역할은 배제되었다.

죽재는 이와 같은 전통 신학의 잘못된 이해가 지배자의 신학으로 귀착되는 결과를 낳았다고 평가한다. 따라서 신과 인간 사이의 종교적 관계만이 아닌, 인간과 인간 사이의 사회정치적 관계와 그것의 역사적 결과물로서의 구조적인 악 또한 신학의 고려 대상이어야 한다고 봤다. 그리고 죄에 대한 물음은 단순히 인간의 한계(죄를 지을 수밖에 없는 인간 실존의 본성)에 관한 철학적 사색이기보다는, 고난/고통이라는 악의 실재성에 관한 신학적 물음이라고 봤다. 그 신학적 물음은 악이 발생하지 않을 수도 있을 가능성과 그 악에 대한 책임성에 관한 질문이자, 그 악을 해결할 대안에 관한 주체의 창조적 상상력과도 연결되어 있다. 죽재는 죄의 문제를 둘러싼 '관계의 복잡성'에 관한 문제를 '누구의 눈으로 볼 것인가' 하는 관점에서 풀고자 했으며, '주체의 창조성'에 관한 문제는 '우리가 무엇을 어떻게 할 수 있는가' 라는 물음을 안고 해결하고자 했다. 그것에 대한 답으로 죽재가 제시한 것은 한(恨)과 단(斷)이다.

만일 죄의 문제가 복잡한 관계적 세계 위에서 벌어지는 악의 실재성에 관한 문제라면, 그리고 그 문제에 대해서 전통 신학이 가해자/지배자의 입장에서 해석해왔다면, 물어야 할 질문은 '누구의 눈으로 볼 것인가' 하는 것이다. 죽재는 우리가 '악'하다고 느끼는 고통/

고난을 유발하는 '실재'는 그 고통/고난을 당하는 사람의 입장에서 조명되어야 정당하다고 봤다. 기독교 신학은 악 자체를 죄(악=죄)로 여기지 않는다. 인간/생명을 파괴시키는 '악' 자체, 예를 들어 자연 재해로 인한 고통에서 우리는 죄를 의식하지는 않는다.[105] 죄는 악을 유발하는 책임(죄=악+책임)과 연관되기 때문이다. 따라서 죄를 물을 때는 악을 유발한 책임이 누구에게 있는가 하는 질문이 빠질 수 없다. 죽재는 이점을 분명히 했고, 이점을 분명히 했을 때 지배자의 신학에 '죄'로 보이던 것의 실상은 그 죄의 희생자들에게 '한(恨)'이라는 사실이 드러난다고 말한다.

> '죄', '정죄'는 사회학적으로 볼 때, 흔히 지배자가 약자, 반대자에게 붙이는 딱지(label)에 불과하기 때문에 '죄'의 사회학적 분석 없이 신학적인 이론 전개란 오히려 성서적인 근본 의도를 배반하고 역기능하게 된다. 그러므로 죄론에 앞서서 한, 곧 '범죄당한 경우'(sin against)가 문제되어야 할 것이다. 소위 '죄인들'이란 '범죄를 당한 자들'(those who are sinned against) 곧 억울한 자들이다. 말하자면,

105 이 말은 오해의 소지가 있다. 이 말은 다음과 같은 경우에 적용된다. 예를 들어, 2005년에 발생한 허리케인 카트리나로 인해 미국 뉴올리언스의 주민 2만 명 이상이 실종되었다. 이 자연 재해에 대해서 한 목사는 "허리케인 카트리나가 발생한 것은 멤피스에 거주한 흑인 레즈비언의 죄 때문이었다"고 말한 바 있다. 이러한 신학적 해석은 잘못된 것이고, 해악적인 것이다. 반면, 자연 재해와 인간의 죄를 결부시킬 만큼 인류의 생태학적 감수성이 발전한 것은 다행스러운 일이다. 이제 자연 재해와 인간의 죄(환경 파괴)는 물을 수도 있고, 물어야만 한다고 우리는 믿는다. 이 생태학적 감수성과 관련된 신학적 느낌은 앞에서 적용된 신학적 잘못과 혼동되어서는 안 될 것이다.

'죄'란 지배자의 언어이고, '한'은 민중의 언어라고 할 수 있다.[106]

앞의 리스바의 이야기에서 다윗은 사울의 '죄'를 물어서 리스바에게 고통을 주었지만, 리스바의 고통은 그녀에게 '한'이었다. 악으로 실재하는 그녀의 고통은 지배자(다윗)의 눈에는 죄 때문에 빚어진 것으로 해석되지만, 희생자(리스바)에게는 지배자의 폭력에 의해서 생겨난 한으로 해석된다. 따라서 그것을 되돌려 바로 펴기 위해서는, 희생자의 시각에서 죄를 묻고, 희생자에게 덧씌워진 '죄'의 실상은 범죄를 당해서 생겨난 '한'이라는 점을 분명히 해야 한다. 죽재는 '죄'라는 지배자의 언어 대신에 '한'이라는 민중의 언어를 기독교 신학이 복원해야 하며, 그것이 기독교 신학 자체를 올바르게 하는 길이라고 주장한다.

이렇게 민중의 눈으로 해석할 때 기독교 신학은 '우리가 무엇을 어떻게 할 수 있는가?'라는 잊혀져버린 질문을 신학의 영역으로 다시 끌어들여서 신앙의 책임에 대해서 말할 수 있게 된다. 전통 신학의 이해에 의하면, 죄인인 '모든' 인간은 하나님의 용서를 구할 수 있을 뿐 (또 다른 죄인에 불과한) '어떤' 인간의 용서를 반드시 필요로 하지 않는다. 죄의 용서는 심리적 영역에서 이루어질 뿐, 사회적 변혁을 필요로 하지 않는다. 보다 정확하게 말하자면, 죄의 용서는 심리적 영역에서만 이루어져야 하며, 사회적 변혁/저항을 추구하는 순간 그것은 기독교적 순수성을 잃게 된다고까지 주장된다.

---

106 "한의 형상화와 그 신학적 성찰," 107쪽.

그러나 죽재는 그러한 이해는 죄를 지은 지배자(가해자)에게 아무런 책임을 묻지 않는 신학적 기만에 불과하다고 본다. 기만적인 지배자의 신학은 한을 죄로 둔갑시키고, 가해자인 자신의 죄로 인해 고통당하는 민중(희생자)으로 하여금 스스로가 죄인이었기 때문에 그러한 고통을 당하게 된 것이라고 고백하게 만든다. 이런 역설이 또 어디 있을까? 죽재는 '죄'가 아닌 '한'을 보라고 말하면서, 그 한을 유발하는 '죄'를 정당하게 묻도록 한다. 그 죄에 대해서 우리는 무엇을 어떻게 할 수 있는가? 다시 말해서, 어떻게 죄를 묻고, 한을 유발하는 죄의 사슬을 끊을 것인가? 죽재는 그 해답의 단초를 김지하의 "장일담" 이야기에서 찾고, "단(斷)"을 제시한다.

'단'이란 한을 극복하여 푸는 것이다. 한을 풀기 위해서는 두 차원의 행위가 필요하다. 이점에 대해서 죽재는 다음과 같이 말한다.

> '단의 철학'에는 두 가지 의미가 있습니다. 적극적으로는 민중의 억압된 한을 에네르기화해서 사회 갱신의 힘으로 만든다는 의미이고, 소극적으로는 그렇게 하는 과정에서 보복으로 흘러가지 않게 하여 악순환을 막자는 의미입니다.[107]

죽재는 단의 두 차원, 즉 "개인적인 자기부정"과 "집단적으로 복수의 악순환을 끊는 것"을 동시에 말한다.[108] 그런 점에서, 개인적 차원의 회개와 용서에 만족하는 전통 신학이나, 구조적 차원의 '혁

107 "민중신학을 말한다," 200쪽.

108 "한의 형상화와 그 신학적 성찰," 101쪽.

명'에 집중하는 정치 사상과는 다르다. 죽재에게 용서란 피해자의 회개로 귀착되는 '정서'의 문제가 아니라, 정의와 평화를 향한 피해자의 주체적 '의지'이자, 자기에게 한을 주었던 대상까지도 포함하는 피해자의 자기초월적 생명 살림의 의지이다. "저들의 죄를 용서하여 주옵소서!"라는 예수의 말이 바로 그것의 규범적 사례이지 않은가?[109] (하지만 예수의 이 말이 얼마나 오용되어왔는가!) 따라서 이 용서의 의지는 한을 유발시키는 죄악의 체제에 대한 저항, 긴 역사의 과정에서 쌓이고 쌓인 사회의 구조적인 악에 대한 변혁으로 이어지지 않을 수 없다. 죽재는 이 두 차원이 함께 추구되지 않을 때, 한을 유발하는 상황은 해소될 수 없다고 본다.

사실, 두 차원이 결합된 '단'만이 '한'을 풀 수 있고, 한이 극복된 정신만이 한을 유발하는 죄악의 체제를 넘어서는 세계를 꿈꾸며 살아갈/투쟁할 수 있게 한다. 죽재는 그것을 "한과 단의 변증법"이

---

109 십자가 위에서 예수가 했던 이 용서의 선언은 죄를 당한 사람으로서 한 말이다. 예수는 악한 사회적 체제와 그 악에 가담한 사람들의 죄(로마의 식민 체제, 헤롯이라는 괴뢰 정권, 지배 집단이 된 부패한 종교 권력, 식민 이데올로기에 물든 군중, 배반한 제자 등) '때문에' 십자가를 졌다. 이 선언은 한의 즉자적인 외침이 아니라, 단의 의지에서 나온 말이다. 그러나 전통 신학은 그것을 오용하여, 예수가 그 모든 죄를 '위하여' 십자가를 졌다고 말한다. 그때 십자가라는 '악'을 유발한 인간들의 모든 '죄'의 문제는 희미해지고 만다. 단의 의지에서 나온 고통스러운 용서의 말이 죄를 감추려는 언어와 동일한 형식을 취하는 경우가 많다. 이 얼마나 큰 비극인가! 오늘날의 기독교인 역시 예수 그리스도가 우리의 죄 '때문에' 십자가에 달렸다고 고백할 수 있다. 그것은 죄를 발생시키는 구조의 우주적 연대성 때문에 그렇다. 그러나 그가 우리의 죄를 '위하여' 십자가에 달렸다고 고백해서는 안 된다. 그럴 때, 죄의 고백에서 죄의 심각성과 책임감은 해소되어버릴 뿐만 아니라, 십자가라는 악에 대한 하나님의 응답인 부활은 필요 없는 것으로 여기는 신학적 오류로 이어진다.

라고 불렀다.

> 억압된 민중의 한의 축적은 '단'(斷)의 행위로 혁명의 에네르기화 할 것을 말한다. 세속의 변혁을 위해 세속의 집착을 '근원적으로' 끊는 것! 순환의 고리를 끊는 것! 단! 쌓이는 한과 거듭하는 단. 한편에서는 살육과 무한보복과 파괴와 끝없는 증오를 불태운 무서운 한의 축적이, 다른 한편에서는 그것의 악순환적인 폭발을 억제, 보다 높은 정신적 힘으로 승화시키는 단의 반복이 필요하다.[110]

"한의 축적"과 "단의 반복"이 교차함으로써 속량되어가는 죄의 질서, 그것이 기독교 신학의 이상적인 비전이 된다. 죽재의 민중신학에서, 이 신학적 비전은 한과 단의 변증법, 즉 고난 속에서 그리고 고난을 통해서 죄를 속량해가는 민중의 존재론적 문법에 의존해 있다.

그런데 문제는 이 문법이 논리적 문법이어서 역사를 해석할 수는 있을지언정 현실을 실제로 움직이지는 않는다는 점이다. 현실에서는 민중의 한이 단으로 이어지기보다는, 한이 죄로 둔갑되는 도착적 이해가 일상화되어 있다. 왜 그런가? 그것은 한이 유발되는 상황의 '구조적인' 성격과 그 구조가 양산하는 체제 유지 이데올로기 때문이다. 이 두 가지 요인으로 인해, 민중의 의식은 자신의 존재를 배신하고, 죄를 당한 한의 존재인 자기 스스로가 죄를 범한

110 "두 이야기의 합류," 81쪽.

죄인이라는 죄의식에 사로잡힌다.

본래 죄의식이란 자신이 악에 가담했음을 깨달은 의식으로서, 그 가담에 대한 책임감과 그러지 않아야 한다는 의무감을 불러일으켜야만 하는 것이다. 그것은 장려되어야 할 건강한 종교적 죄의식이다. 그런데 현실에서의 죄의식은 지배 체제에 저항할 때 그 저항을 무력화시키는 방향으로 (지배 이데올로기가 작동하는 방향으로) 전개되곤 한다. 왜냐하면, 죄를 지었다는 유죄 의식(guilt feeling)이란 이전부터 신봉되고 있던 어떤 규범을 어긴 상황에서 발생되는데, 그 규범이란 지배 체제를 유지하기 위해 만들어진 것이고, 따라서 지배 구조 안에서 순응하는 경우 유죄 의식을 느끼게 되지 않지만 그 구조에 저항할 경우 유죄 의식에 사로잡히는 역설적 상황이 발생하기 때문이다. 이로 인해서, "지배층이 피지배층에게 자기 풍습을 따르지 않는다는 데서 죄를 규정"하는 작업이 손쉽게 벌어진다.[111] 지배 이데올로기에 동화된 신학은 그 작업에 봉사하지만, 민중신학은 그 '구조적인 악'을 원죄라고 말하며, "예수님의 첫째 사명은……지배자의 언어로 사로잡혀 있는 마법을 풀어주는 푸닥거리"였다고 주장한다.[112] 그 마법이 풀릴 때 죄의 언어는 한의 언어로 변하게 되고, 민중의 한이란 그들의 죄 때문이 아니라 구조악 때문에 발생하게 되었다는 의식이 뚜렷하게 형상화된다.

---

111 "민중신학을 말한다," 202쪽.

112 "민중(씨올)은 누구인가," 214쪽. 죽재의 민중신학적 시각을 해석하는 작업에서 과정신학자이자 여성신학자인 마조리 H. 수하키의 다음의 책에 힘입은 바 크다. 『폭력에로의 타락: 원죄에 대한 관계론적 신학의 새로운 이해』, 김희헌 역(서울: 동연출판사, 2011), 229-235쪽 참고.

자, 이제 기독교 신학이 담당해야 할 참된 역할, 신앙인과 교회가 해야 할 선교의 내용이 드러났다. 그것은 "한의 사제"로서의 역할이다. 한의 사제는 "민중의 갈망을 듣고 전달하는 매체"로서, 기독교 신앙이 지향해야 할 바가 무엇인지를 가리키는 준거점이 된다. 죽재의 권고를 들어보자.

> 나는 여러분에게 제사장직을 저버리고 예언자직을 수행하라고 하는, 잘못된 신학적 판단으로 권면한 것은 아니다. 내가 말하는 증인의 족보는 사제가 아닌 예언자들만의 족보는 아니다. 우리는 하느님의 선교에서 사제직을 잘 감당해야 한다. 그것은 지배 계층, 부유 계층의 횡포를 축복하고 눌린 자들의 자기 생존을 위한 항거를 마취시키고 거세하는 사제직이 아니고, 진정으로 저들의 상처를 싸매주고 비굴해진 저들의 주체성을 되찾는 데 함께하고, 저들의 역사적 갈망에 호응하고, 저들의 가슴 속에 쌓이고 쌓인 한을 풀어주고 위로하는 '한(恨)의 사제'가 될 것을 권한다.[113]

여기에서 죽재는 주로 예언자적 목소리를 대변하는 것으로 여겨진 민중신학의 과제를 제사장적 역할과 결부지어 설명하고 있다. 예언자적 역할과 제사장적 역할, 두 가지 모두를 요청하는 성경의 전통을 이어가면서, 그 둘의 조화로운 활동이 필요하다는 점을 말하고 있다. 그것은 왜곡된 신학에 대한 비판 의식을 담고 있다. 지

113 "한(恨)의 사제," 43쪽.

배 이데올로기라는 주술에 걸린 신학은 그 둘의 기능을 교차함으로써 신학의 본분을 배반한다. 예를 들어, 지배자의 죄에 대한 예언자적 비판이 필요할 때 (그들도 하나님의 백성이라는 식의 논리로) 제사장적 위로를 선사하고, 민중들의 고난/고통에 대한 제사장적 한풀이가 필요할 때 (그들의 고통은 자신들의 죄 때문에 생겨난 것이라는 식의 논리로) 예언자적 비판을 들이대는 신학과 그것에 기초한 교회. 그러한 활동은 기독교의 위기를 재촉할 뿐이다. 죽재는 그 둘의 관계를 바로 펴서 민중의 한을 푸는 참된 제사장 즉 '한의 사제'가 될 것을 권고한다.

여기서 한 가지 지적할 것은, 기독교 신앙인과 교회에 한의 사제가 될 것을 요청하는 것이 민중을 대상화 · 객체화하는 것으로서 앞에서 했던 '민중메시아론'에 관한 주장과 배치되는 것이 아니냐 하는 비판이 생길 수도 있다는 점이다. 그러나 한의 사제라는 개념을 죽재 자신이 두 가지 의미로 사용하고 있다는 것에 주목하자. 하나는, 앞에서 다뤘던 것으로서 교회와 신앙인의 선교적 실천의 목표와 양태를 가리킬 때, 민중의 한을 푸는 "한의 사제"가 되어야 한다고 주장하는 경우이다. 다른 하나는, 민중 스스로가 한(恨)을 짊어짐으로써 스스로 한의 사제가 된다고 보는 경우이다.[114] 죽

114 "한의 형상화와 그 신학적 성찰," 109-110쪽. 죽재는 이렇게 말한다. "출애굽 도상의 이스라엘이 바로 '너희야말로 사제의 직책을 맡은 내 나라, 거룩한 내 백성이 되리라'(출 19:6)이며, '낯선 땅에서 나그네 생활을 하고 있는' 초대교회가 바로 '선택된 민족이고 왕적 사제들이며 거룩한 겨레이고 하나님의 소유가 된 백성'이듯이(벧전 2:9, 11), 고난받는 민중이 백성의 속죄를 고난으로 집례하는 하나님의 제사장, 한의 사제가 된다."

재에게 이 두 가지 경우는 서로 분리되지 않으며, 혼동되지도 않는다. 신앙인과 교회는 민중 속으로 들어가는 "현장 교회"가 되어야 하고, 그 현장 교회에서 민중과 하나가 되며, 그리하여 교회의 (선교 대상이 아니라) 주체가 된 민중은 스스로를 속량하면서 하나님의 선교를 이뤄간다고 할 수 있다.[115]

한의 사제에 관한 강조와 권고가 더욱 필요한 것은 그동안의 기독교 교회가 권력자들에 의해 그 정신이 장악되어왔기 때문이다. 해 아래 있는 그 어떤 집단이 권력의 손아귀를 피할 수 있겠는가마는, 그 집단의 정신마저 권력의 기성 질서에 길들여질 때 그 집단은 사멸하고 만다는 것 또한 역사의 가르침이다. 세상의 기성 질서에서 불온하게 여겨진 집단에게는 미래를 소유할 자격이 주어지지만, 그것에 길들여진 집단은 현재에서 소비되고 만다. 교회 역시 마찬가지이다. 교회가 권력과 밀착되어야지 생존할 수 있다거나, 교회는 권력을 옹호해도 생존할 수 있다고 믿는 것은, 교회가 이미 죽음의 길로 들어서고 있다는 징표이다. 그 교회는 이미 하나님과 세상의 권력을 뒤바꿔놓고 있기 때문이다. 역사를 길게 보면, 민중이 외면한 종교치고 살아남은 종교가 없다. 민중을 불온시하는 종

115 죽재는 중세의 가톨릭 교회, 근대의 개신교 부르주아 교회, 그 다음으로 "제3의 교회"가 오늘날 요청된다고 봤다. 왜냐하면, 사랑과 은총을 강조하는 가톨릭 교회는 과거를 지향하고, 의지와 믿음을 강조하는 개신교회는 현재에 안주하여 현상을 유지하려 하기 때문에, 소망과 혁명에 관한 신앙을 간직하고 미래를 열망하는 "제3의 교회"가 요청된다는 것이다. 이러한 이해를 1968년의 글 "탈출의 공동체"에서 이미 밝혔다. 그리고 1979년의 글 "한의 형상화와 그 신학적 성찰"에서는 그 "제3의 교회"를 민중들의 삶으로 들어간 "현장 교회"라고 말한다. 그리고 곧 이어 그 현장 교회를 "민중 교회" 또는 "성령의 교회"로 부른다.

교치고 버려지지 않은 종교가 없다. 종교가 민중을 버리는 것이 아니라, 민중이 종교를 버리기 때문이다. 교회가 한의 사제가 되어야만 하는 이유가 바로 여기에 있다. 그것만이 교회가 역사를 살아갈 수 있는 길이기 때문이다.

한의 사제에 관한 이 절의 결론은 죽재의 목소리로 대신하기로 한다.

> 교회라고 하는 것이 사람들이 모여가지고 예배만 드리고 심령적인 수양만 하고 종교적인 것만 있고, 그리고 그 안에서 부자는 무지하게 부자고 가난한 사람은 지지리도 가난하고, 어떤 사람은 짓밟고 어떤 사람은 짓밟히고 그래도 같이 와서 예배만 보면 되는 곳이 결코 아닌 것입니다. 이스라엘이나 교회나 위로 하나님을 믿고 예수 그리스도를 섬기고 형제자매 사이에는 참다운 평등함과 사랑이 물질적으로 구체적으로 관계를 가지고 있는 것이 이스라엘이고 교회인 것입니다.[116]

> 나는 여러분에게 '한의 사제'가 되라고 권한다. 그리고 '소리의 매체'가 될 것을 권한다. 우리의 현실에서 눌린 자, 잃어버린 자, 저주받고 추방당한 자, '죄인과 세리들'의 소리의 매체가 될 것을 권한다. 억울한 사람의 한을 듣도 보도 못하면서 '하느님의 선교'에 나선다는 것은 모래밭에서 헤엄치겠다는 사람과 같다. 여러분의 선교 활동의 장도에 성령이 함께 할 것을 빈다.[117]

116 "새로운 공동체를 위하여," 267쪽.
117 "한의 사제," 44쪽.

2
서남동의 주요 저작

죽재 서남동은 한 주제로 단행본 저서를 쓰지 않았고 자기 신학적 관심사의 이동을 따라 약 100여 편의 논문과 기고글을 썼다. 그의 신학 사상은 현재 세 권의 책으로 묶여서 전해지고 있다. 민중신학을 전개하기 이전에 썼던 글들은 주로 『전환시대의 신학』이라는 책에 묶여서 1976년에 출판되었다. 이 책에는 33개의 논문이 아홉 개의 소주제로 분류되어 수록되어 있다. 민중신학과 관련된 20개의 논문과 그 전에 발표했던 5개의 논문은 1983년에 『민중신학의 탐구』라는 책으로 나왔다. 이 두 책에 빠진 글들은 1999년에 유고집으로 편집되어 『서남동 신학의 이삭줍기』라는 제목으로 출판되었다. 서남동이 쓴 글의 목록은 채희동의 『민중 · 성령 · 생명: 죽재 서남동의 생애와 사상』의 부록에 연대별로 일목요연하게 정리되어 있다.

여기서는 서남동의 주요 논문 여섯 편을 선정하여 수록했다. 한문과 영문은 한글로 바꾸고, 필요하다고 판단될 경우 원문을 괄호에 넣었다. 글의 분량상, 전문은 싣지 않고 뜻이 통하는 한도 내에서 발췌를 했다. 보다 전문적인 연구를 위해서는 원문을 참조하기 바란다. 각 논문의 의의와 배경에 관한 간략한 설명을 매 논문의 첫쪽에 각주로 담아두었다.

1

현재적 그리스도*

서문

기독교 신앙은 그리스도의 현재성을 주장하는 데 있어서 다른 종교 신앙과 다른 특이성이 있는 것으로 보인다. 그리스도의 부활과 파루시아(Parousia)와 성육신은 일반적으로 그의 현재성을 가리킨다고 이해할 수 있다. 그런데도 교회사의 매 시대는 그의 영원한 현재성을 늘 새롭게 보다 구체적으로 이해하는 과제로서 매듭지어진다. 그리스도가 현재하심은 전통적으로는 설교와 성서와 교회, 이 삼자(三者)에서다. 본고는 교회가 전통적으로 믿고 주장

* 이 글은 1967년 11월 20일 연세논총을 통해서 발표되었다. 이 시기는 죽재가 서구 신학에 대한 자신의 수업을 거의 마쳐가던 때이다. 이 글은 그가 얼마나 철저하고 깊이 있게 기독교 신학의 근본적인 흐름을 파악하고 있었는지를 잘 보여준다. 죽재는 여기서 실존과 역사와 우주라는 세 차원에서 기독교 신학의 중심 주제인 그리스도론의 총체적인 모습을 다루고 있다. 이 논문에서 민중신학을 본격적으로 전개하기 이전에 확립된 죽재 사상의 포괄성을 볼 수 있다.

해 온 이 삼 양태의 그리스도의 현재성을 현대 신학이 어떻게 이해하는가를 알아보고자 하는 데 있다. 필자는 이 삼 양태를 각각 케리그마적 그리스도(The Kerygmatic Christ), 세속적 그리스도(the Secular Christ), 우주적 그리스도(The Cosmic Christ)라고 부르기로 한다. 이 세 가지 양태의 그리스도의 현재는 다시 그리스도의 세 가지 직분 곧 예언자, 사제, 왕의 직분에 해당하며, 또 그의 교회의 세 가지 기능 곧 선교(Kerygma), 봉사(Diakonia), 친교(Koinonia)에 각각 부합한다.

전통적인 그리스도론에서는 원리적으로나 또 교리사적 발전으로나 그리스도의 품격론이 먼저 규정되고 다음에 그리스도의 사업이 따른다. 존재가 행위에 앞섰다. 말하자면 이러한 형이상학적 순서는 현대인의 인식의 순서를 역행하는 것이고 적지 않은 난점을 일으키는 것으로 알려졌다. 오늘날의 사람들은 그리스도가 누구냐(그의 품격)는 질문은 그가 무엇을 하시느냐(그의 사업)에서 대답을 얻는다. 이것은 기능적인 태도라고 알려졌다. 역사적인 실재나 기능적인 작용의 배후에 형이상학적으로 주장되는 실체를 상정하지 아니하려는 것이 현대인의 지배적인 실재관이다. 신학은 이제 형이상학적 지평으로부터 역사학적 지평으로 이동하고 있다. 우리의 그리스도론도 이러한 영향을 받는다. 케리그마적 그리스도, 세속적 그리스도, 우주적 그리스도는 처음 보기에는 그리스도론의 중심 과제인 그의 품격론이 아니고, 단지 그의 사업만을 말하는 것 같지만, 그러나 그것들은 그의 품격과 사업이 결합된, 아니 그보다도 사업과 품격이 아직 교리사적으로 미분화된 그의 존재 그대로고, 그의 현재의 모습이다. 그리스도는 오늘날도 설교의 말씀에서, 이웃의 얼굴에서 우리를 만나시고 우리의 역사적 삶의 기능적인 활동으로 이루어져 간다.

1. 케리그마적 그리스도

1) 그리스도의 현재를 가장 참되게 제시하는 것은 성서다. 그것은 성서가 영감으로 써진 책이기 때문이라기보다는 성서는 그리스도를 증거하는 가장 참되고, 무류(無類, unique)하고, 기원적인 역사적 문서이기 때문이다. 성서는 교회가 그것을 하나님의 말씀(쓰여진 하나님의 말씀 …… 1967년 신앙고백 표현)으로 이해하는 것을 차치하고서도 교회가 물려받은 전승 중에 그 대표적이며 포괄적인 것이다. 전승이라는 것은 과거의 사건이 현재하는 유일한 방식이다. 전승이라는 것은 다름 아닌 역사적 지식이다. 나사렛 예수에 관한 역사적 지식은 후대의 우리들에게 그가 현재하는 유일하고 참된 방식이라고 말할 수 있다. 참된 의미에 있어서 역사적 지식 이외에 우리가 그와 함께 있고 그가 우리와 함께 있는 다른 길은 없다. 이것이 또 오늘날 해석학이 운위되는 까닭이기도 하다. 해석학은 역사적 지식을 얻는 방법(art)이다. 예수 그리스도에게 대한 인격적 지식 혹은 '믿음의 지식'을 말하는 경우도 있다. 이것들은 역사적 지식에 대립되는 것이 아니라 역사적 지식의 핵심이다. 또 예수 그리스도에 관한 신비적 지식을 말할 경우가 있다. 이 신비적 지식의 신빙성은 그에 관한 역사적 지식, 곧 성서적 근거가

그 규준이 된다.

예수가 그리스도이심은 그의 역사적 인격에 있다(교회는 그의 역사적 인격이 하나님의 자기계시라고 주장한다). 그의 역사적인 인격은 역사적 지식의 대상이다. 한 역사적인 인격(나사렛 예수)을 한 특정한 역사적 문서(성서)가 전해 주는 대로 우리는 역사적 연구 곧 역사적 지식으로 대하는 것이다. 이 경로는 역사적 이론 일반이 취하는 경로이며, 여기에 별다른 교리적 전제가 필요 없다. 과거의 사건(나사렛 예수)은 전승(역사적인 문서인 성서)을 통해서 역사적 지식으로 지금 재생된다. 말하자면 나사렛 예수는 처음 신앙고백(신약성서) 속에 흡수되었고, 처음 신앙 고백은 지금의 역사적 지식으로 재생된다. 현재의 역사적 지식에서 '지금 재생'되는 내용은 나사렛 예수이지 '그에 관한 처음 신앙 고백' 곧 처음 케리그마가 아니다. 그에게 관한 역사적 지식에서 형식적으로는 첫 케리그마가 반복되지만 내용적으로는 나사렛 예수가 재생된다.

분명히 말하자면 나사렛 예수에게 관한 역사적 지식이 전부다. (그렇다면 신앙이라는 것이 필요 없다는 말이냐?) 나사렛 예수에 관한 역사적 지식이 특이무류(特異無類)한 '그리스도 신앙'이라고 일컬어지는 까닭은 그 역사적 인격의 특이무류함에서 유래한다. (신앙을 미리 가지고 나사렛 예수를 보아야만 그가 그리스도인가? 그렇지 않으면 그가 그리스도이기 때문에 그에게 관한 역사적 지식은 '특이한 역사적 지식' 곧 신앙을 일으키는가?) 소크라테스에 관한 역사적 지식과 나사렛 예수에 관한 역사적 지식은 그 양자가 다 같은 역사적 지식임에는 차별이 없다. 그 역사적 지식의 스펙트럼 폭 안에 있다는 '실존주의자들의 전이해'나 종교사학파들의 '종교적 의식 구조(cult mentality)'나 교리학자들의 '영감적 계시'들의 유무농담(有無濃淡)의 차이가 문제인 것이 아니다. 소크라테스에 관한 역사적 지식과 나사렛 예수에 관한 역사적 지식의 차이의 문제는 소크라테스와 나사렛 예수의 차이, 그들의 존재와 사신(使信)의 차이의 문제다. 분명히 말하자면 역사적 지식으로 신앙을 대체하고 '나사렛 예수로써 케리그마'를 대체한 필자의 주장을 잠정적으로 '역사적 실증주의'라고 부르기로 한다. 역사적 실증주의는 다음에 논박할 실증주의적 역사주의와는 판이하다. 다시 말하자면, 역사를 실증주의적으로 이해해서는 안 된다는 말이다. 그리고 신앙이라는 것은 나사렛 예수에 대한 역사적 지식이라는 말이다. 나사렛 예수에 대한 역사적 지식이 그리스도 신앙이 되려면 나사렛 예수의 역사적 인격이 하나님이 자기계시라고 불려지는 것이어야 한다.

2) 성서가 역사적 예수의 현존적 방식이라는 말은 좀 더 조탁하여야 한다. '케리그마적 그리스도'에 관해서는 좀 더 설명이 필요하다. 성서는 역사적 예수의 현재적 형태일 뿐만 아니라, 그 성서의 매 현재적 전달에서 역사적 예수는 늘 새롭게 현재적 그리스도가 된다는 말이다. 성서 기자들도 이러한 주장을 한다. "내가 진실로 진실로 너희에게 이르노니 내 말을 듣고 또 나를 보내신 이를 믿는 자는 영생을 얻었고 심판에 이르지 아니하나니 사망에서 생명에 옮겼느니라"(요한 5:24-26). "말씀이 네게 가까워 네 입에 있으며 네 마음에 있다 하였으니 곧 우리가 전파하는 믿음의 말씀이

라"(롬 10:8). 이러한 말씀들은 불트만의 주장대로 분명히 성경의 말이 들려질 때 '그리스도 사건'이 발생한다는 확신이다. 그러므로 성경을 본문으로 하고 그것을 오늘 전하는 교회의 설교에서 그리스도는 새로운 '말 사건'으로 발생하며 거기서 곧 오늘의 케리그마에서 현재적 그리스도를 만나게 된다. 이것이 케리그마적 그리스도이다. 이것은 예나 오늘이나 변함없는 교회의 확신이며, 또 나사렛 예수가 우리를 찾아오는 유일한 통로이다. 이것이 또 교회의 존재의 이유다. 다만 현대신학에서는 역사이성 내지 해석학의 역학(dynamism)을 통해서 '케리그마적 그리스도'를 신학화한 것에 불과하다.

해석학의 일반적 공리는 성서 해석학(Sacred Hermeneutics)과 일반 해석학(Secular Hermeneutics)의 구별이 있을 수 없다는 것이다. 다만 해석학 일반 안에서 해석의 대상이 되는 역사적 특수성의 구별이 있을 뿐이다. 하나님의 말씀의 사건적 성격이라고 할지라도, 그 사건적인 성격은 하나님의 말씀이나 성서적 케리그마의 독점적인 특성이 아니라, '역사적 지식' 자체의 본질상 그것은 사건적 성격을 띤 것이다. 그리스도의 '말 사건'이 가졌다는 초월적 신적 원인 내지 근거는 해석의 행위에서 유래하는 것이 아니라, 그 역사적 근거, 곧 성서가 증거하는 역사적 예수에게서 유래한다. 해석에서 발생하는 '말 사건'이 그 역사적 근원을 대체하거나 무효로 할 수는 없다. 그 역사적 근원이 '말 사건'으로 재발생하는 것이고 역사적 지식의 본성에 의해서 교회의 선교를 통해서 케리그마로서 재발생한다. 케리그마적 그리스도는 항상 케리그마를 매개로 해서 재현되는 역사적 예수다.

위에 말한 일부를 간략하게 되풀이하고 싶은 것은 이것이다. 나사렛 예수에 대한 역사적 지식 이외에는 그의 현재는 없다. 이 말은 교회의 지금 선교가 그의 현존태라는 말이다. 이러한 이치 내지 역학은 현대의 해석학으로 놀라웁게 선명하게 되었다. 그러나 해석학이 일으키는 오해 내지 주장은 교회의 선교(케리그마)의 배후에 정체 불명의 역사적 예수를 상정할 수도 있다는 것이다. 이러한 폐단 때문에 필자는 '역사적 지식'을 강조하는 바이다. 그리고 또 나사렛 예수의 역사적 인격의 위력에 부족함이나 있는 듯이 특수한 신앙의 논리나 성령의 역사를 가미하는 것이 신학의 만성화한 상습이다. 필자는 이러한 신학의 습성을 탈피해야 할 때가 왔다고 생각한다. 이것이 역사적 실증주의의 입장이다.

3) 현대 신학에 있어서는 전통적 신학의 유산인 자연과 초자연의 구분법의 교정이 요청된다고 한다. 다시 말하자면 자연(性) 개념 자체의 새로운 이해가 요청된다는 말이다. 지금까지의 우리들에게 의미를 상실한 죽은 자연은 '자연'이라고 불렀고, 상실한 본래적인 자연은 '초자연'이라고 불렀던 것이다. 그래서 마치 자연에 두 층이 있는 듯이 자연과 초자연이라고 구별되었던 것이다. 그러나 알고 본즉, 참 자연은 본래적인 자연만이다. 그 자연(창조태 곧 본성)을 잃은 대로냐 되찾느냐의 문제뿐이다. 같은 사정이 우리의 지금까지의 역사 이해에도 있다. 참 역사는 매 순간의 영원한 현재도 아니고, 이 역사의 상층, 곧 구속사라고 불리는 초역사도 아니다. 본래적인 역사는 방향이며, 의미와 목표를 가진 보편사이지 위에 있다

는 평행선의 윗줄이 아니다. 신의 존재 양식이라고 알려진, 또 목표를 향하는 역사는 '그리스도-케리그마'에서 그 의미와 방향이 알려진다. 역사적 예수는 또한 오실 메시아이기 때문이다. 그리스도가 보편사의 방향이다.

2. 세속적 그리스도

1) 오늘날 신학교의 신학의 주제가 해석학이라면, 교회의 선교전선(mission frontier)의 주제는 세속화 논의다. 기독교 신앙이 한편으로는 그 역사적 기원에 충실해야 하고 또 한편으로는 교회의 존재 방식은 그 선교에 있는 것을 생각한다면 현대신학의 이 두 주제는 기독교라는 타원형의 두 중심과 같다. 우리는 이 두 주제가 이자택일이 되는 것을 경계해야 할 것이다. 여기서 먼저 말해 둘 것은 '케리그마적 그리스도'는 성서적이고 '세속적 그리스도'는 말하자면 경외전적 내지 위경적인 것이라고 생각하는 오해와 의구심이 있다면, 이러한 생각은 사라져야 한다는 말이다. '세속적 그리스도'도 성서적 이미지다.

우리는 위에서 역사는 성서의 신의 존재방식이라고 말했다. 신은 계시적인 실재고 성서적인 계시는 역사적 사건이기 때문이다. 이러한 신(神) 신앙을 가진 현대의 크리스천들에게 특히 현대가 세 가지 말로써 그 역사의식을 환기시키는 것도 주지의 사실이다. 곧 콘스탄틴 시대 이후(Post-Constantine Era), 기독교 시대 이후(Post-Christian Era), 종교 시대 이후(Post-Religious Era)다. '콘스탄틴 시대 이후'라는 역사의식은 교회와 사회와의 관계가 달라졌다는 말이다. 현대 교회는 산업사회에 처하게 되었다. 따라서 교회의 존재 기능인 그 선교전선이 기왕의 지역적 전방(Geographical frontiers)에서 사회학적 전방(Sociological frontiers)으로 옮겨졌다. 이러한 선교전방의 이동은 교회 구조 자체의 변혁을 요청한다. 이것이 '교회 갱신'의 과제다.

다음으로 '기독교 시대 이후라는 역사의식'은 한편으로는 2천 년의 역사적 기독교가 그 성서적 기원에 위배되지나 아니했는가 하는 반성에서 지금까지의 형이상학적 교리적 기독교 신학을 탈피하고 그 기원으로 돌아가자는 말이고, 또 한편으로는 성서적 계시를 현대의 사고양식으로 재표현해서 타 종교 타 신앙들과 대화해서 그 극단의 경우에는 '전체적 휴머니즘'을 지향하자는 말이다. 신학의 지평은 형이상학에서 관념론을 거쳐 이제는 사회학으로 이동한 것 같다.

셋째로 '종교 이후라는 역사의식'은 무엇을 의미하느냐. 그것은 타계(他界)를 실재(實在)로 생각하고 현세를 가현(假現)으로 보는 종교적 실재관은 바뀌어져야 한다는 것이고, 지금까지 종교가 하는 구실은 지금부터는 과학과 공학이 하게 된다는 것이다. 창조자와 역사의 주(主)를 믿는 크리스천들이 그 신(神)봉사를 함에 있어서 지금까지의 종교적인 영역에서 종교적 의식으로 하던 것을 지금부터 과학과 공학으로 신봉사를 한다는 뜻이다. 신석기 시대 이래 지나간 만 년 간의 문화의 지주인 종교는 지금부터 과학과 공학으로 형태 변화를 한다는 말이다. 종교가 담당했던 소극적인 구실은 '어머니의 젖'에 해당하고 그 적극적인 구실은 과학과 공학에 이관되었다는 말이다. 이제 성숙한 인간에게 그리스도 신앙은 비종교화되어서 그 자체가 과학과 공학으로 형태 변화를 해야 할 단계에 이르렀다. 그것은 마치 생물이 진화 과정에 있어서 인간의 의식이 출현한 다음부터는 전혀 새로운 진화 단계 곧 계획과 자동의 단계에 진입하는 것과도 비유된다.

우리는 현대의 산업 사회, 공업 문명이 '종교시대 이후'의 특성을 가졌다고 말하면서도 물론 현대의 많은 이름난 사상가들이 종교의 차원을 새롭게 발견하고 힘 있게 대변하는 것을 모르지 아니한다. 그중에도 특히 C. G. 융의 심층심리학, M. 엘리아데의 종교사학, P. 틸리히의 종교철학 등은 그 대표적인 공헌이다. 융이 말하는 새로운 의미의 인간의 종교적 본능, 엘리아데가 말하는 예나 지금이나 다름없는 종교적인 실재, 틸리히가 말하는 자기투명(自己透明)으로 전시하는 깊이의 차원 등은 참으로 종교의 차원을 새롭게 하였다. 그러나 그럼에도 불구하고 융은 자기의 임상적 실습에서 현대인이 종교적 의미가 있는 꿈을 점점 덜 꾸게 된다는 것을 보았고, 엘리아데는 신성과 세속의 관계를 참실재 대 비실재, 종교적 실재 대 역사적 가현(假現)으로 보면서 기독교 신앙은 '영원한 반복'이 자아내는 신성한 실재를 탈출하여 실효 없는 역사에로의 모험을 했다고 생각했다. (실로 엘리아데는 바르트와 본훼퍼와 함께 그리스도 신앙이, 종교적 범주에 속하지 아니한다는 통찰을 한 사람이다.) 틸리히는 "문화는 종교의 개화(開花)요, 종교는 문화의 실체"라고 주장하면서도 현대의 공학문명은 깊이를 상실한 무종교적 문화라고 지적했다. 이렇게 적극적으로 종교를 대변하는 사람들까지라도 현대는 '종교 시대 이후'라는 것을 그들의 발견에 의해서 마음에 내키지 아니한 입증을 했다.

콘스탄틴 시대 이후, 기독교 시대 이후, 종교 시대 이후라는 역사의식에는 적극적인 뜻이 있다. 종교인은 종교적 실재를 참실재라고 생각하고 역사적 실재를 가현이라고 생각하지만, 세속인 현대인은 반대로 생각한다. 종교적 실재 대 역사적 실재의 대결이다. 그리스도 신앙은 종교적 실재 대 역사적 실재를 창조 대 타락으로 보지 아니하고, 유년 대 성년으로 본다. 그리스도 신앙은 세속 시대를 율법의 시대가 아닌 복음의 시대라고 본다. 이스라엘 사람에게는 유년에서 성년에로의 성장이요, 이방인에게는 노예로부터 사자(嗣子)에게로의 신분 변화이다. 성숙한 세속인은 그리스도를 역사적 세속적 실재에서 만나는 것이다.

2) 그럼 종교 시대가 지난 이 세속 시대에 그리스도는 어떻게 우리를 찾으시느냐, '세속적 그리스도'의 이미지는 어떠한 것이냐, 이러한 물음에 대해서 "착한 사마리아의 비유"(누가 10)와 "양과 염소의 이야기"(마태 25)는 우리에게 세속적 그리스도의 모습을 생생하게 보여준다. 거기에서 그리스도의 모습은 종교적인 틀과 규준은 벗겨졌고, 말하자면 휴머니스틱한 스타일로 제시되었다. 먼저 "착한 사마리아 사람"의 비유를 생각해 보기로 하자. 이 극에 등장하는 인물들이 있다. 한 제사(祭司), 한 레위 사람, 한 사마리아 사람, 강도들, 한 강도를 만난 사람, 여관 주인 등. 우리는 그중에 누가 그리스도의 역(役)과 이미지를 취하고 등장하는가를 알아보자.

이 물음에 대해서 관례적으로는 그 사마리아 사람이 곧 그리스도의 역을 취했다고 대답한다. 또 한편으로는 이 비유에 그림자같이 따라다니는 주지(周知)의 '우화적 해석'은 저자의 의도는 아닐 것이라고 성서학자들은 거의 단정한다. 그럼에도 불구하고 그 우화적인 해석의 일부는 보유(保有) 고수한다. 곧 그 사마리아 사람이 곧 그리스도의 역을 한 것이라고. 그러나 이 비유와 그중에 특히 그 사마리아 사람은 '이웃이 누구냐'는 것을 가르치자는 것이다. 이 경우에는 '크리스천 실존'이 무엇이냐를 가르치자는 것이다. 분명히 말하자면 저자의 프로그램적인 의도대로 그 사마리아 사람은 크리스천을 가리키는 것이지 그리스도를 가리키는 것은(적어도 첫째로는) 아니다. 그리스도는 어디서나 크리스천이 섬기는 대상이다. 단적으로 말해서 여기서 그리스도의 역을 취한 배역은 '강도를 만난 사람'이다. 이것이 '세속적 그리스도'의 이미지다. 그 강도를 만난 사람—사경에 처해서 도움을 부르짖는 그 사람이, 그 사람의 신음소리가, 지나가는 사람들에게 그리스도의 부름을 대신한다. 그 사람에게 대한 태도가 곧 그리스도에게 대한 태도이기 때문이다. 그 사람에게서 그리스도를 만나지 못하면 아무데에서도 그리스도를 만나지 못한다. 거기에서 그들의 구원과 멸망이 결정된다. 그는 나에게 사람이 되라고 호소한다. 이 부름에 대한 내 결의와 행동에서 내 속에 잠들고 있는 혹은 약속된 잠세적(潛勢的) 인간성은 현실적 인간성으로 실현된다. 한국 속담에 "사람이면 다 사람인가, 사람이어야 사람이지" 하는 말이 있다. 사람은 그 사람됨 곧 사람의 기능, 사람의 구실에 있다는 말이다. 인간의 탄생은 인간적 결의에 있다는 말이다. 다분히 실존적 인간 이해다. 나의 사람됨의 실현을 독촉하는 그 이웃의 신음소리는 곧 전통적인 용어로 표현되었던 내 구주(救主)의 음성이다. 말하자면 그 음성은 케리그마다. 신의 더 큰 은혜와 최대의 능력은 나로 하여금 그의 은혜를 받는 수용자로 만드는 데서 나가서 그의 치유의 능력에 능동적인 참여를 하게 하며 동역자(同役子, partner)로서의 책임적인 존재로 만드는 데 있다고 하겠다. 실용주의적인 관점에서 본다면 '나를 사람으로 만드는 자가 내 구주가 아니겠는가' 하는 말이다.

이러한 '세속적 그리스도'의 모습은 "양과 염소의 이야기"(마태 25)에서 더욱 밝혀지는 바가 있다. 마태복음의 편찬에 의하면 지상의 예수는 그 최후의 설교에서 다시 말하자면 재림을 약속하는 자리에서 말하기를 "내가 진실로 너희에게 이르노니 너희가 여기 내 형제 중에 지극히 작은 자 하나에게 한 것이 곧 내게 한 것이니라."고 하였다. (여기의 문체는 비유나 우화가 아니고 최후의 심판자의 말로 되어 있는 것을 특별히 기억할 필요가 있다.) 그리스도는 "모든 형태의 고난을 당한 자와 자기를 동일시하셨다. …… 그러므로 그들에 대한 것이 곧 그리스도에게 대한 것이다"(1967년 신앙고백). 여기에서 편찬자 마태의 예수는 최후의 심판을 사회적 생활의 현재에 결부시켰고, 약속된 심판자의 내임(來臨)의 자리에 고난받는 형제 이웃을 세웠고 그리고 또 심판의 규준으로서 무종교적인 인간으로서의 응답과 책임을 세웠다. 그러기에 심판받는 자는 그 당위의 행위를 공로로 기억하지 아니한다. 실로 불트만이 자기 신학에 대한 비판을 오히려 받아들여 역사적 예수는 교회의 케리그마로서 부활했다면, 여기에 우리는 한발 더 나아가서 약속된 그리스도의 내임은 우리의 인간성의 실현을 독촉하는 고난받는 이웃으로 구현되어 간다고 말할 수 있다(여기에 이웃은 물론 개체적이며 단체적이며, 개인적이며 사회적인 이웃들이다). 만일 오늘의 교회가 고난받는 형제의 얼굴에서 내임하는 그리스도의 얼굴을 인지하지 못한다면 그것은 히브리 민족의 종교의 실패를 반복하고 있는 것이겠다. 그들의 민족주의적인 메시아 신앙과 묵시적 영상으로 투사된 우주적 종말론 때문에 그들은 나사렛 예수에게서 메시아를 인지하지 못했다. 아마도 그 전철을 밟고, 기독교는 그 '전통적 기독론' 때문에 같은 비극을 반복하는 것일 것이다. 이것이 그리스도교회사가 지금 겪고 있는 위기다. 이 위기는 지금 '갱신이냐 탈출이냐'로 표시되는 위기다. 유대교에서 기독자가 탈출해 나왔듯이 역사적 기독교에서 '성서적 신앙' 내지 '기독교 신앙'이 탈출해 나와야 하느냐의 위기다. 여기에 우리는 요아킴 플로리스(1135-1202)의 제3시대의 예언을 상기한다. 그 제3시대의 내용이 무엇일까? 가톨릭시즘, 프로테스탄티즘에 다음가는 에큐메니즘일까? 혹 종교 개혁시대의 소종파 신앙의 후예인 급진적 기독교 내지 '세속화와 소망의 신학'일까, 혹은 유대교 기독교에 다음가는 휴머니즘일까, 그렇지 아니하면 마법종교에 다음가는(혹은 종교, 형이상학에 다음가는) 과학일까, 혹은 위에 열거한 세 가지의 제3시대의 삼중적인 합류일까, 여하간 만일 우리가 지금도 종교의 영역에서 그리스도를 만날 것이라면, 그의 파루시아의 형태는 원형적 반복(Archetypal Repetition)일 것이고, 만일 우리가 그의 파루시아를 세속의 역사

위에서 만날 것이라면, 그의 형태는 진전적 형태변화(progressive transformation)일 것이다. 그래서 그리스도의 세속적 임재는 '모든 사람의 손과 얼굴'에 비추일 것이다(알타이저).

3) 케리그마적 그리스도와 세속적 그리스도의 관계는(그를 그리스도라고 인지하는 크리스천에게는) 종이 한 장의 양면이다. 가능성이 없는 현실은 우발적 사고요, 유령이며, 현실이 아닌 가능성만이라면 공허한 이념에 불과하다. 케리그마적 그리스도가 없는 세속적 그리스도는 가현적(假現的) 그리스도(Docetic Christ)요, 세속적 그리스도가 없는 케리그마적 그리스도는 영지적(靈知的) 그리스도(Gnostic Christ)다. 역사적 예수는 교회의 케리그마와 크리스천의 봉사에서 현존, 재현한다.

3. 우주적 그리스도

1) 지금부터 우주적 그리스도에 관해서 말해 보자. 이것은 동시대적 그리스도의 제3면이다. 인류 역사의 지금부터의 시대는 우주시대, 공학문명이라고 한다. 이것은 인류의 새로운 환경이다. 지금까지의 공학문명으로 말미암아 되어진다는 인간 소외를 탄식하는 소리는 새로운 인간형 제4인간의 출현을 기대하는 희망으로 바뀌었고, 인격의 주체성을 박탈한다던 공학은 오히려 인간의 연장이며 인간의 동시적 편재(遍在)라고 자랑하게 되었다. '지나가는 시대'와 '오고 있는 시대'의 획기점에 선 현대인은 과거의 역사를 혹은 지나간 만유여년(萬有餘年)의 신석기 시대 이래 혹은 지나간 3만 년의

지구상의 인간(homo sapiens)의 출현 이래, 혹은 지나간 30-40억 년의 지구의 출생 이래의 장파(長波)를 뒤돌아보며 다시 동비례의 장파의 역사의 장래를 운위하고 있다. 이러한 역사의 획기점에 선 속 현대인(Post-modern man)에게 역사의 주(主)가 있다면 그는 적어도 '우주적 그리스도'로 이름 지어질 수밖에 없다.

사실상 신약 성경의 다양한 기독론들의 소점(消點, vanishing point)이며 통합지평은 소위 '우주적인 본문들' 곧 로마 8:19-23, 골로새 1:15-20, 에베소 1:9, 22-33 등에 나타난 '우주적 그리스도'다. 전체 피조물이 썩어짐의 종노릇한 데서 해방되어 하나님의 자녀의 영광의 자유에 참여하려는 내적 충동에 응해서 만물 안에서 만물을 충만케 하는 자며 하늘에 있는 것들과 땅에 있는 것들을 자기 안에서 통일시키는 자를 가리켜서 '우주적 그리스도'라고 한다. 정녕히 사도 바울의 기독론의 원추적 정점(圓錐的 頂點)은 우주적 그리스도다. 그런데도 전 신학사의 과정에서 이 '우주적 그리스도'라는 주제가 발전되지 못한 채로 아직도 그 원광(原鑛) 속에 잠들고 있었다는 것은 우리에게 기이한 감을 준다. 고대 동방 교부들의 한 신학적 주제였던 Pantocrat(묵시록 1:8, 4:8, 고린도후서 6:18 등)의 이미지가 그 이후에 거의 망각되었다는 것도 유감스러운 일이다. 그런데 거의 돌연히 현대신학에 있어서 보편사의 지평과 우주적 그리스도의 이미지가 다시 논의되게 된다는 사정은 신학적 전승사의 한 새로운 기원이 아닌가 싶다.

뿐만 아니라 지금까지의 신학적 인간학이 결과한 곤경도 '우주적 그리스도'의 노출을 요구한다. 위에서도 언급한 바와 같이 현대신학은 역사의 장래적 전망 곧 소망의 차원을 상실했다. 다드(Dodd)의 '실현된 종말론'은 문자 그대로 장래의 문을 닫고, 슈바이처의 '철저한 종말론'은 종말신앙이 현대인에게는 타당하지 않다고 했고, 바르트, 틸리히의 영원과 시간의 변증법도, 그리고 불트만의 실존주의적 역사이해도 '지금 여기'의 위기와 카이로스와 결단만을 제시했을 따름이지, 일반적으로 현대신학에 있어서는 역사의 장래적 전망은 '타부'였다. 현대신학이 거의 그 임종 시의 숨 가쁜 유언으로 '하나님의 말씀'과 '케리그마'와 '말 사건'을 말해서 산업사회 공학문명에서 잃어져 가는 인간 실존의 개인적 주체적 인격적 반성을 불러일으키려고 했지만, 역사의 진전은 미지의 새로운 국면으로 들어가고 있다. 그리해서 속현대의 기능주의의 풍조와 자동화, 능률화의 과정은 역사의 담하자(擔荷者, bearer)를 개인의 양심에서 공동체의 공론(consensus)으로 교체하고 있다. 확실히 신학계에서 되어진 세속화 논의는 성서적 개념들을 비종교적으로 해석하는 작업으로서 청신한 바람을 일으켰고, 세속 활동에 대한 적극적인 의의를 찾는 빛을 비췄던 것은 사실이다. 그러나 세속화의 신학은 아무래도 역사의 장래적 전망을 보여주는 데는 미약한 것으로 보이고(적어도 이사야, 바울, 묵시록이 보여주는 장래의 소망과 비교해서) 또 거기에는 예배가 있을 자리가 없어진 감을 주는 것이 큰 문제다. 그러므로 우리에게 역사적인 전망을 주고 또 그 역사는 바로 이 세계의 역사이어야 할 것이며 기능화한 인간을 어떻게 적극적으로 수락하고 그러면서도 예배의 바른 위치를 회복하여 지상의 삶을 다시 성화하는(히브리 13:12) '우주적 그리스도'의 출현이 요망된다는 말이다(로마 9:19).

2) 우주적 그리스도의 현존에 관해서 사도 바울은 '그리스도의 몸'이라고 하는 이미지로서 이것을 시각화해 준다(로마서 12:3-5, 고린도전서 12, 에베소서 4:11-16). 그리스도의 몸은 우리 각자가 그의 각 지체(肢體)가 되어서 기능적으로 결합된 전체다. 다시 말하자면 '우주적 그리스도'는 그리스도 안에서 형성하는 한 새 사람(A new man in Christ), 한 새 인간성(A new humanity), 한 새 관계(A new relatedness), 한 새 유기체(A new organism)이다. 이것이 그리스도의 '부활의 몸'이다. 우리 각자는 이 부활의 몸을 세우는 데 참여하도록 부름을 받았다. 우리는 우리 각자의 기능적 역할로써 '우주적 그리스도'를 세우고 있는 것이다. 우리는 그리스도의 완전한 모습으로 곧 성숙한 인간으로 장성해 가는 것이다(에베소 4:13). 이것이 우리가 기능적으로 결합하여 그리스도의 형상으로 화해 가고 그의 '한 마음'(consensus)을 품게 되는 이른바 테이야르의 '그리스도 생성'(christogenesis)이다.

케리그마적 그리스도와 세속적 그리스도가 불가분리의 관계에 있듯이 세속적 그리스도와 우주적 그리스도와의 관계도 그렇다. 그래서 이 3면은 한 그리스도의 입상을 이루고 있는 것이다. 이러한 사정을 우리는 사도 바울의 신학 체계에서 찾아볼 수 있다. 그의 로마서의 신학 구조에서 이 세 차원은 통전(統全)되어 있다. 케리그마적 그리스도는 로마서의 제1부(1-8장)에, 세속적 그리스도는 제3부(12-16장)에, 그리고 우주적 그리스도는 제2부(8-12:5)에 각각 해당하며 서로 엇물려서 전개된다. 교회의 관례적인 통념에 의

한다면 로마서의 본론은 그 전반부 1-11장이고 그 후반부 장을 말하자면 부록으로 생각했다는 것은 부정하기 어려우리라. 그러나 사도 바울의 신학적인 의도에서 본다면 제1부는 오히려 서론이고 크리스천의 삶에 관해서는 12장 이하가 그 본론이다. 우주적 진전을 하는 보편사 안에 있어서 크리스천의 예배와 생활은 동일시되었다. 다시 말하자면 보편사는 하나의 그리스도 생성(christogenesis)이고 그 역사적 틀 속에서 사람은 개인적으로 단체적으로 기능적인 세상 활동으로 '우주적 그리스도'를 형성해 나가는 것이라고 사도 바울은 생각하고 있다. 그리고 그것이 다름 아닌 크리스천 예배라는 것이다.

지금까지 사도 바울 자신의 신학 문제였던 유대교 신학을 검토 비판한 다음에 다음과 같이 본론을 시작한다. "그러므로 형제들아 하나님의 모든 자비하심으로 너희를 권하노니 너희 몸을 하나님이 기뻐하시는 거룩한 산 제사로 드리라. 이는 너희의 드릴 영적 예배이니라." 로마서 12:1 이하에 크리스천의 새로운 제사상의 메뉴와 새로운 예배 프로그램을 전시하는 것이다. 모든 삶의 활동이 그대로 하나님 예배가 될 때 그것은 곧 창조의 회복이요, 우주의 찬송(hymn of the universe)이요, 또 그것이 신의 세계(Divine Millieu)이며(테이야르), 만물의 갱신(묵시록 21:5), 또 그것이 십자가의 그리스도의 성화(聖化)의 역사(役事)다(히브리 13:12). 사도 바울은 계속해서 말하기를 "우리가 한 몸에 많은 지체를 가졌으나 모든 지체가 같은 직분을 가진 것이 아니니 이와 같이 우리 많은 사람이 그리스도 안에서 한 몸이 되어 서로 지체가 되었느니라. 우리에게 주신 은혜대로 받은 은사가 각각 다르니…… 혹 섬기는 일이면 섬기는 일로, 혹 가르치는 일이면 가르치는 일로 혹 권위 하는 자는 권위 하는 일로……" 이렇게 기능적으로 그리스도의 몸을 이룬다는 것이다(로마 12:4-8). 여기에서 '우주적 그리스도'는 곧 '그리스도의 몸'과 동의어이며(머리 부분도 몸의 한 지지(支肢)인 것이다. 머리를 몸 이상으로 생각하고 대립시키는 것은 바울 사상에서 벗어난 것이라고 말하는 학자도 있다.) 그리스도의 몸이란 다름 아닌 새로운 인간관계 곧 새 인간성이다. 여기에 '그리스도의 몸'이 가리키는 새로운 인간관계는 인격적 관계라기보다는 기능적 관계라고 말할 수 있을 것이다. 그러므로 '그리스도의 몸' '우주적 그리스도'는 인격의 집합체 혹은 인격적 기능의 집합체다.

3) 서양의 정신사에 있어서 인간존재는 세 계승적 단계로 이해되었다. 곧 영혼으로서의 인간, 인격으로서의 인간, 그리고 기능으로서의 인간이다. 이것에 앞선 것인지 따른 것인지 신(神)이해에 있어서도 이 단계를 거쳤다. 곧 첫 조상인 신(God the Great Ancestor), 천상에 계시는 신(God up in Heaven), 그리고 오시는 자로서의 신(God the Coming One)이다. 종교란 결국 신과 인간의 관계다. 신을 첫 조상과 같이 생각한 영혼으로서의 인간은 제단에 제사를 드려서 그의 뜻을 따르고 그를 섬겼다. 신이 천상에 계시는 봉건군주와 같이 생각되었을 때에는 인격적인 존재로서의 인간은 그의 신하로서 복종과 예배와 찬사로써 그의 마음을 사고 그에게 봉사했다. 따라서 신이 장래적 역사적인 존재방식을 취한 '오시는 자'라고 생각될 때에 기능적인 존재로서의 인간은 자기의 기능

적인 일로서 신(神) 봉사를 하게 된다. 현대사상에서 신의 존재방식은 장래적 존재방식이라고 생각하는 경향이 압도적이다. 일찍이 바르트, 하이데거, 불트만 등을 위시해서, 근자에는 특히 콕스, 드와트, 몰트만 등이 그렇다. 신은 이웃이 되고(라너), 일은 신께 대한 찬송이 되었다(테이야르). 이 신은 인간을 미래에서 부르시기 때문에 신을 향하는 인간의 자세(이것이 본래적 인간의 모습이다)는 제사양식에서 보이는 과거지향이 아니고, 예배정신에서 보이는 타계지향이 아니고, 세속생활에서 보이는 장래전진이다. 연구와 건설은 바로 신을 향하는 인간의 자세다. 신을 향한 자세는 앞을 향한 전진이다. 이러한 관련에서 다시 테이야르의 말을 인용하리라. "활동에서 나는 신의 창조적 힘에 귀속되고, 그에게 합일된다. 거기서 나는 그의 도구가 될 뿐만 아니라, 나가서는 그의 산 확장(擴張)이 된다."

4) 어떤 의미에서 역사적 예수의 재생인 케리그마적 그리스도(설교)는 그리스도의 과거의 프로필이고, 우리의 이웃인 세속적 그리스도(봉사)는 같은 그리스도의 현재의 프로필이고, 새 인류인 우주적 그리스도(친교)는 같은 그리스도의 장래상이다. 역사적 그리스도는 우주적 진화를 겪고 있는 보편사의 예발적 종말(The proleptic eschaton)이다. 우주적 그리스도는 우주 진화의 최종점(Omega point)이다(테이야르). 그러기에 크리스천은 '역사 안에서 의미'만이 아니라 '역사의 의미'까지 말하게 되고 역사의 전진할 방향을 말한다.

또 어떤 의미에서는 케리그마적 그리스도는 인간의 인격적 실존을 불러일으킨다. 그것을 믿음이라고 한다. 세속적 그리스도는 인간의 사회적 실존을 불러일으킨다. 그것을 사랑이라고 한다. 우주적 그리스도는 인간의 역사적 실존을 불러일으킨다. 그것을 소망이라고 한다. 케리그마적 그리스도는 인간에게 그 수직선적 차원을 부여한다. 세속적 그리스도는 인간에게 그 수평선적 차원을 부여한다. 그리고 우주적 그리스도는 인간에게 그 대각선적 동경적(動徑的, diagonal) 차원을 부여한다. 그리스도의 현존에 관한 위의 세 가지 프로필은 통전되어서 현존적 그리스도의 입상적 역동적 모습을 제시한다.

2

자연에 관한 신학*

1. 자연 신학의 유행

한동안 아마도 바르트 신학 이래 통행금지령에 묶여 있던 자연 신학 지대에, 마치 그 통금령이 해제되기나 한 듯이 요즘은 일종의 자연 신학 유행이 온 듯한 느낌이다. 신학의 기류가 이렇게 바뀌는 데에는 여러 가지 이유가 있을 것이라고 생각된다. 첫째는 이 급박한 '환경 문제'가 인류로 하여금 인간-자연 관계에 대해서 엄숙하게 다시 묻게 한 데 있는 것 같다. 둘째는 컴퓨터의 인공지성이나

---

* 이 글은 1972년 6월 연세대학교 한국기독교문화연구소에서 발표했다. 죽재는 1970년을 전후한 5년 동안 유기체 철학에 기초한 자연 신학을 탐구했다. 이 시기에 그는 "한국의 신학계를 등지고 서재에서 학문적 씨름을 했다"고까지 술회하고 있는데, 그것은 계시 신학 위주의 기독교 신학의 한계를 극복할 수 있는 가능성을 새로운 자연 신학에서 발견했기 때문일 것이다. 이 글이 작성된 지는 벌써 40년 가까이 흘렀지만 여기에 담긴 신학적 사유는 오늘날 점점 더 중요한 것으로 부각되고 있는 상황이다. 비록 짧은 글이지만, 범재신론(凡在神論)이라고 불리는 우주적 세계관에 관한 죽재의 관심이 드러나 있다.

유전공학 등의 기술의 발전이 '인간성'에 대한 기성관념을 혁명적으로 위협하는 데서도 오는 것 같다. 셋째로는 에큐메니컬 운동 이래 서방 기독교 안에 동방 정교회의 신학이 물밀 듯 밀려오는 영향인 것 같다. 동방교회의 전통에서는 자연이 훨씬 더 적극적으로 평가되었기 때문이다. 넷째로는 지금에야 비로소 기독교는 타 종교와 본격적인 대면을 피할 수 없는 사정에 처하게 된 데도 이유가 있는 것 같다. 기독교가 '역사의식'의 신앙이라면 타 종교들은 '우주의식'의 종교라고 말할 수 있기 때문이다. 다섯째는 성서 연구에 있어서도 지금까지 성서를 오로지 구속사의 틀 안에서, 신화적인 경전으로 보는 데서 탈피하고, 그중에 여러 가지 전승들과 여러 겹의 해석들을 볼 수 있게 했기 때문에 말하자면 성서 자체가 훨씬 더 관대해진 점도 그 이유가 되는 것 같다.

2. 자연 신학과 자연에 관한 신학

한마디로 자연 신학이라고 말하지만, 새로 유행하는 자연 신학은 그 분장(扮裝)과 배역이 이전 것과는 좀 다른 것 같다. 이러한 차이 때문에 '자연 신학'과 '자연에 관한 신학'의 구별을 강조하는 신학자들(이안 바버)도 있지만, 그 구별을 무시하는 신학자들(케네스 캔턴, 존 캅 등)도 있다. 어떤 신학자는 구형 자연 신학과 신형 자연 신학으로 말한다. 요즘은 철학적 신학이라고 말하는 것이 대략 이런 범위의 이야기가 된 것 같다. 이 구별의 일반적인 의론은 구형 자연 신학이 자연의 의장(意匠)이라고 하는 것에서 그 창조자의 존재가 '증명'된다고 주장하는 데 대해서, 신형 자연 신학은 '증명'보다도 '의미'를 찾으려고 한다. 가령 말하자면 신과 자연의 관계, 인간과 자연의 관계를 규명하려 한다. 그러나 필자가 보기에는 "자연에 관한 신학"으로 제한하려는 주장은 자연 신학과 신의 존재의 증명을 동의어로 여기는 무리 이외에, 또 궁극적인 물음을 피하고 있는 것 같다.

필자가 보기에는 구형과 신형의 주요한 차이는 '자연'에 관한 이해의 변화에 따라서 생기는 것 같다. 고대나 중세를 통해서도 그러했지만, 이 점에 있어서 특히 근세 19세기에 이르기까지 '자연'은 창조가 완료된 '피조물', 나아가서는 '기계'와 같은 것이라고 생각했기 때문에 그 자연의 제일성(齊一性)과 의장(意匠)이라고 하는 것에서 그 창조자의 존재가 증명된다고 믿는 것이다. 그러나 오늘에 와서는 '자연'이 완료된 제품이 아니고, 기계와 같이 완결된 것이 아니고 진전하며 새것을 낳고, 방향성을 갖고, 나아가서는 느낌까지 갖는다는 자연이라고 생각되기 때문에, 이러한 자연을 신이 창조해 놓았다면, 그 창조자와 자연과의 계속적인 관계는 어떠한 것일까 생각하는데서 신형 자연 신학이 생긴 것 같다. 여하간 이러한 자연을 창조하신 신은 이전에 생각했던 것보다도 훨씬 더 그 자연의 성장과정 속에 자신이 개입하고 있는 분인 것 같다. 그러기에 여기에서는 창조라는 개념마저 상당한 정도로 질화(質化)되고 있다.

3. 창조신앙의 위치

본래 성서적 신앙의 전 내용은 '하나님의 구속행위'이다. 하나님이 전 인류의 구원을 위해서 이스라엘을 택하시는 이야기 곧 이스라엘의 구원이다. 그러기에 우주의 기원에 대한 문제 같은 것은 히브리인들의 관심사가 아니었다고 한다. 그들의 신앙의 내용은 구속사건에 관한 재연(再演)이지, 창조사건에 대한 성찰은 아니었다. 그런데 이러한 신앙내용이 편집될 때 그리스적인 성찰에서 영향 받아서 신의 창조사건이 그 구속사건의 서장을 이루게 된 것이다. 말하자면 하나님의 창조행위로 시작되는 신앙내용의 차례는 편집자의 신학이라고 하겠다. 그리고 그것은 불가피한 것이기도 하고 당연한 것이기도 하다. 그것은 마치 신약성서에서 파루시아의 지연이 누가복음의 역사신학을 낳게 하고, 요한복음의 신비주의를 유발시킨 사정과도 같다고 하겠다. 이렇게 그리스적인 성찰의 영향으로 창세기가 편집사적 위치를 차지하게 되고 그러한 편집사적 신학이 다시 요한복음의 서장에 작용했다고 보겠다. 이러한 사정을 생각한다면, 성서에서 그리스적 영향을 배제하려는 성서신학에는 다분히 무리가 있음을 짐작할 수 있다. 교회의 신앙에서도 처음에는 하나님의 구속사건이 거의 전부의 주 내용이던 것이, 교회의 최초의 조직신학자인 오리겐에 와서 비로소 창조교리가 구속교리의 앞에 오는 위치를 차지하게 되고 그렇게 확립되었다. 오리겐은 양 조류를 종합한 것이고 그 이후 기독교 신학에서 그리스적인 성찰을 제거할 수는 없다는 것을 알게 된다. 요컨대 기독교 신앙에서 창조교리는 제거될 수 없는 엄연한 한 신앙의 내용이 되었다. 그리해서 신앙 내용의 두 초점, 창조와 구속은 확립되었다. 이 두 초점 중의 하나, 곧 창조신앙에 관한 성찰이 자연 신학이 되고 철학적 신학과 변증신학의 주 내용이다.

여기에 창세기의 창조신앙에 관한 편집사적 솜씨에 언급해야 할 점이 있다. 하나님의 창조에 대한 보다 오래 된 히브리인들의 신앙에 의하면, 신의 처음 창조는 이교설화들과 유사한 데가 있어서, 신이 악의 거룡(巨龍)과 싸워 토벌하는 행위였다고 짐작한다(이사야 51:9, 시편 74:12~14). 오래된 창조신앙을 창세기 편집자는 말하자면 비신화화해서 흑암과 혼돈만을 남겨두고, 그 위에서 하나님의 창조행위는 악과의 투쟁 없이 원활하게 진행된 것으로 편집했다. 그러나 이러한 비신화화 합리화의 대가로 그 다음의 히브리 종교는, 나아가서는 기독교는 과중한 짐을 지게 되었다. 그 과중한 대가가 욥기에서 시작하는 신의론(神義論, theodicy)의 전개다. 곧 전지전능하신 신이 지으신 세계에 어떻게, 왜 악이 있느냐는 물음이다. 이 물음은 비신화화된 창조에 따르는 영원한 부담이다. 신의 창조가 곧 악과의 싸움이요, 미완성을 완성시키는 과정이라고 이해한다면 악의 문제(나아가서는 죽음의 문제에까지)에 존재론적인 해명의 실마리가 나타난다. 요컨대 인간이 맞닥치는 궁극적인 실재에는 신화와 상징으로 밖에는 표명되지 아니하는 차원이 여전히 남아 있다. 그리고 창조를 일시적 사건이라고 생각하는 것보다도 진행과정이라고 이해함으로써 악과 미완성의 해명도 신과 세계의 관계의 지속도, 그리고 현대의 과학적인 견해에도, 그리고 또 성서적 증언에도 훨씬 더 적합하고 충실하게 되는 것 같다. 이 점에 대해서는 다음에 이어서 더 밝히기로 하자.

4. 창조신앙의 내용

현대과학에서 논의되고 있는 창조신앙의 내용은 다음의 세 가지 문제로 집약되는 것 같다. 첫째는 우주(세계)의 기원의 물음인 바, 이 문제가 소위 '무로부터의 창조'라는 주장으로 표시되기도 한다. 둘째는 창조신앙과 진화론의 대질이다. 셋째는 창조신앙은 '존재의 근거'를 말하는 신앙이라는 신학이다. 이 세 가지를 거꾸로 하나씩 검토하기로 하자.

아직도 현대신학의 주된 경향은 창조신앙(創造信仰)은 우주의 기원이나, 과학적 진화론과는 아무런 상관이 없는 그 독특한 내용이라고 말한다. 이러한 주장은 특히 신정통주의 신학에서 그렇다. 신정통주의에 국한하지 아니하는 새로운 이해에 의하면, 창조신앙은 우주의 기원에 관한 것이 아니라 존재의 근거에 관한 것이라고 한다. 어떻게(how)의 문제가 아니라 왜(why)의 문제라고 한다. 처음 것은 과학적인 질문이고 둘째 것은 형이상학적 질문이다. 왜 여기에 산, 바위, 시계, 사람이 있느냐, 왜 내가 있느냐(나는 어디로부터 와서 어디로 가느냐)고 (유래를 묻는 것이 아니라) 그 근거를 묻는 것이다. 왜 있느냐, "why is there anything and not rather nothing?" 틸리히는 이 물음을 파르메니데스의 형이상학의 제일질향(第一質向)이라고도 하고, 물음이라기보다는 "존재의 충격"

(ontological shock)이라고 말한다. 이 물음에 대해서 창조신앙이 없는 자는 "그것이 우연이다," "그것은 새삼스런 대답이 필요 없는 자연이다"라고 대답하는 길밖에 없다. 창조신앙을 가진 자는 "그것은 하나님의 창조다"라고 대답한다. 이 대답이 교조주의(教條主義)에서는 너무 쉬운 대답이어서 오히려 존재의 신비를 느끼지 못하게 하지만, 실은 존재의 근거와 그 신비를 가리키는 말이다. 우주와 자연과 경험의 대상을 심상하게 생각하지 아니하고 그것이 새삼스럽다고, 신기하다고, 새롭다고, 놀랍다고 느끼는 태도가 바로 창조신앙이라는 것이다. 그렇다면 실증주의적이고, 범연해지고 느낌이 없는 현대인의 감각을 되살리는 철학과 관점은 바로 이 창조신앙이라 하겠다. 창조신앙에서 잃었던 창조의 영광은 회복된다. 창조신앙은 바로 이 시점에서 밝히고 외쳐야 할 성서적인 사신(使信)이다.

둘째는 창조신앙과 진화론의 대질이다. 이 점에 있어서 신정통주의 신학과 정통주의 신학의 대조는 흥미롭다. 신정통주의 신학은 창조신앙과 진화론은 전적으로 별개의 내용이라고 생각하기 때문에 학문의 세계에서 진화론이 어떻게 귀결되든지 간에 그것을 과학으로 받아들인다. 여기에는 말하자면 과학과 신앙은 상호 회합(會合)됨이 없이 평행선을 이루고 나간다. 여기에 비해서 정통주의 신학에서는 진화론을 일면 전적으로 거부하면서, 자기 나름의 우주론을 편다. 그래서 진화론이라고 말하지 아니하면서도 우주 생성을 창세기 1장에 맞추어서 개조한다.

새로운 자연과학은 신정통주의 신학과 같이 창조신앙에서 '존재의 근거'와 진화론적 창조와의 사이에 이자택일(二者擇一)할 논리를 찾지 못한다. 양면의 뜻을 보기도 하고 확신하기도 한다. 그러면서도 새로운 자연과학은 창조를 진화론적인 것, 과정적인 것으로 보려는 것이다. "진화는 창조의 방법, 수단이다." 일시적인 창조가 아니고 '계속적인 창조'(continuing creation)이다. 그러기에 세계의 기원과 과정에 대해서 가톨릭 신학에서와 같이 제일원인과 제2원인을 구별할 필요도 없고, 이신론적(理神論的)인 신의 기적적인 개입이 필요치 않다. 신구약 성서는 신은 현재도 그 창조를 계속하신 것으로 증언하고 있고 또 계속적인 창조에서는 섭리와 창조는 부합한다. 창조 과정은 점증적인 통전(統全) 과정이며, 이전에 없었던 전적으로 새로운 것의 출현, 전혀 예측하지 못했던 것의 출현이 속출한다. 테이야르 샤르댕은 말하기를 같은 사실에 대한 과학적인 용어는 '진화'고, 형이상학적인 용어는 '창조'라고 말했다. 진화나 창조나 시간적인 지속 기간이 거기에 이미 있는 것이기에 같은 사실에 대한 두 가지 말이라고 하는 생각은 옳다. 그렇다면 '진화'가 '창조'를 대체해 버릴 수 있느냐? 그렇게 되면 창조는 이미 소용이 없는 말이 되고 폐기해도 좋다는 말이 된다. 그러나 그렇지 않다. 왜냐하면 창조 개념은 진화과정 이외에 오히려 보다 중요한 '존재의 근거'를 가리키는 말이기 때문이다. 그러므로 양자는 상보적인 관계에 있다고 보아야 할 것이다. 따라서 진화가 창조를 대체해 버릴 수 없고, 또 신정통주의 신학에서와 같이 양자를 별개의 것으로 분리시킬 수도 없는 것이다.

셋째는 창조의 기원에 관한 문제다. 이 문제에는 여러 가지 문제가 착잡(錯雜)해 있다. 많이 언급되는 '무(無)로부터의 창조'는 '존재의 근거'를 가리킨다고 생각할 수도 있고(신정통주의), 또 '창조의 시초'를 가리킨다고 생각할 수도 있다(정통주의). 그리고 이 경우의 '무'를 절대적 무(ouk on)로 생각할 수도 있고 상대적 무(me on)로 생각할 수도 있다. 금일의 대부분의 구약학자들은(Jacob, Robinson, Gunkel, Driver, Skinner 등) 창세기 모두(冒頭)의 무를 상대적인 무, 곧 혼돈, 어둠, 재료로 생각한다. 그리고 그들은 말하기를 "무(절대적 무)로부터의 창조" 사상은 구약성서에서는 발견되지 아니한다고 한다. 학자들의 연구에 의하면, 교회가 마니교(Manichianism)이나 영지주의(Gnosticism)의 이설(異說)에 봉착했을 때, 그들의 선과 악의 형이상학적인 이원론을 막고 궁극적 존재는 神(善)만이라고 믿는 그 신앙을 표현해서 절대적인 신이 천지를 무로부터 창조했다고 주장하게 되었다고 한다.

학자들의 이러한 증언을 수락한다고 하더라도, 아직도 남아 있는 문제는 여전하다. 창세기 1장의 신의 창조 동작을 표시하는 Bara 또는 Yatsar는 인간의 창조 활동과는 다른, 신의 독특한 창조 동작을 가리키는 말이라고 이해된다. 그러기에 필자는 다음과 같은 사변을 계속해 본다. '창조의 기원'과 '무(절대적인 無)로부터의 창조'는 꼭 같은 말은 아니다고. 인간이 생각할 수 있는 창조는 다만 상대적인 무(혼돈)로부터의 질서와 형성과 통전밖에는 없지 않을까. '절대적인 무'로부터의 창조는 그것이 존재의 근거나 신비와 기적을 가리키는 이외에, 이 말을 문자적으로 이해한다는 것은 마치 마법도 자연법칙과 같이 수락해야 한다는 강요와 같은 것이 아닐까.

그것은 마치 '네모난 원'이라든지 '전지전능한 신은 자살할 수도 있다'라든지 하는 따위의 우리(愚理, absurdity)가 아닐까. 이러한 생각은 신의 능력의 제한이 아니다. 그것은 참 신앙에서 우리를 제거하자는 뜻이다. 그런데 그럼에도 불구하고 '무로부터의 창조'라는 말에는 또 한 가지의 뜻인 '세계의 절대적인 기원'에 관한 물음이 있다. 이 물음은 우리가 피할 수도 없다. 이 물음을 어떻게 대답해야 할 것인가. 이 물음을 달리 표명하기도 한다. 곧 세계는 영원 전에 창조되었느냐, 곧 시간과 함께 창조되었느냐, 어거스틴과 아퀴나스는 그렇게 생각했다. 그렇지 아니하면 세계는 어느 기간의 시간 경과 후에 창조되었느냐, 곧 시간선상 어느 곳에 그 기점이 있느냐, 쿨만(그리고 전통적인 교회의 일반적인 생각도)은 이렇게 생각했다. 그리고 칸트는 이 양자의 가능성이 같이 있다고 보았기에 이것을 이율배반(antinomy)이라고 생각했다. 다시 말하자면 세계의 절대적인 시초를 생각할 수도 있고, 생각할 수 없기도 하다. 이 말은 어떤 의미에서는 이럴 수도 있고 저럴 수도 있다는 말이 된다. 다시 말해서 무의미한 질문이라는 말이 된다. 그리고 어거스틴과 같이 절대적인 기원을 생각한다 하더라도 오늘날 우리의 지식으로, 그 절대적인 기원에서 창조된 것이 무엇이냐? 아원자류의 질량(mass)이냐, 아니면 에너지냐? 질량이었다면 그래도 창조라는 개념이 적용되지만, 에너지라면 창조라는 개념은 그다지 적합하지 않다. 에너지의 경우에는 창조보다는 오히려 유출(emanation)이 더 적합하다. 이렇게 되고 보면 기원의 문제는 관점의 문제가 되고, 또 여기에 연령(年令)의 문제(창조 연대)도 피할 수 없는 것인데 그것은 어차피 과학이 결정해 주어야 할 문제이다. 따라서 우주의 기원의 문제는 불가피한 문제이기는 하지만 그것은 신앙의 조목(a article of Faith)에는 들지 아니할 성질의 것이다. 이러고 보면 창조 신앙의 내용은 지금으로서는 '존재의 근거'에 관한 것과 '계속 창조'에 관한 것에 머무를 수밖에 없는 것 같다.

5. 자연은 어떠한 것이냐

자연에 관해서 여기에 거시적으로, 또 미시적으로 보기로 하자. 거시적으로 볼 때 몇 가지 특징이 나타난다. 자연이란 다윈이 본 대로 그것은 '하나의 삶의 그물'(a web of life)이다. 자연계의 모든 존재가 상호관계를 가지고 있어서 마치 한 폭의 그물과 같이 짜여 있다는 뜻이다. 바로 이러한 자연계를 요즈음 생태계(ecosystem)라고 말한다. 식물, 동물, 광물, 공기 등이 서로 영향을 주고받으면서 상관관계를 가지고 있다는 말이다. 그것은 한마디로 자연 전체가 하나의 유기체라는 발견이다. 진정한 유기체는 통전적일 뿐만 아니라 또 성장하는 것이다. 과연 우리가 보는 자연계에는 물질과 생명과 정신의 세 영역이 있는데 그 세 영역이 한 연속체(spectrum)로 보인다. 곧 우주적 진화-생물적 진화-문화적 진화의 삼 단계를 계속하는 방향성을 가진 성장하는 유기체다. 그것은 유목적적(有目的的)인 것으로 보인다. 거시적으로 보는 자연 전체에는 또 한 가지의 중요한 차원이 있다. 그것은 부분과 전체의 관계이다. 부분의 총화가 곧 전체인 것은 아니다. '전체'는 그 부분으로 환원되는 것은 아니다. 완전한, 완성된 '전체'에는 돌연히 그 부분에서는 볼 수 없었던 것이 나타난다. 원자 백만 개 정도가 한 세균을 형성할 때 그 세균에는, 원자 속에 없었던 것이 나타난다. 세포 몇 억 개가 한 유기체를 형성할 때도 마찬가지다. '자연 전체'는 통체적인(統體的, holistic) 것이다. 자연 전체가 유기체이며 유목적적이며 통체적이라고 이해될 때 그러한 자연에 대한 은유나 상징은 무엇일까. 어차피 그것은 경험과 인식의 영역을 벗어났기에 은유나 상징 이외에는 언급이 되지 아니한다. 적어도 그것은 살아 있는 무엇일 것이다.

자연에 관한 미시적인 관점은 무엇을 말해 줄 수 있느냐. 앞에서 말한 바와 같이 자연계는 물질-생명-정신, 혹은 우주적 진화-생물적 진화-문화적 진화의 한 연속체이다. 이 연속체에 관한 이해를 그 중간가(中間價)인 '생물'에서부터 고찰하기로 하자. 생물의 현저한 특징은 그 내면성, 감수성, 느낌 등으로 표시된다. 이것을 심소(心素, psi factor)라고 하자. 이 심소는 생물이 그 고하를 불문하고 가지고 있는 특징이다. 현대의 생물학자들은 최하등 생물 아메바에게도, 나아가서는 식물에게까지도 심소의 미분량이 있다고 그 실험 결과를 보고한다. 그런데 이러한 심소를 지닌 생물은 물질의 화학적 진화과정에서 돌현(突現, emergent)한 것이므로 물질 속에도 배자적(胚子的)인 심소가 가능성으로 잠세(潛世)했다고 보는 것이 논리적으로 타당하다. 이러한 물질의 경향성 내지 충동을 nisus(내재적인 충동, Böhme)이라고 말한다. 그리고 생명의 진화 과정의 한 계점에서 정신(인간)이 돌현했다. 그렇다면 생물 속에도 이미 배자적인 정신(rudimentary form of mental life)이 잠세해 있다고 보아야 할 것이다. 또 나아가서 인간 정신(mind)은 그 감각적인 지각 이외에도 초감각적인 지각(Extrasensory perception, ESP)이 있는 것으로 알려졌다. 물질의 nisus, 생물의 psi factor, 인간의 ESP는 전 자연의 연속체의 내면성의 매듭들이 아닐까. 화이트헤드의 실재 이해의 술어로 말한다면, 모든 존재는 다 사건적인 실재며, 그는 그 것을 실체(actual entities)라고 말했다. 그리고 모든 실체는 정신적인 극(mental pole)과 물질적인 극(physical pole)의 양극을 가지고 있다. 물론 그 비례는 다 같은 것이 아니고 물질의 정신적인 극은 이론적인 가능성의 정도뿐이다. 같은 견해를 테이야르는 내면 기구(內面機構, within), 외면 기구(外面機構, without)로 말했다. 양자가 다 범심론(汎心論, panpsychism)의 입장이다. 모든 존재는 그 내면성, 마음에 해당한 것이 있다는 말이다. 인간이 인간 이외의 존재와 신비적인 참여(mystical participation)를 하게 되는 바탕은 여기에 있는 것 같고, 인간 이외의 모든 존재의 본구적(本具的) 가치를 인정해야 하는 근거도 여기에 있는 것 같다.

돌이켜 인간의 인식 능력을 검토해 보자. 근세 철학은 자연을 인식하는 실체(인간)와 외연뿐인 실체(객관적 자연)라는 데카르트의 이분법으로 시작되고, 이 이분법이 인식의 범주로 화했다. 그리해서 객관적 자연은 마음과 느낌이 없는 것으로 죽은 대상으로만 보게 되었다. 그러한 태도가 '객관적 관찰'을 자랑하는 과학의 신조가 되었고, 그러한 신조가 실증주의(實證主義)라 이름 붙게 되었다. 그러나 오늘날 이러한 딱딱한 이분법은 거의 폐기되었고, 인간 이외의 존재에 느낌과 마음이 없다고는 말하지 못하게 되었다. 전 자연이 전체(時 空 物質 에너지 연속체)로서나, 그 개별적 존재(그 연속체의 위치를 취한 부분적인 주름살)로서나 정신적 극을 가졌다고 보아야 하고 인간과 자연을 느낌의 유무(有無)로 이분할 수 없는 사정이라면, 도시 이 자연이라는 것은 어떠한 것일까. 그것은 마음과 느낌을 가진 무엇이다. 자연은 거시적으로 보아도 미시적으로 보아도 '살아 있는 무엇'이라고 단정하지 않을 수 없다. 이러한 새로운 관점이 자연의 소생을 가져오며, 또 인간이 지금까지의 인간중심주의로부터 해방되는 문이다.

6. 신과 자연과의 관계

위에서 이해한 대로의 자연—그것은 현대인의 과학적 지식에 할 수 있는 한 충실하려고 한 것이다—과 신과의 관계는 어떠한 것일까. 먼저 생각해 보아야 할 것은 신과 자연이라고 했으니 어떤 의미, 어떤 방식으로든 그 양자를 합한 총화를 생각할 수도 있다는 점이다. 그 총화를 경우에 따라서는 '우주'라고 말할 수도 있고, 또 경우에 따라서는 뵈메나 베르자예프의 Ungrund, 나아가서는 틸리히의 '존재의 근거'라고 이해할 수도 있다. 인간의 신 경험은 대체적으로 이대별(二大別)되어서, 신을 '존재의 근거' 또는 Ungrund로 경험되기도 하고 또는 창조주 당신으로 만나지기도 한다. 전자는 범신론형(汎神論型)의 신(神) 체험이고, 후자는 유신론형(有神論型)의 신체험이다. 근자에 존 맥쿼리 교수는 신과 세계의 관계에 관해서 이 양 유형을 각각 유기체적 유형(organic model)과 군주적 유형(monarchical model)이라고 이름 지었다. 신과 세계의 관계에 대한 유기적 유형에서는 신과 세계가 상호작용한다. 신도 경험이 많아져 가며, 그는 생성하는 신(a becoming God)이다. 이 생성하는 신의 생성 활동이 곧 그의 세계 창조다. 그러기에 창조는 '계속 창조'다. 여기에 비해서 군주적 유형의 신(神)-세계 관계는 일방적이다. 신은 세계에 영향을 미치고 있지만, 세계는 신에게 영향을 미치지 못한다. 이것이 전통적인 교리에서 신의 불변성(不變性, impassibility)이라는 것이다. 신은 완성 완전자(完成 完全者)이며 생성의 여지는 없다. 창조는 일시적 창조며 그것은 완료되었다. 그 다음의 신-세계 관계는 지배와 섭리 이외에는 없다. 군주적 유형에서는 신은 그의 자유의지(自由意志)로 세계를 창조하였다고 한다. 곧 신은 세계를 창조했을 수도 있었고 안 할 수도 있었는데, 그의 자유의지로 창조했다는 말이다. 이때의 그 자유의지는 거의 전단적(專斷的, arbitrary)인 것이고, 신과 세계의 관계는 우연한 관계이다. 유기체적인 유형에서는 신의 창조 활동은 그의 본성이고, 세계는 신의 본질적인 활동의 효과라고 하겠다. 창조 활동을 정지하거나 보류하고 있는 신만의 존재는 생각할 수 없다. 이 문제는 신과 자연법(自然法)의 관계에서 좀 더 밝혀지는 것 같다. 자연법이 신까지도 규제하는 것은 아니나, 자연법은 신의 본질의 유출이라 하겠다. 군주형(君主型)은 예언자의 종교며, 구약성서에서 주류를 이룬다. 거기에서는 신의 초월이 강조된다. 유기형(有機型)은 제사장의 종교며 오히려 방계(傍系)라고 하겠다. 이 종교는 보다 흙냄새가 나고 내재적(內在的)이다. 군주형은 중세말의 주의주의(主意主

義) 철학에서 강조되고 신의 주권을 절규하는 칼빈의 신학에서 그 절정에 이르고, 바르트, 부르너, 고가르텐 및 금일의 세속화의 신학으로 이어진다. 유기형은 고대 교회 특히 오리겐의 신학에서 그 전형이 찾아지고 금일의 틸리히, 테이야르, 화이트헤드 등의 철학적 신학의 압도적인 추세이다.

신과 세계의 관계를 유기적인 것으로 생각하는 견해는 불가피한 점도 있고 또 장점도 있다. 근래에 와서 세계를 일방적으로 초월해 있는 유신론(有神論)의 신관(神觀)은 더욱 지탱하기 어려워지는 사정이다. 이 시대에는 신의 존재는 범신론적인 이해의 방향에서보다 더 힘 있게 체험할 수 있는 것 같다(이 판단은 유신론을 부정하고 범신론자가 되라는 말과는 다르다). 그리고 신의 계속 창조과정인 세계에서 악(惡)의 문제는 훨씬 더 쉽게 지적(知的), 이론적인 해명이 되는 것 같다. 신은 지금도 무(無)를 배제하고, 악과 싸워서 승리하며, 창조 활동을 계속하는 분이다. 그리고 이러한 유기체형의 이해에서 자연은 훨씬 더 적극적으로 평가되는 것 같다. 피조물은 신이 그 자유의지로 창작 완료해서 제조일시를 찍고 그것이 인간의 관리에 맡겨진 재산 목록이 아니라, 지금도 진행 중인 신의 활동이라고 볼 때, 자연은 그대로 예전적(禮典的)인 것이 된다.

1967년에 사이언스지에 중세기술사(中世技術史) 학자 린 화이트 교수가 현금의 생태학적 위기의 역사적 근원은 기독교의 창조신앙에 있다고 규탄한 이래 이 문제는 신학자들에게 많은 반성과 토론을 유발시켰다. 그리고 그는 결론짓기를 우리의 환경 문제에 개선이 있으려면 먼저 자연에 대한 우리의 태도에 변화가 와야 한다고 갈파했다. 그가 요청한 '기본적 신념의 변화'는 바로 이런 것이 아니겠느냐, 자연 곧 기독교 신앙에서 보는 '신의 창조'는 완료되어서 인간에게 맡겨졌다고 생각하는 것보다도, 지금도 계속해서 신은 창조하시기에 자연과 우주는 진화하고 있다고 하는 말이다. 이러한 자연관의 변화가 자연의 위엄과 그 엄숙함을 회복시켜 주는 것으로 생각된다.

우리가 아는 우주는 그 외곽에 또 무엇이 잇는 것도 아니고, 또 외곽이 있는 것도 아닌데도 한정(限定)된 우주다. 그러면서도 그것은 목적 지향적인 '발전하는 우주'(evoluing universe)라고 한다. 그리고 또 그것은 하나의 유기체로 보이며, 그 '내면 기구', '정신적 극(極)', '느낌'을 가지고 있다고 말할 수 밖에 없는 것 같다. 우리가 아는 신은 이런 우주에 덧셈(加算)되는 무엇이 아니다. 그렇다면 우주와 신의 관계를 이해하는 데 우리가 알 수 있는 가장 좋은 은유(隱喩)는 '몸과 마음', 혹은 '몸과 그 사람'의 관계라고 하겠다. 이것은 다분히 범신론적인 신(神) 이해같이 들린다. 그러나 반드시 그렇지만은 않다. 몸이 곧 마음인 것은 아니다. 마음이 몸의 주인이라고 우리는 생각한다. 마음은 몸 안에 있다고 생각되기는 하지만, 그 몸을 초월하는 것이 마음이다.

필자는 고가르텐이나 에벨링의 실존주의적 신학에서 배운 바가 있다. 그들은 말하기를 자기(自己, 인간성)를 상실하는 자는 신을 상실한 바가 되고, 신을 상실하는 자는 자기를 상실한 바가 된다고 한다. 신을 거역하고 신을 피해서 숨은 아담과 이브에게 신의 음성은 "아담아, 네가 어디 있느냐" 곧 자기 상실의 반성으로 신이 심방하신다. 그와 마찬가지로 자연을 상실한 사람은 신을 상실하게 되고 신을 상실한 사람은 자연을 상실하게 된다. 그리고 또 인간과 자연도 하나의 생태계(ecosystem)로 짜여 있어서 인간 상실은 자연 상실이고, 자연 상실은 인간 상실이다. 이렇게 신, 인간, 자연은 하나의 생태계를 이루고 있다. 하나의 유기체적인 현상을 정시(呈示)한다. 그러기에 신은 우주의 마음이고, 우주는 신의 몸이라는 은유는 더욱 적절한 것 같다. 여기에 성육신(成肉神)의 종교, 싸크라멘트의 자연이 알려진다.

3

성령의 제3시대*

머리말

나는 이 글을 '풀과 가위'로 엮는다. 제1부는 고대 교리사가(教理史家)로서 여러 권의 저서를 낸 성공회 신학자 핸슨(R. P. C. Hanson)의 『성령(聖靈)의 신격(神格)』(*The Divinity of the Holy Spirit*, 1969)을 요약한 것이다. 두드러지게는 19세기의 리츨부터 그리스도교의 교리들을 형이상학이라는 포수(捕囚) 상태로부터 해

---

* 이 글은 기독교사상 1975년 10월호에 수록된 글이다. 죽재의 신학에서 시종일관 핵심적으로 작동하는 개념은 역사, 종말론, 성령, 민중이다. 죽재는 이 개념들에 활력을 불어넣은 최초의 사상가로서 12세기의 역사신학자 요아킴 플로리스를 지적한다. 어거스틴이 세운 정통 기독교사관이 성경의 정신에서 벗어나 억압자의 신학을 대변하는 쪽으로 흘러갔을 때, 요아킴이 대전환을 이룩함으로써 성경의 해방 전통을 회복시켰다고 죽재는 평가한다. 이 글은 죽재 신학에 지속적인 영향을 미쳤던 요아킴의 사상을 소개하고, 그것이 오늘에 주는 의미를 밝히고 있다. 우리는 이 논문을 통해서 죽재에게 민중신학 이전과 이후를 잇는 가교가 무엇인지를 알게 된다.

방시켜서 원래의 성서의 지평에 환원해서 재(再)역사화, 재(再)종말론화하자고 하는 소리가 높다. 핸슨은 교리 중의 교리인 삼일신론(三一神論)을 형이상학의 틀에서 벗겨서 역사의 틀에 옮겼다. 성령의 교리는 근자에 많은 신학자들이 자연 신학을 회복하는 주제로 다시 개발하고 있는데 여기에서는 그것이 '역사의 신학'을 열어 주는 열쇠가 되었다. 이 부분은 '성령의 제3시대' 교리에 관한 성서적인 교리적인 변증의 구실을 할 것이다. 둘째 부분은 짧지만 본 논문의 핵인 12세기의 요아킴의 '성령의 제3시대'론이다. 셋째 부분은 현대의 신학자 류터의 '속(續) 기독교 시대'론이다. 여기에서 그는 요아킴의 '성령시대'론을 새로운 문맥에서 읽고 있다. 이렇게 나는 성령론과 제3시대론과 속기독교 시대론과 그리고 나아가서 '민중의 시대'론을 용접시켜서 오늘의 크리스천의 역사의식을 찾아보려고 하는 것이다.

1. 성령의 교리

구약에는 성령의 교리가 없다. 신약에서는 그 교리가 아직 미숙하다. 교회사의 처음 3백 년 동안에는 불분명하다. 카파도기아 교부들이 비로소 성령을 그들의 신학 체계에 통전시켰다. 이러한 암중모색 중에도 그들은 쉬운 대로 이일신(二一神)을 구성한 것이 아니었다. 이러한 경과의 설명은 성령의 종말론적인 성격에 있다. 처음 교회가 조속한 '파루시아'의 기대에서 살다가 점차로 그 기대가 사라졌는데, '파루시아' 신앙이 후퇴한 반면, 성령에 대한 신앙은 후퇴하지 아니했다. '성령'이 종말론적으로 주어졌다. '조속한 파루시아'가 이조(移調)되었다고 할까, 비신화화(非神話化)되었다고나 할까. 교회는 한 하나님이 또 새로운 존재 방식으로 나타나신 데에 종사했다.

만일 성령이 시간을 지배하시는 하나님이라면, 그래서 시간과 영원을 화해시키시는 하나님이라면, 우리는 그의 활동에 대한 충분하고 만족한 증거를, 그것이 아무리 결정적이며 불가결한 '수집(收集)'이라고 할지라도 역사적 증거의 한 수집에 국한해서 기대해서는 아니 될 것이다. 교회는 성령의 활동의 징표인데, 그 교회는 역사 안에 있다. 그러므로 성령에 관한 이해는 교회의 기원에 관한 이야기(성서)에서만 이해되는 것은 아니다(물론 이 기원을 떠나서 이해될 수는 없지만). 아마도 이렇게 말해야 할 것이다. 곧 성령은 교회가 예수 그리스도의 생애의 사건, 성육신, 십자가형, 부활과 승천을 계속해서 만나게 하는 하나님이라고 말이다. 그러므로 성령 교리는 미완인 채로 끝이 열려 있다.

성령 교리의 '끝이 열려 있음'이 어느 정도 우리에게 성서를 넘어서게 한다. 우리는 그리스도론만큼 성령론을 분명하게 윤곽지을 수 없다. 그리스도는 하나님의 역사적인 자기 제한이지만, 성령은 그 제한을 넘어서는 하나님이시다. 성령은 종말론적인데, 종말론은 모든 그때까지의 역사를 잠정화, 의문화한다. 그러므로 성령으로서의 하나님은 전(全)교회사에 의문부호를 붙인다. 따라서 모든 교리와 교회제도에 의문부호를 붙인다. 하나님은 성령으로 그의 자유를 보유하신다. 하나님은 그리스도 안에서 우리에게 확신을 주셨지만 구속사의 미래를 설계도같이 확정지어 놓으신 것은 아니다. 교회의 장래가 점점 더 짜여진 체제로 증대하는 길을 걸어갈지, 그렇지 아니하면 점차로 카타콤의 지하교회로 후퇴할지 그것을 우리는 모른다. 하나님은 교회사의 불연속과 폭발의 자유를 자기가 보유하신다. 우리는 하나님을 역사에나 성례전에나 성서에나 신학에 묶어둘 수는 없다. 하나님은 성령이시다.

2. 요아킴의 역사 신학

기독교 사상(史上) 가장 뚜렷한 '역사의 신학'을 제시한 이는 제4세기의 어거스틴, 제12세기의 요아킴 플로리스(Joachim Floris, 1135~1202)라 하겠다. 전자의 사관(史觀)이 정통 사관인 데 대해서, 후자는 이단적 사관의 대표격이다. 그런데 종말론적 관점에서 본다면, 전자가 비성서적 사관인 데 대해서 후자는 성서적 사관을 회복하려고 했던 것으로 근년에 점점 더 각광을 받는다. 요아킴의 중심 사상을 적용하면, 그는 구약성서에 연대순으로 나타나는 인물들과 신약성서에 나타나는 인물들의 부합(附合, concordia)을 계시받았다는 '영원한 복음'(묵 14:6-7)과, 나아가서 그것이 다시 세속사에서 같은 절분(節分)과 부합관계를 가지며 전개된다는 것이다. 그러므로 그는 세계사의 전개에서 구속사를 읽었다. 다시 말해 보자면 구속사는 바로 세계사로 전개되었다. 다음으로, 그는 이 세계사의 전개에서 (제도적) 교회시대, 곧 신약시대가 지나가면서 그것을 능가하는 '성령의 제3시대'(The Third Age of the Spirit)가 도래한다고 내다보았다. 이것은 혁명사관이다.

요아킴의 역사 해석의 일반적인 원칙은 삼일신(三一神) 교리다. 세 가지의 다른 시대 경륜(dispensation)이 세 시대 구분으로 이어지고 거기에서 차례로 성부, 성자, 성령의 삼일신의 위격이 나타나는 것이다. 전체 역사과정은 세 구분인데 그 처음은 성부의 시대 경륜이고, 둘째는 성자의 시대 경륜이고, 셋째는 성령의 시대 경륜이다. 그중 제2의 시대 경륜(성자시대)은 방금, 곧 제12세기 말에 끝이 나고 그 다음에는 '영(靈)'의 완전한 '자유'의 시대로 진전한다는 것이다. 제1시대에 유대인들은 성부의 율법 아래 있는 노예였으며, 제2시대에 사는 크리스천들은 비록 불완전하지만 비교적 영적이며 자유하다. 제3시대에는, 사도 바울의 예언인 "우리가 지금은 부분적으로 알고 부분적으로 예언하지만 그때에는 부분적으로 하던 것이 폐기되리라"가 이루어진다. 첫째 시대는 구약시대요, 둘째 시대는 신약시대요, 셋째 시대는 성령시대다. 첫째 시대는 두려움과 장래하는 율법의 징표 아래서 아담으로부터 시작하고, 둘째 시대는 믿음과 장래하는 복음의 징표 아래서 우시아로부터 시작하고, 셋째 시대는 사랑과 겸손과 기쁨으로 장래하는 영의 징표 아래서 성 베네딕트(AD. 480-544)로부터 시작하여 세상 끝에 다시 오는 엘리야에게서 마감한다. 첫째 시대 경륜에서는 성부에게 의존하는 결혼한 자들의 질서(order)가 주도하고, 둘째 시대 경륜에서는 성자에 의존하는 승려 질서가 주도하고, 셋째 시대 경륜에서는 진리의 성령에 의존하는 수도사 질서(교단)가 주도한다(요아킴이 성령시대를 성 베네딕트와 수도사와 관련시킨 것은 그것이 영적 훈련의 시대라는 뜻이다). 첫째 시대는 노동과 사업으로, 둘째 시대는 학문과 훈련으로, 셋째 시대는 명상과 찬양으로 지배한다. 첫째 시대는 지식, 둘째 시대는 부분적인 지혜, 셋째 시대는 충만한 예지를 갖게 된다. 처음은 별빛의 밝음이고, 둘째는 여명의 밝음이고, 셋째는 대낮의 밝음이다. 또 첫째 시대는 노예로서의 종살이며, 둘째 시대는 아들로서의 예속이며, 셋째 시대는 (친구로서의) 자유의 상태다. 처음은 아이고 둘째 번은 어른이고 셋째 번은 노인이다. 처음은 떡잎이고 둘째 번은 줄거리고 셋째 번은 이삭이다. 처음은 물이고 둘째 번은 포도주이고 셋째 번은 기름이다. 이렇게 그의 역사관에는 진보 개념, 성장 개념이 지배 이념임을 알 수 있다. 그리고 그보다도 역사는 구 · 신약의 '문자(文字)' 시대로부터 '영(靈)'의 시대로의 진전이다.

요아킴의 구속사관에 있어서 새롭고 혁명적인 것은, 성서를 우의적으로 해석하는 데 쓰인 그의 예언적 역사적 방법이다. 이것으로 그는 성서와 역사의 상관관계를 통해서 계시에 대한 아주 역동적인 이해를 한 것이다. 만일 성서가 세계사의 중추이고, 교회가 그 모형이라면 성서야말로 역사 이해의 열쇠라고 생각했다. 그래서 그에게 성서는 '절대적인 교리'가 아니고 역사과정의 구조인 것이다. 이러한 관점과 방법으로써 그는 세계사에 감추어진 종교적 의미를 발견했다고 생각했다. 이렇게 볼 때, 교회는 그리스도의 몸이요 세계사의 뼈대이지, 단지 세계사의 한 부분인 것은 아니었다. 그리고 그리스도 이후의 역사는 계속 진행하여 그 종국을 향하고 있기 때문에, '때가 차는 것'은 전통적으로 생각하듯이 과거에 일어난 무류

(無類)한 사건이 아니라, 미래에 있을 무엇이며, 이러한 관점에서 볼 때 '교회'는 영속적인 기초가 아니라, 아직 불완전한 예시적이며 준비적인 것이다. 그리고 역사 해석은 필연적으로 예언이 되고, 과거의 바른 이해가 미래에 대한 바른 전망을 준다. 그리고 이러한 미래의 전망이 현재를 변혁시킨다. 역사의 완성은 세계사의 끝에 가서 역사적 시간을 넘어서는 데 있는 것이 아니라, 역사의 마지막 토막에 있다. 성령의 왕국은 세계와 역사에 대한 하나님의 역사 경륜의 마지막 세시다. 따라서 교황 제도, 승려 위계, 성례전의 효험은 제2시대에 국한한다. 이러한 논지에서 요아킴은 실제로 성서의 문자의 후패와 폐기에까지 언급할 수 있었다. 이러한 사상은 또 가톨릭 교회가 세상 끝에 이르기까지 사도 베드로의 계승이라고 하는 교리를 전적으로 수정할 것을 내포한다. 그리스도 위에 세워진 현재의 교회는 구속사가 그 충만한 시점에 도달할 때, 오고 있는 교회의 한 새로운 형태인 '성령의 교회'에 그 자리를 양보하게 된다는 것이다. 이러한 사상은 나아가서 설교와 성례의 해소, 성서를 통한 계시와 계시 방법의 변화가 이루어져서, 성례와 설교의 매질(媒質)을 통하지 아니하고 직접적으로 비전을 갖는 영적 교회가 나타나는 것이다.

끝으로 어거스틴과 요아킴의 양 사관을 대조해 보기로 하자. 첫째로, 어거스틴의 사관은 이중 구조인 데 대해서 요아킴의 사관은 단층 구조다. 전자는 구원받는 구속사와 멸망할 세속사의 이중 구조며, 그는 이 두 역사의 관계나 항차 그 부합(符合)은 전혀 생각할 수 없다. 세속사는 그의 역사철학에서는 망각의 지대로 방치되었으며, 그의 관심은 교회사의 테두리 안에 한정되었다. 그런데 요아킴의 사관은 위에서 고찰한 바와 같이 세계사를 구속사적으로 이해했다. 그는 세계사의 전개에서 성서에 펼쳐지는 구속사의 스킴(scheme)을 보았을 뿐만 아니라, 나아가서 하나님 자신의 존재 양식의 전개가 곧 세계사의 발전이었다. 여기에서 '미시오 데이'의 선교 이념이 유도된다.

둘째로, 어거스틴의 역사는 비종말론화되었다. 그리스도의 초림(初臨)에서 재림(再臨)까지, 곧 지금의 교회 시대가 하나님의 역사 경륜의 마지막인 천년왕국 시대요, 그것을 넘어서는 역사의 경과는 없고 다만 '영원한 나라'만이 있을 따름이다. 여기에 교회 절대주의의 기초가 놓여졌다. 요아킴은 기대되는 종말론적인 천년왕국을 '성령의 제3시대'라 하여 다시 임박한 종말에 대한 기대를 소생시킨다. 이것이 혁명사관으로 연결된다. 어거스틴류의 전통적인 기독교 사관에서는 옛 시대와 새 시대의 두 시대만이 있고 교회는 그 새 시대의 담당자다. 그러나 요아킴은 제3시대의 급박한 도래를 말했다.

셋째로, 위에 말한 것으로부터 필연적으로 귀결되는 것인데, 어거스틴의 역사관에 있어서는 역사의 궁극적인 초월적인 목표인 신국만이 있지만 요아킴의 역사관에 있어서는 준궁극적인 (그리고 내재적인) '성령의 제3시대'가 '신국'과 함께 있다. '신국'은 비교적으로 개인 실존이 갖고 있는 초역사적인 목표이지만, 제3시대(혹은 천년왕국)는 인간의 사회적 존재가 요구하는 역사적 목표이다.

넷째로, '땅 위에 있는 것은 일체 무상하다(nihil stabile super

terram)'는 명제를 양자가 다 긍정하지만, 어거스틴에게 이 명제의 뜻은, "땅위의 것은 다 부패하고 멸망한다"는 뜻이지만, 요아킴에게는 "땅 위의 것은 다 변모, 갱신된다"는 뜻이다(거기에는 교회 교리도 포함해서).

다섯째로, 이것이 결정적으로 중요한 것인데, 계시된 진리는 확정된 것이어서, 교회는 오로지 세상 끝날 때까지 그 확정된 진리를 전파하는 일에만 종사해야 한다는 정복주의, 승리주의가 어거스틴의 주장이요 선동직으로 기독교회의 신념이다. 요아킴에 의하면 진리와 계시와 지식은 진전, 성장, 발전하는 것이다. 그러기에 계단을 올라가듯 계속해서 진리의 새 단계로 향해야 한다는 것이다.

3. 속(續) 기독교 시대

에른스트 트뢸취(E. Troeltsch, 1865~1923)는 기독교와 그것이 처해 있는 사회 구조와의 사이에서 생겨지는 세 가지 유형의 신앙형태를 분류했다. 곧 소종파, 교회, 심령주의다. 그 후 일반 학계는 이 분류가 상당한 정도로 타당하다고 인정한다. 최근에 독일의 소장 신약학자 타이센(G. Teiβen)이 그의 교수 취임 강연으로 행한 연구에서, 원시 기독교단에도 트뢸취가 사회학적으로 분류한 세 유형의 신앙형태가 있었다고 하면서 그것을 그는 '방랑의 라디칼리즘', '사랑의 가부장제', '영지주의적 라디칼리즘'라고 했다. 이 중에서 '예수의 말씀 전승'의 운반자 집단은 '방랑의 라디칼리즘'이라는 것이다. 가족과 소유를 버리고 예수를 따라 나서서 방랑하는 선교사 겸 병 치유자들이 '예수의 말씀'을 전승한 운반자였다면, 그들은 기독교 역사의 중추인 셈이다. 그리고 타이센은 나아가서 말하기를 이 방랑의 '라디칼리즘'이 그 후의 교회사에서 항상 소종파 운동의 양상을 띠고 유지되어 왔는데, 그 계보가 몬타너스주의, 시리아의 방랑 금욕주의, 중세기의 탁발승들, 그리고 종교 개혁시대의 좌파 개혁자들이라고 한다. 그리고 16세기의 '종교 개혁'에서 교회와 사회가 분립된 후, 근세, 현대에서는 실질적인 '말씀 전승의 운반자들'은 세속적인 혁명 운동으로 변하고 말았다.

근자에 미국의 로즈마리 류터(Rosemary Reuther, *The Radical Kingdom*, 1970)는 이 세 가지 형태의 기독교 신앙의 사회학적 유형을 박력 있게 요약하고 나서, 요아킴의 '성령의 제3시대'와 '속기독교 시대'를 일치시킨다. 그에 의하면 복음이 약속하는 속량에는 본래부터 '역사 안에 이루어질 이 새 질서를 향하는 엘랑(élan)'이 그 구성 요소로서 있는데, 이러한 사회역사적인 측면이 전통적인 교권적 제도교회에서는 거세되었다는 것이다. 그러기에 이 사회역사적 충동이 다시 머리를 추켜들 때에는 그것은 번번이 교권적 교회와는 적대 관계를 갖게 되고, 반(反) 종교적, 세속적이라는 낙인이 찍혀지는데, 이 때 세속적이라는 말은 다름 아닌, 복음이 상실한 측면인 사회역사적 측면을 가리키는 것이라고 말한다. 그런데 속량의 사회역사적인 운동이 처음에는 복음의 맥락에서 일어났다가 교권에 의해서 반교회적인 것으로 넘겨지고 그리고 다시 자유주의 크리스천들에 의해서 가끔 재(再)그리스도교화 한다는 것이다.

류터가 말하는 속량의 삼대 유형, 특히 그것들이 지닌 사회역사적 충격은 대략 다음과 같다.

1. 묵시문학적 위기(이것은 소종파적이며 혁명적이다). 이것은 기독교가 탄생한 모태와도 같은 사관동기(史觀動機)며, 본래 구약의 예언자들의 미래 전망에서 시작된 것인데, 이스라엘이 국민적인 포로 생활, 고난과 압박의 경험 때문으로 해서, 그 미래 전망이 점진적인 방식으로 이루어지는 것이 아니라, 하나님의 초월적인 우주적인 간섭으로 파국적으로 이루어진다고 믿게 되었다. 그런데 이러한 묵시문학적 종말 신앙에서 기다리는 '영원한 나라', '하나님의 나라'가 너무 초월적인 것으로 바뀌어질 때에는 다시 그 역사적인 박력을 되살리기 위해서 역사 안에, 그 종국에 이루어질 메시아 왕국 천년왕국으로 강조되어서, 결국은 궁극적인 '하나님의 나라'와 준 궁극적인 '메시아의 나라'라고 하는 이중적인 종말의 구소를 갖게 된다. 묵시문학적인 속량 신앙은 기본적으로 사회적이요 외부지향적이다. 인간이 내면적으로 어떤 인격적 본질의 구원을 찾는 것이 아니라, 외향적으로 역사와 사회가 불의, 억압, 잔인하고 부조리한 파멸에 선 것을 본다. 싸워서 뒤집어엎어야 할 것은 바로 역사의 영역이다. 현재의 체제 내에서 되어진다는 진보나 변화에 대해서는 절망한다. 현재의 체제가 송두리째 무너지고 새로운 질서가 현 체제와는 정반대되는 삶의 원리를 기반으로 세워지는 때에만 구원이 있다. 묵시문학사상은 억압받는 민중의 종교이고, 자신들의 억압당함을 알면서도 현재의 상태 아래에서는 그 상황을 역전시킬 힘이 없는 민중의 사회적 종교다. 현재의 체제와 타협할 줄 모르는 대결 의식, 이 라디칼리즘 때문에, 묵시문학 사상은 모든 혁명 운동

을 직접 간접으로 밑받침해 준다.

2. '내향적(內向的) 세계에로의 여행'(이것은 심령주의적이며 유토피아적이다). 이 견해는 세계 곧 물질적인 힘인 사회적 정치적 구조 자체를 악으로 보기 때문에 역사적인 전복이나 체제의 재건이 구원의 길이 될 수 없다고 생각한다. 그것은 체제를 넘어서고 시간을 초월한 '순수 영역'에로의 내향적인 여행에 구원이 있다고 본다. 여기에서 구원은 역사적인 드라마가 아니라 형이상학적 드라마라고 생각한다. '내향적 여행'의 속량(贖良) 유형이 갖고 있는 사회성을 말하자면, 그것은 첫째, 반사회적 반역사적이다. 세속 생활의 중심인 도시로부터 떠나서 더럽혀지지 아니한 자연에로 퇴거한다. 거기에는 낭만주의적인 전제가 있는데, 그것은 곧 문명과 도시는 악한 것이고 자연과 농촌은 선한 것이며, 또 나아가서 자연은 인간의 기원적인 본성을 의미한다. 그래서 잃어버린 인간 본성을 자연에서 되찾는다는 것이다. 둘째로, 소유하는 것은 삶을 비본래적인 상태로 타락시키는 것으로 생각하고 빈핍을 신성시한다. 따라서 빈자의 생활을 개선하려고 빈자에게 가까이 가는 것이 아니라, 그 빈자와 자기를 동일화하려고 그들에게 간다. '내향적 여행'으로 구원을 성취하려던 중세의 수도승들 중에는 혹은 황야를 개척하며 혹은 대양에 있는 외딴 섬에 유토피아를 만드는 상상을 하기도 했지만, 유토피아 사상 자체가 전체 사회의 속량을 단념하고 이 썩어가는 세계로부터 퇴거하여 엘리트들의 공동체를 만들자는 심산인 것이다.

여기에 한마디 묵시문학적 위기형과 '내향적 여행'형을 대조하

자. 그것은 바로 천년왕국적 메시아 신앙과 유토피아 사상의 대조에 해당한다. 프랑스의 사회학자 세르비어(Jean Servier)의 『유토피아의 역사』(1966)에 보면, 서양의 사회사상사는 이 두 가지 이상이 교대로 주도해 왔다는 것이다. 천년왕국은 프롤레타리아의 혁명사상을 이끌었고, 유토피아는 부르주아의 진보사상을 이끌었다고 한다. 전자는 부패한 사회 전체의 개혁을 꿈꾸는 사상이고, 후자는 부패한 현사회로부터의 엘리트의 탈출을 가리킨다. 정신병리학적으로 이해한다면, 전자는 새로운 미래에 전진하는 모험이며 부성적(父性的)이고, 후자는 원점에 복귀함으로써 재생을 시도하는 모성적인 형태다. 이러한 연구에 의해서도 혁명사상과 천년왕국 사상의 밀접한 관계가 알려지고, 또 오늘에 와서는 그 상징이 망각된 천년왕국 신앙의 복권이 주장되는 셈이다.

3. '대(大) 매스터 플랜'(이것은 정통적인 구속사관이다). 이 사관은 속량을 충돌과 전복의 혁명으로 생각하지 아니하고, 장구한 진화과정을 통한 역사적 드라마라고 생각한다. 세계는 처음에 원초적인 선(善)의 상태로부터 타락했는데, 거기에서부터 역사가 시작되어서 점진적으로 회복 과정 혹은 속량 과정을 거쳐서 종당에는 정해진 목표인 하나님의 나라에 도달하도록 되어 있다는 것이다. 이 종국적인 영광을 위해서 승리의 행진을 하고 있는 것이 구속사(救贖史)다. 묵시문학 사상은 무력(無力)과 절망의 종교이지만, 진화적인 역사관은 소유와 자신감의 종교다. 구원에 관한 원래의 묵시문학적 유형이, 크리스천 제1세대가 지나가 버린 다음, 점차로 교회 신앙의 중심으로부터 그 좌익 이단 쪽으로 사라지고, 그때까지 새

질서를 도입한다는 혁명의 교두보로 자처하던 교회가 역사적 과정에 합류하여 교회 자체를 구속사의 최종 완성 단계의 담당자로 자임하게 되었다. 혁명적인 위기의 무드는 사라지고, 현재의 소유를 지키며 승리의 전진만을 바라보는 사관이 되었다. 이 역사관은 사실상 교회를 절대시하게 되고, 기다리던 천년왕국 신앙이 현재의 '교회의 시대' 사관으로 바뀌어진 것이다. 따라서 역사의 미래에 교회 시대 다음에 올 또 다른 새 시대는 없는 것이고, 있는 것은 다만 무시간적이며 초월적인 '영원한 나라'만이 있다. 천년왕국을 기다리던 종말신앙이 쇠퇴하고 소멸됨에 따라서, 곧 파루시아의 지연에 따라서 재조절된 사관은 이미 누가와 저작들(누가복음, 사도행전)에서 나타난 시초적인 카톨릭시즘에서 시작해서 제4세기의 어거스틴의 '신국론(神國論)'에서 완성해 가지고서 그 후 공식적인 기독교 사관으로 군림해 온 것이다.

그런데 천년왕국의 메시아시대는 다름 아니라 바로 지금의 '교회 시대'라고 하는 어거스틴류의 역사관은 진작부터 묵시문학적이며 오순절적인 좌익의 도전을 받았는데, 그것은 몬타니스트들, 그리고 어거스틴 시대에는 도나티스트들은 앞으로 올 '성령의 제3시대'를 말하면서, 그로써 그리스도를 통한 계시의 종국성에 적어도 제도적인 교회가 독점하고 있다는 계시의 종국성에 도전했다. '제3시대'의 교리의 발전은 특별하게 제12세기 말의 요아킴에 의해서 대성되었고, 그를 통해서 중세말의 종교개혁 시대의 좌익, 급진주의자들에게 계승되었다. 그들에 의하면 공적인 교회는 메시아 시대의 담당자가 아니라, 묵시록에 언급된 '짐승', 곧 적그리스도를 대표한 것이었다. 성자를 통한 계시는 준비적인 것이고 과거에 속한 것이고, 다시 성령을 통한 직접적 계시가 장차 올 것으로 되어 있었다. 그리고 그 때 가서는 세계속량이 이루어질 것인데, 자기네들 곧 제도적 교회 밖에 있는 '비국교도(非國教徒)'의 공동체에서 시작된다고 생각했다. 이렇게 본다면 어거스틴적인 '교회시대' 사관에서 거세된 혁명적 기대는 다시 이 '제3시대' 사관에서 회복된 것을 알 수 있다.

류터는 위와 같은 연구를 딛고 실질적으로 다음과 같이 '성령의 제3시대'와 '속기독교시대'를 합치시키고 있다. 복음은 본래 혁명적인 잠세력을 가지고 있는 것이지만, 교회가 세계사의 최종 단계라고 보는 기독교 문명(Christendom), 그래서 기독교는 오히려 '억압의 이데올로기', '정치 종교'로 화해 버린 상태에서는 그 잠세력을 작동시킬 수가 없었고, 도리어 그 문명이 무너져서 비로소 그 해방의 힘을 작동할 수 있다. 다시 말해서, '기독교 [시대] 이후'에서 역사에 대한 기독교 사회의 독점이 의문시되고, 그 체제가 상대화될 때에 비로소 복음은 그 질식 상태로부터 방면될 수 있다. 전통적인 기독교는 복음이 갖는 이 혁명적인 메시지를 '교회시대' 속에 흡수 중화시켜 버리고, 복음의 약속은 역사의 미래와는 상관없는 타계적인 천당에 투사하고 있었기 때문에 기독교적 체제가 폐기되는 것을 기다려서 비로소 방면될 수 있다는 말이다. 이러한 사정 때문에 사회적 속량을 지향하는 혁명운동은 매양 교권적인 기독교 측에서 볼 때에는 반기독교적인 것으로 보이는데, 사실인즉 그것은 본래 복음의 본질적인 내용이면서 역사적 기독교가 상실한 것에 불과하다. 그리고 또 같은 말이지만 '속기독교시대'에 있어서는 역사적인 미래에 대한 충동은, 어쩔 수 없이 세속적인 언어로 표명되기 마련인 것이다. 이러한 이해에서, 류터는 '속기독교시대'를 '교회시대' 이후의 '성령의 제3시대'에 합치시킬 수 있는 것이다. 전통적인 기독교가 상실한 것을 혁명적인 기독교가 재(再)기독화한 것이다. 말하자면 '장인의 버린 돌이(새 집을 짓는 데) 그 집 모퉁이의 머릿돌이 되는' 셈이다.

끝으로

요아킴은 성부시대·성자시대·성령시대로 역사를 구분했다. 틸리히 등은 가톨릭 교회·프로테스탄트 교회·'민중의 교회' 식으로 시대구분했다. 류터 등은 유대교(구약시대)·기독교(신약시대)·속기독교시대 식으로 시대구분했다. 비코(Vico) 등은 제신(諸神)의 시대(司祭)·영웅들의 시대(王)·인간의 시대(民衆)로 시대구분했다. K. E. 볼딩 등은 문명 이전·문명·문명 이후 식으로 시대구분했다. 이것들은 다 이러한 삼시대(三時代) 구분으로 역사의식과 지금의 위기의식을 포착했다. 전통적인 기독교의 삼 시대 구분이 지금에 와서는 상실한 위기의식을 이들은 삼 시대 구분으로 회복하려고 한 것이다.

성령은 하나님이 사람 안에 임재하시는 그의 새로운 존재양식이며, 성령은 말세의 현상이며, 그때에는 모든 사람이 직접적인 계시를 받으며, 거기는 '자유의 왕국'이며, 모든 사람이 인간의 위신을 갖는 민중의 시대다. 그것은 메시아의 천년왕국이어서 바로 이 역사의 한 토막이며 이 세계의 갱신이다.

4

두 이야기의 합류*

1. 서론

현재 한국에서 전개되는 '하느님의 선교', 그 요체인 민권운동을 해석하는 데는 어떤 전거가 필요하다. 그러한 전거는 보다 많은 한국 기독교인들이 승인하는 것이어야 할 것이다. 나는 그러한 전거들 중에서 출애굽사건과 십자가형사건, 그 전통을 이어받은 교회사, 그리고 한국사에 있어서의 민중운동의 전통, 이 세 가지가 가장 뚜렷한 것들이라고 생각한다. 내가 여기에서 전거라고 일컫는 말은 전통적인 신학적 규범인 계시에 대립되는 말이다. 계시는 종

* 이 글은 원래 "민중의 신학"이란 제목으로 발표된 후 그 내용이 보완되어 1979년 3월 『신학사상』에 발표되었다. 논문 제목이 말해 주듯이 죽재는 자기 민중신학의 핵심 개념인 "두 이야기의 합류"를 여기서 다각도로 조명하고 있다. 그 합류는 또한 죽재가 자기 신학의 화두로 삼아왔던 '역사적 실재'와 '하나님의 영의 현존'의 합류라는 기독교 신학의 근본 구상을 한국적 상황에서 발전시킨 것이라 할 수 있다.

교적 사고의 범주인 데 반해서 전거는 역사적 범주다. 역사 신학적인 전거들 중에 가장 지배적인 잠재력을 가진 전거들은 패러다임(paradigm) 또는 원조형(元祖型 archetypes)이라고도 말할 수 있는 것들인데, 우리가 여기에 해석해야 할 대상—이 경우에는 현재의 한국교회의 사회선교—은 그러한 패러다임 혹은 원조형의 구현·육화라고 생각해도 좋을 것이다.

나는 이러한 전거들을 해석하는 데 있어서 지금은 우선 사회경제사적 내지 문학사회학적 방법을 적용하자고 제안한다. 현대신학은 이미 전거들에 대해서 이러한 학문적 방법을 적용함으로써 가위 새로운 신학의 시대를 출발시킨 것으로 내게는 보여진다. 역사적 기독교와 공산주의의 대립을 넘어서는 교회사의 새 시대경륜(dispensation)에 들어서게 하는 것 같다. 나로서는 사회경제사나 문학사회학의 방법을 체계적으로 도입할 학문적 능력은 아직 없지만 그 결실에 대한 기대는 확신한다. 사회경제사적 혹은 정치경제사적 방법을 적용함으로써 비로소 지배세력에 대한 민중의 제약조건들이 분명해지는데, 여기에서 민중의 역사가 밝혀진다면, 문학사회학적 방법을 적용함으로써는 민중의 '사회적 전기(傳記)' 민중의 집단적 영혼, 민중의 의식과 그들의 갈망들을 우리는 들여다볼 수 있다. 나는 이러한 사회적 해석학의 새로운 틀들은 일찍이 본회퍼가 '성서의 세상적인 해석'을 제안하고 시도한 것의 연장선에 있는 것으로 생각한다.

신학의 또 하나의 방법, 곧 해석학의 틀이라는 것은 신학자의 지평 내지 시각을 의미한다. 어거스틴의 신학이 플라톤의 이데아 철학을, 아퀴나스의 신학이 아리스토텔레스의 형이상학을, 19세기 개신교의 자유주의적 신학이 칸트의 이성비판의 철학을, 최근의 실존주의 신학이 실존주의 철학을 그 틀로 삼고 있듯이, 오늘의 새로운 지배적 상황은 사회경제사, 문학사회학 등이 제시하는 시각과 지평이라고 생각된다. '자기 역사와 운명의 주체가 될 민중'의 정체는 이러한 시각에서 보다 잘 포착될 수 있기 때문이다.

지난날의 교의학적 신학(혹은 전통신학)이 전통적인 교리를 주어진 상황과 상관없이 복송(復誦)한 데 비해, 최근의 실존주의적 신학은 인간의 인격적 실존 속에 케리그마를 해소시켜버렸다고 비판한 틸리히는 케리그마와 상황을 물음과 대답으로 일방통행적으로 상관시키는 신학을 제시했다. 이제 정치신학(혁명 · 해방 · 민중의 주체들의 총괄적 명칭으로 사용함)이 그 해석의 틀을 사회경제사 내지 문학사회학이라고 했을 때에는 인간의 인격적 실존이 그 틀이 아니라 인간의 사회적 조건이 그 틀이라고 하겠다. 이러한 새로운 시각에서 볼 때 인간의 본성과 그 운명을 결정하는 사회적 조건들이 돋보이게 된다. 교의적 신학과 실존론적 신학이 간과한 사회적 조건들을 정치신학은 그 신학의 틀 내지 지평으로 삼는 것이다. 기초가 상부구조를 조건 짓느냐 그 역이냐, 존재가 의식을 조건 짓느냐 그 역이냐, 환경적인 조건이냐 그 역(유전적 소질)이냐는 문제에 대해서 인습적인 편견일수록 후항(後項)들을 대답으로 택하는 관념론에 빠진 것이 상례다. 사회과학적인 새 발견들은 보다 전항(前項)들에게 편든다고 보겠다. 실제는 전항과 후항의 교호작용이겠지만, 인습적 편견을 타파하려면 사회적 조건이 인간성을 조건

짓는다고 하여 변증법적인 역점을 두는 것이 정치신학의 자세라고 하겠다. 그리고 이 경우에 조건지어지는 인간성이라는 것은 개인이 아니라 사회적 제 집단이다. 곧 종족, 신분, 계급, 계층, 성별, 연령적 세대, 역사적 시대, 지배-피지배의 관계, 소속문제 곧 정체의식 문제 등이 사회를 구성하고 역사를 추진시켜가는 요인들이다. 비유를 들어서 말하자면 인체(organism)를 구성하는 무수한 세포를 문제 삼느냐, 여러 기관(organs) 곧 심장, 호흡기관, 소화기관, 간장 등을 문제 삼느냐의 문제에서 전통적인 신학은 세포로서의 개개 인간을 문제 삼는 데 대해서 민중신학 내지 해방신학은 여러 기관을 문제 삼는 것이라고 하겠다.

2. 성서적 전거

1) 『구약성서』에 기록된 히브리인들의 출애굽사건은 민중신학의 한 패러다임적인 전거다. 이 역사적 사건은 『신약성서』의 예수의 십자가형 사건과 함께 하나님의 민중구원의 핵심적인 사건이다. 성서의 모든 증거들은 이 두 개의 핵심적인 역사적 사건에 의해서 사실상 조명되고 이해되고 있다. 하나님의 자기계시(인간구원)는 성서적인 증거에 의하면 종교적 신비체험이라기보다도 역사적 사건이다. 역사적 사건은 말하자면 하나님의 언어다. 한국교회는 특별히 기미년 3 · 1운동, 8 · 15해방 등의 역사적 경험에 의해서 『구약성서』의 출애굽사건을 그 전기로 하여 하나님의 민족구원을 이해하고 있다. 그럼에도 불구하고 역사적인 교회가 출애굽사건을 종교

적 차원에서만 해석하고 있다면(그렇게 된 연유도 역시 정치경제사적 제약 때문인데) 그것은 현실을 변혁시키는 혁명적인 힘이 되지 못하고 도리어 현상유지를 위한 지배자의 이데올로기 구실밖에 못한다. 출애굽사건은 실은 사회경제사의 차원에서 발생한 정치적 사건이었다. 출애굽사건은 BC 13세기 이집트의 람세스 3세 때 그 나라의 방대한 토목공사와 농사에 노예와 농노로 노동을 담당했던 히브리 사람들이 모세의 지도 아래 그 억압적인 지배체제에 폭력으로 대항하고 반란 탈출한 노예해방의 사회경제사적 사건이다. 이러한 정치적 사건이 그 이야기의 핵이다. 적어도 기독교회는 2천년간 이 이야기의 역사적 핵을 상실 혹은 거세해버리고 종교적인 상징으로만 회상하고 있는 형편이다. 하나님의 역사개입의 한 지배적인 전거, 패러다임적 · 원조형적(元祖型的) 전거가 사회경제사의 차원에서 발생한 정치적 사건이었다면 현재에도 하나님의 역사 개입은 다름 아닌 사회경제사의 차원에서 발생해야 할 것이다.

2) 『구약』의 출애굽사건, 『신약』의 십자가사건은 같은 민중신학의 원조형적 전거이면서도 양자 간에는 여러 가지 의미 있는 대조점들이 있다. 민중과의 관계에 있어서 모세는 영웅적인 해방자이지만 예수는 저항적인 동행자였다(예언자들은 민중의 대변자들이었다). 한 경우는 혁명이 성공했고 또 한 경우는 혁명이 실패한 것으로 보일지라도 그것이 혁명이라면 그 혁명의 격식이 다르다. 출애굽의 경우는 일회적 혁명인 데 반해서 십자가사건의 경우는 영구적 혁명을 겨냥한 듯하다. 일회적 혁명의 경우에는 민중이 구원의 대상이 되고(타력적 구원), 영구적 혁명의 경우에는 민중은 구원의

주체가 된다(자력적 구원). 모세는 민중의 소리(갈망)에 응답한 자였지만, 예수는 그 자신이 민중의 소리(갈망)이기도 했다. 그런 의미에서 예수는 민중적이었고(민중을 위한 자가 아니라) 바로 민중의 인격화, 민중의 상징이다.

민중이라는 말은 성서적인 전통에 있는 백성(laos, 『구약』의 경우와 「누가복음서」)과는 판이하게 다르고, 오히려 '가난한 자'(「출애굽기」 20:22~23:39, 예언자들의 경우, 그리고 『구약성서』의 anawim, 「스바냐」 2:3, 3:12 등, 「야고보서」)에 가까운 말이다. (common) people, volk 그리고 crowd와도 다르다. 그렇기에 민중의 서양말 번역은 people이나 crowd나 volk가 되기 어렵고, 'minjung'으로 번역해야 할 특수한 정치신학적 개념이다. 다시 말하면, 마가는 민중이라는 개념내용이 필요했는데 다른 말이 없어서 '오클로스'라고 하는 단어를 빌어썼다고 말해야 할 것이다. 예수는 세리와 죄인의 친구였다. 다시 말하자면 그는 민중의 친구였다. 민중의 지도자, 교육자, 해방자라기보다도 그들의 친구였다. 이 경우에는 민중신학의 관심사의 요건은 '세리와 죄인', 곧 민중이다. 예수는 병자들을 치유한 다음 "네 믿음이 너를 치유했다"고 말했다.

그가 민중을 상대로 교육한 주요 수단인 많은 비유적 이야기들에서 그는 민중과 민중의 생활을 소재로 하면서 듣는 사람들(민중)의 주체적인 결단과 책임을 물었다. 예수는 민중의 동행자이며 나가서 민중의 친구였을 뿐만 아니라 민중의 인격적 주체를 상대로 했다. 그가 율법학자와 같지 아니하고 권위 있는 사람으로 인상지어졌다는 사실은 이러한 것과 관련된다. 율법학자들의 권위는 그들의 말이 율법에 의거한 것이라고 주장되었기 때문이고, 예언자들의 권위는 그들의 말이 하느님의 말씀이라고 주장되었기 때문인데, 예수는 율법과 하느님을 자기 발언의 권위의 근거로 끌어내지 않고 자기 자신의 말로 했다. 이런 의미에서 그 자신이 신이었고 또 참사람이었다. 예수가 자기의 말을 신의 말씀의 권위로 무장시키는 것을 포기한 것은 신의 말이 이미 지배자의 언어가 되어서 민중을 억압하는 이데올로기로 화했거나 그럴 위험성이 컸기 때문이리라. 이러한 예수의 태도가 지금 억눌리고 소외된 민중이 내일의 자기 운명의 주인공으로 등장한다는 민중신학의 전거가 되는 것이다.

저항적 동행자의 생은 십자가형에로 몰려갈 수밖에 없었다. 이미 그가 세리와 죄인의 친구라고 불려진 대로 민중의 편에 섰다는 사실만으로도 지배체제에 대한 저항적 행동으로 보여지고 작용한다는 것은 물론이다. 거기다가 민중을 실제로 억압하는 지배체제 이데올로기의 기능을 하고 있는 유대교의 율법, 그 대표격인 안식일 율법부터 그는 비판했다. "안식일이 사람을 위해서 있는 것이지 사람이 안식일을 위해서 있는 것이 아니다." 나아가서 예수가 민중을 수탈하는 지배기구의 중추기관인 예루살렘 성전체제에 대해서 결연히 정면으로 도전한 것이 직접적인 기소이유가 되어서 정치범으로 십자가형에 처해졌다. 예수에 대한 모든 역사적 사실 기록의 한계가 모호하다고 하더라도 그의 십자가형과 또 그것이 정치범의 처형이라는 것은 분명하다. 십자가형은 그의 생애의 끝에 있었던 우발적 사건이 아니라, 저항적 동행자의 생의 정점으로서 피할 수 없는 귀결이었다. 십자가형은 민중이 자기 운명의 주인이 되는 투쟁과정에서 피할 수 없는 그 정점이다. 민중의 구원은 우선 정치의 영역(좁게는 사회정치사의 영역)에서 진행된다. 이후의 교회는 이 민중구원의 사건이 발생한 정치의 영역으로부터 철거한 것같이 보인다. 그래서 예수의 '십자가형'(crucifixion)은 종교적 상징인 '십자가'(cross)로 승화되고, 정치적인 함의가 있는 메시아 영상은 종교적인 함의로 변질된 그리스도 영상으로 승화되었는데, 이렇게 승화됨으로써 그 구속사건은 역사적인 핵을 상실하고 말았다. 따라서 승화된 십자가는 이미 역사를 변혁하는 힘을 갖지 못하게 되었다. 민중신학의 전거는 역사적 사실로서 정치의 영역에서 발생한 예수의 '십자가형'이다. 그리고 이러한 역사적 핵을 다시 찾는 방법은 사회경제사적 해석이라고 나는 생각한다. 예수는 사흘 만에 부활하여 갈릴리에서 만날 약속을 했다. 이것이 예수의 부활에 관한 처음 증거다. 「마가복음서」에 있어서 갈릴리는 단적으로 민중의 고향이요, 예루살렘은 지배자의 권좌다. 부활의 예수는 계속해서 사회경제사의 차원에서 억눌리고 소외된 민중 가운데 그들의 메시아로 현존한다는 신앙이다.

3. 교회사적 전거

1) 예수의 메시지에 관해서는 "하나님의 나라가 가까웠다"라는 말로 복음서 기자들은 요약하였다. 이 말은 바로 『구약』의 예언자들이 선포한 '야웨의 날'의 심화이겠지만 그것은 사회의 정치혁명 이상의 것임이 틀림없다. 그런데 콘스탄틴의 기독교에서, 아니 그

이전에 이미 '하느님의 나라'는 비정치화 되어버렸기에 본래의 민중—눌린 자의 갈망은 역사의 피안에 있는 신국보다도 역사의 장래에 있을 역사변혁적인 천년왕국이라는 상징을 불가피하게 갖게 되었다. 천년왕국과 신국의 두 상징에 관해서 필자는 이전의 다른 논문들에서 논의한 바 있지만 그 요지를 여기에 옮기면 다음과 같다. 신국은 피안적이고 궁극적인 것에 대한 상징인 데 비해서 천년왕국은 역사 · 차안적이며 준궁극적인 것에 대한 상징이다. 그렇기에 신국은 믿는 사람이 지금 죽어도 들어가는 데로 이해되고 있지만, 천년왕국은 이 역사와 사회가 새로워지는 데로 이해되는 것이다. 따라서 신국은 개인 인격의 구원을 보장하지만, 천년왕국은 사회적 · 집단적 인간의 구원에 대한 보장이다. 신국은 타력적인 구원을 전제하지만, 천년왕국은 보다 자력적인 구원에 기울어진다.

따라서 신국은 지배자들의 지배 이데올로기로 이용되지만 천년왕국은 민중의 갈망에 대한 상징이다. 사실상 1세기의 교회에서는 천년왕국의 신앙이 그 중심에 있는 정통교리였다. 그런데 역사적 기독교, 콘스탄틴의 교회는 줄곧 이 천년왕국 신앙과 거기에 준한 미래에 대한 갈망, 그 여러 가지 변주곡들을 이단으로 물리쳐버렸다. 민중의 갈망을 눌러버린 것이다. 또한 어거스틴은 마침내 교회의 시대를 천년왕국과 일치시킴으로써 역사의 새로운 시대경륜은 더 이상 없는 것으로 하고 교회를 절대시하는 신학을 수립했던 것이다. 천년왕국 신앙이 제거되고 망각되었기 때문에 서양의 사회사상사에서는 필요한 때에 그리스 유래의 유토피아 상징을 채택했다. 그러나 유토피아라는 주제는 거의 예외 없이 부조리한 현실사회를 떠나 대개는 외딴섬에 가서 선택받은 엘리트들이 건설하는 이상향이다. 그것은 말하자면 부르주아의 꿈이다. 여기에 비해서 천년왕국은 이 역사 안에서 사회전체가 새로워지는 민중의 갈망이다. 그렇기에 나는 평소에 신국과 유토피아에 대해서 천년왕국의 상징의 복권을 주장해왔다. 사회정의를 보장하는 천년왕국 상징이 복권되어서 개인 영혼을 보장해주는 신국 상징과 타원형의 두 중심점같이 병존해야 할 것이다. 신국만이면 타계적인 신앙이 될 우려가 있고 천년왕국만이면 광신적인 신앙이 될 우려가 있기 때문이다.

천년왕국 상징에 관해서 몇 마디 부언하면, 이 묵시문학적인 상징인 천년왕국 상징을 나는 전체 교회사를 해석하는 해석학적인 패러다임으로 사용했다. 나는 이 상징을 앞에서 언급한 해방 전승 궤도의 일환이라고 생각한다. 그리고 그 의의의 두 가지만 간략하게 언급하면, 그리스도 신앙의 중심에는 '부활' 신앙이 있는 바, 우리는 주의 재림 때 부활해서 주의 나라 곧 천년왕국에 들어간다. 부활과 천년왕국은 한 신앙의 양면이다. 그런데 역사적 기독교에서 이 일치가 분리되어서 부활신앙이 비정치화 되어버린 것이다. 부활신앙은, 『신약성서』의 본래적인 의미로는 정치신학적 개념인 것이다. 천년왕국 신앙과 부활신앙의 재결합이 요청된다. 필자는 이 점에 관해 졸고 「우리의 부활과 4월 혁명」(『씨올의 소리』, 1979, 4월호, 이 책에 재수록)에서 논구하였다.

2) 콘스탄틴의 교회로부터 제거당한 천년왕국 신앙은 12세기의

요아킴 플로리스에 의해서 '성령의 제 3시대'의 변주곡으로 다시 나타났다. 그는 성부 · 성자 · 성령의 삼위일체성을 전통적인 방식대로 통시적인 세 양태로 이해하지 않고, 성부시대 · 성자시대 · 성령시대의 역사발전의 계승관계로 보았다. 그는 뚜렷한 '역사의 신학'을 전개했다. 성부시대에는 사람이 율법 아래에 있는 '종'의 신분이었던 것이, 성자시대에는 복음 아래에 있는 '아들'의 신분이며, 성령시대에는 영의 자유를 갖는 '친구'가 된다는 것이다. 그렇기에 성령의 제 3시대에는 제도적 교회와 문자적 성서를 능가하게 되며 모든 사람이 이 세계의 역사의 현실에서 영과 육이 예지와 기쁨에 넘치게 된다는 것이다. 거기서는 두려움도 계급도 부의 독점도 강자의 지배도 없는 빈자와 민중의 신비한 민주적 공동체가 이루어진다는 것이다. "제단이 장식될 때마다 빈자는 더욱더 굶주림의 고통을 겪어야 한다"는 그의 말은 지배자와 눌린 민중 사이에 얽힌 부조리에 대해서 깊이 통찰하고 있었다는 것을 나타내고 있다. 어거스틴에 의하면 불변하는 절대 진리는 교회에 전유 · 보관되었고 교회는 다만 그 절대 진리를 전파하는 것뿐이라고 하는데, 요아킴에 의하면 진리 자체가 역사의 발전에 따라서 새싹에서 줄기로 다시 꽃과 실과로 성장 · 발전한다는 것이다. 전자의 진리관은 지배자 · 기득권자의 이권을 보호하는 울타리 구실을 하기에 알맞고 후자는 눌린 자, 민중의 갈망에 응답할 수 있다. 그렇기에 역사적 교회는 성령과 민중을 외면했다. 요아킴은 『신 · 구약성서』에 대한 명상과 사색으로, 신은 세계사 발전의 내재적 힘이며 신은 자기를 전개시켜서 역사적 과정을 다름 아닌 인간화 과정, 성육신 과정으로 이끌어간다고 믿었다.

3) 16세기 독일에서 뮌쩌의 출현으로 민중의 신학, 혁명의 신학은 뚜렷해진다. 루터는 수도원의 밀실에서 종교개혁 추진의 영감을 받았지만, 뮌쩌는 사회운동에의 참여에서 혁명의 요청을 체득했다. 그래서 루터의 중도적 종교개혁이 결과에 있어서 사회개혁과는 상관없이 사회의 중산층 시민을 위한 교회를 출현시킨 데 대해서, 뮌쩌는 도시빈민과 농민의 이권이 보장되는 사회개혁과 교회개혁을 동시적으로 추진했다(급진적 종교개혁). 신이 정의를 배반한 부조리한 사회체제 속에서 고통받고 있는 민중이라는 실체는 뮌쩌의 신학에서 뚜렷하게 부각된다. 그는 혁명을 위한 '선택받은 사람들'은 이들 중에서 뽑힌다고 믿었다. 그는 "사회의 성원 전체가 검의 힘을 가져야 한다. 그렇게 되면 민중은 자유로워질 것이다. 그리고 신만이 민중의 주가 될 것이다"라고 했다. 검의 힘으로 이루어지는 사회개혁을 그는 추진했다. 그리고 그는 그것이 또 개인영혼의 구원에 불가피한 프로그램이라고 생각했다. 뮌쩌에 의하면 개인의 순화(내적 개혁)와 사회개혁(외적 개혁)의 관계는 시간적 전후관계가 아니다. 사회개혁을 위한 투쟁은 개인의 내면적 순화를 위해서도 불가피한 과정이며, 혁명적 행동을 수반하지 않고서는 개인의 종교적 구원 자체가 실현될 수 없다는 것이다. 개인의 구제는 그 과정에서 본질적으로 죄의 외적 조직으로서의 기성 지배질서의 극복, 곧 사회혁명으로 나갈 수밖에 없는 것이었다. 억압의 체제 아래 있는 사람들의 신 관념은 왜곡되게 마련이고 그렇기에 억압된 상태 아래서는 신을 바로 말할 수 없다는 것이 뮌쩌의 사상이다.

뮌쩌의 급진적 개혁운동은 성공하지 못했다. 그는 농민전쟁에서 실패하고 성주(城主) · 방백(方伯)들의 연합군에 의해서 참수(斬首) 되었다. 그는 실패의 원인을 때가 아직 이르지 아니한 데 있는 것으로 알았다. 다시 말하자면 민중의 자각이 아직 거기에 이르지 못한 데 있다는 말이다. 참다운 혁명은 민중 자신이 깨어나서 자기의 힘으로 이룩해야 할 것이다. 만약 그가 혁명에 성공했더라면 자기가 겨냥한 민중구원을 배반하게 되는 것이다. 민중 스스로의 힘으로 이룩하는 민중구원을 가리킨 점은 민중신학에 대한 그의 최대의 공헌이라고 하겠다. 민중의 해방과 구원을 주도하는 모든 혁명가는 혁명을 추진시키지만 '골인'은 못하도록 운명지어졌다. 예수님의 선교와 죽음에도 이런 차원이 있다. 이것이 시인 김지하의 작품에서 매양 버림받은 밑바닥 인간들이 자기해방의 주인공으로 등장하는 까닭이요, 지옥에 남아 있는 최후의 한 사람까지 구원하고서야 성불하겠다고 결심한 지장보살의 동기라고 할 것이다.

> 뮌쩌의 "사회의 성원 전체가 검의 힘을 가져야 한다. 그렇게 되면 민중은 자유로워질 것이다. 그리고 신만이 민중의 주가 될 것이다"라는 말을 한 마디 해설한다. 사회 성원 전체가 자유롭게 되는 것과 '신의 직접통치'—이것이 곧 '하느님의 나라'의 상태인데—는 한 진리의 양면이다. '하느님의 나라'는 하느님의 직접통치이고, 그것은 곧 사회 모든 성원이 자유롭게 되는 상태다. 구약학자 폰 라트에 의하면, '이스라엘'이라는 말의 뜻은 "하느님이시여 통치하소서." 곧 하느님의 직접통치를 간구하는 말이다. 히브리 사람들은 이집트의 제국주

의, 가나안의 봉건주의를 물리치고 부족 간에 평등한 동맹을 맺고 그 동맹체를 '이스라엘'이라 불렀다. 그렇다면 '이스라엘'과 예수님이 갈릴리에서 선포하신 임박한 '하느님의 나라'는 같은 뜻이다. 이것을 우리의 전통사상에서 찾자면, 나는 인내천 사상이라고 생각한다. 음양오행, 삼강오륜, 귀천 신분의 우주적 · 사회적 질서가 마치 자연법칙같이 지배하는 이조 봉건제 아래에서 인내천의 외침은 모든 사람이 하늘에 직속 · 직결된다는 하느님의 직접통치를 외친 것이다.

4) 오늘의 세속, 희망, 혁명, 해방, 정치, 민중 그리고 성령을 그 주제들로 하는 신학은 탈기독교시대의 신학이다. 기독교시대에는 원래의 성서적 복음이 비정치화 되어서 콘스탄틴의 종교, 지배 이데올로기의 기능을 했다. 그래서 매양 혁명과 미래와 성령을 표방하는 신앙운동들은 이단이라고 낙인찍혀 교회 밖으로 추방되었다. 그 동안 교회는 아주 잘하는 경우라 할지라도 개개인의 내면적 · 정신적 순화에만 전념하면서 이상적인 정의의 사회는 역사의 테두리 밖에 있는 외계적 천당에 투사했다. 이에 대한 반동으로 혁명운동은 사회제도의 변혁만을 의도하면서, 제1차적인 작업이 교회의 멸시와 부정이었다. 마침내 교회는 혁명과 성령운동을 적대시하고 혁명과 성령운동은 교회를 적대시하게 되었다. 그러므로 기독교가 다시 세계와 미래와 혁명에 종사하는 민중의 해방의 복음이 되기까지엔 Christendom이 무너지고 범세계적 지평(oikoumene)에 나서서 탈기독교시대에 들어와서야 비로소 가능하게 된 것이다. 특히 제3세계에서 말이다. 탈기독교시대는 어느 때 시작되었는가? 프랑

스혁명은 획기적 표지임에 틀림없을 것이다. 기독교회의 새로운 시대경륜에 들어와서 혁명과 정치신학이 어느 때부터 다시 교회신학의 지배적인 주제가 되기 시작했는가? 분명히 1965년 바티칸 제 2 공의회와 1966년의 WCC 교회와 사회협의회(제네바)가 기점이다. 탈기독교시대의 민중의 교회, 민중의 신학은 본래가 성서적인 복음이 탈정치화되면서 양분되었던 개인영혼의 순화와 사회구조의 인간화를 '동시적으로 동일체계'로서 다루는 시도다. 그것은 말하자면 '신과 혁명의 통일'이다. 그리고 민중의 교회로서 성취할 신과 혁명의 통일은 초자연적 기적이나 우연히 발생하는 결과도 아니고 영웅이나 엘리트가 이데올로기를 걸고 주도하는 방식으로서도 아니고 민중 자신의 지혜와 신념을 용기로 이룩해나가는 길이다. 그렇기에 그것은 탈출의 과정이요 나그네의 길이다.

4. 한국 민중운동사적 전거

1) 한국사 연구에 있어서 감추어졌던 민중의 역사가 드러난 것은 대체로 사회경제사적 역사연구를 진행시킨 결과로 보인다. 한국의 사회경제사를 연구한다고 해서 필연적으로 한국 민중의 정체가 드러난다는 법칙성을 세울 수는 없는 것이지만 근래의 방법론적인 연구과정에 있어서 대체로 사회경제사적 조명이 민중의 실체를 밝혀준 것은 사실인 것 같다.

그런데 앞에서도 말했지만 민중의 대자적인 실체 파악에는 사회경제사적 연구가 크게 공헌하지만, 민중의 즉자적인 실체라 할까 민중의 주체적 · 집단적인 혼이 부각되는 데는 문학 · 예술사회학적 연구가 공헌할 것이다. 민중이 자기 역사의 주격이며 주인공으로 등장해가는 것을 증언하려는 한국의 민중신학의 한 패러다임적인 전거는 한국사의 전개과정에서 펼쳐지는 민중의 전통이다.

민중이 역사의 객체의 자리에서 점차 그 주체로 해방되어나가는 인간화의 과정이 민중신학의 의미 있는 전거가 되는 것은 물론이다. 민중신학에서는 민중이 자기를 결정하는 외부적 조건을 자기 스스로의 힘으로 극복(제약)해나가며 자기에 대한 사회적 결정 내지 운명을 자기 스스로 결정하는 주체가 되어가는 것을 증언하려는 것이다.

2) 한국통사의 발전과정은, 민중이 자기 운명 결정의 주체로 성장해나가는 방향이라는 기본적인 틀을 찾았는데, 우리는 다음에 민중 자신이 자기를 주체적으로 정의하고 자기 존재를 쟁취해나가는 민중운동사의 계보를 더듬어야 할 것이다.

① 『삼국사기』 고구려 본기(本紀) 제 5에 보면 억압과 수탈에 신음하던 민중이 일어서서 맨주먹으로 성공시킨 혁명이 기록되었다. 봉상왕이 그의 궁전을 증축하느라고 백성을 심하게 괴롭힐 때 국상(國相) 창조리의 주도 아래 평화적인 정권교체를 수행했는데, 이 혁명을 순전히 '민중의 소리'로 성공시킨 감동적인 혁명기록이다. ② 아마 어떤 근거를 가지고 상상을 해본다면 통일신라의 전제왕권의 지배체제에 도전한 태봉(후고구려)의 궁예와 후백제의 견훤의 사회적 기반을 이룬 세력이 '민중적'인 것이 아니었겠나 생각해 볼 수 있다. ③ 다음으로 나는 민중운동사의 계보를 더듬는 데 있

어서 고려조 김부식의 『삼국사기』와 일연의 『삼국유사』의 사관의 비교연구가 대단히 중요하다고 생각한다. ④ 나아가서 지배세력과 민중 그 어느 편이 국가를 지키는 담당자가 되느냐 하는 것은 고려가 원에 복속하던 때 삼별초의 반란에서 잘 나타난다. 삼별초야말로 바로 민중의 의지 그 자체로서 강화도에서 진도로, 다시 제주도로 쫓기면서 강인·집요하게 침략자에게 항거한 것이다. ⑤ 삼별초에 앞선 만적의 난은 12세기 말 고려사회 기층질서의 전반적인 동요의 극으로서 민중이 노비의 신분해방을 포함하여 그들의 사회적 지위를 향상시키려고 한 뚜렷한 민중운동이었다. ⑥ 임진왜란, 병자호란에서도 나라를 지키려는 의지는 지배층의 것이 아니었고 의병 궐기한 민중의 저항에 있었다. ⑦ 정권기반을 특정지역에 편중한 데 대한 반항인 홍경래난과 ⑧ 극도의 삼정(三政) 문란에 항거한 임술민란을 통해서 민중 일반의 정치의식은 점차 싹트기 시작하였다. 한국의 민중운동사에 있어서 동학혁명은 그 최고봉이며 패러다임적인 전거가 된다. ⑨ 동학혁명 후 을사조약을 계기로 전국 각지에서 일어난 의병운동은 또 하나의 중요한 민중운동인데, 특히 그 과정에서 처음 단계의 의병장들이 유생들이었던 것이 다음 단계에 가서 신돌석을 위시한 평민들로 바뀌어갔다는 사실은 민중의식의 성장을 잘 나타내주는 예다. ⑩ '활빈당투쟁'은 20세기 초두에 남한 각지에서 일어난 무장농민의 집단적 활동이다. ⑪ 독립협회운동 및 만민공동회. ⑫ 3·1 운동, 그리고 여기에서부터 뻗어나간 한용운, 신채호의 뚜렷한 민중 주도적 민족주의와 그들의 과감한 혁명 행적. ⑬ 4·19혁명 등은 뚜렷하게 근대적인 정치사상인 민주주의적 이념에 주도된 각성된 민중운동이다. 그리고 이것들에 대한 오늘날의 역사적 평가는 그것들을 근대적 의식의 육화라고 보기보다는 현대적인 민중운동으로 보게 된다.

이러한 민중운동에서 한국의 민중운동사는 새로운 차원으로 넘어가며 오늘의 한국 인권투쟁에 대한 직접적인 역사적 전거와 의식적 범주의 구실을 하고 있다.

3) 위에서 한국통사와 민중운동사의 전개에서 한국 민중의 실체를 외부적으로 조가했다면, 다음은 그 민중의 내면성, 그 혼을 표현해보는 작업에 들어갈 것이다. 이러한 작업의 하나로 한국의 문학과 예술사에 있어서 그 양식의 변형과정을 살펴본다는 것은 아마 가장 중요한 과제일 것이다. 필자와 같은 문외한에게는 가당치 아니한 이 과제를 여기에 다만 주제제기로 언급하기로 한다. 생산수단・재산소유의 형태가 변화해가듯이 예술의 스타일도 변해가면서 인간화・인간해방의 과정을 밟고 있다는 것은 분명하다. 작자나 관중이나 내용(소재, 지향, 표현 등)이나 보급 등 모든 면에 있어서 그 과정은 귀족에서 평민에로, 다시 민중에로의 저변확대 과정임을 알 수 있다. 그 스타일의 변화를 다음과 같이 도식화해본다. 향가 — 경기체가 — 별곡 — 고려가요 — 장가 — 속요 — 시조 — 가사 — 풍요 — 국문소설(고소설) — 판소리 — 탈춤 — (개화가사) — (신시). 이것이 민중화의 일반과정인바, 민중화의 극치를 일단 탈춤・판소리의 예술양식으로 볼 수 있다. 이러한 역사과정을 어떤 부분에서 확대해서 볼 수 있는 연구를 수행한 것들이 있다.

박성의 교수의 연구에 의하면 귀족적인 시조가 앞서고 보다 평민적인 것이라고 말할 수 있는 가사문학이 좀 더 뒤늦게 생겼다는 것, 시조나 가사 모두 현재 남아 있는 것을 분류하면 유명씨(일반적으로 귀족일 것임)의 작품이 전기에는 더 많고, 무명씨(일반적으로 평민일 것임)의 작품이 후기에는 더 많다는 것, 가사에 있어서 유명씨의 것은 3 · 4조가 4 · 4조보다 많은데 비해서 무명씨 및 내방의 작품은 4 · 4조가 3 · 4조보다 더 많다는 통계적 결과, 그렇기에 그 향방은 귀족적인 3 · 4조로부터 평민적인 4 · 4조로 옮아갔다는 것 등이다.

이러한 인간화 과정과 '신의 변형'은 회화의 역사에서도 보다 역력히 나타난다. 18세기에 들어와서 『춘향전』, 『심청전』 등 국문소설의 발달과 함께 회화에도 새로운 경향이 뚜렷하게 나타났는데, 지금까지의 귀족취미 본위인 중국화보를 모방한 공상적인 이상향을 그리는 대신 정선의 진경산수화, 김홍도, 신윤복 등의 풍속도가 출현한다. 평민의식이 싹터서 비로소 한국의 산수, 시정의 일상생활이 화가의 눈에 붙잡힌다는 것은 무엇을 말하는가? 평민의식 · 민중의식이 각성되어야 비로소 자기의 것, 한국적인 것이 보인 데 대한 웅변적인 증거라는 말이다.

지배계급의 의식과 그 대변자(이데올로그)들의 학문이 '우리 고유의 것', '현실적인 것'을 찾는 창문이 될 수 없고 도리어 그것을 가리는 방해 역할만을 한다는 것을 명심해야 할 것이다. 그리고 물론 이런 소설이나 회화에 나타난 무식, 무례, 색정, 음탕한 외설 등은 양반계급에 대한 민중의 항거인 동시에 자기해방의 길이기도 하다. 판소리나 탈춤은 한국인의 민중의식을 극히 특유한 방식으로 표출하고 있다. 이러한 민중예술은 억압된 민중의 한을 예술적으로 승화한 것이라고도 한다. 사실 판소리가 계면조(界面調)로 창(唱)되는 대목을 이르면 한국인은 그 정서적 직감으로 민중의 한을 절실하게 느끼게 된다. 그러나 판소리와 팔춤은 그러한 정서적인 한을 표현할 뿐만 아니라 지배자의 체제, 도덕, 권력, 체면 등을 야유와 풍자로 비판하고 항거하고, 그로써 민중은 자기를 해방시키며 나아가서 새로운 세계의 도래에 대한 갈망을 나타낸다.

판소리와 탈춤은 어눌린 자기해방을 이룩하는 종교의식이라고 말할 수 있다. 그리고 거기에서 민중은 자기의 정체, 말하자면 민중의 집단적 영혼을 갖게 된다. 그런데 문제는 여기에서 끝나지 않고 정치의 차원에서 더욱 심각해진다. 억눌린 민중의 항거에 대한 자기 확립인 판소리와 탈춤은 지배계층 귀족들의 관상의 노리개가 될 뿐만 아니라 그렇게 해서 지배세력의 문화체계 속에 편입 · 흡수되고 나아가서는 그렇게 됨으로써 지배자가 민중을 길들이고 교묘하게 조종하는 도구로 전화한다. 이 방면의 학자들은 이 작업에 동원되고 '탈춤의 미학'으로 정리되어 지배기구의 정신문화 목록에 등록된다. 지배자들은 항상 피지배자들의 자기동일성(영혼)을 해체시켜버리고 도구로 만들어서 그 지배를 강화하는 것이다. 민중의 영웅들은 지배체제에 대한 충신들로 변장되어서 교과서에 오르게 되고 항거는 미학으로 해석되어 귀족들의 교양으로 승화한다. 이렇게 될 때 탈춤과 판소리는 민중의 아편으로까지 전화한다. 이렇게 해서 지배자들은 민중의 육체의 고혈을 짤 뿐만 아니라 민중의 영혼의 고혈도 짜먹는 것이다. 이러한 착취가 가장 극악한 착취인 것이다. 이러한 함정을 하비 콕스는 '영의 유괴'(the seduction of the spirit)라고 말한다. 민중의 저항의 행사이며 해방의 갈망인 민중의 종교(여기에서는 놀이)가 지배자에 의해서 유괴 당했다는 것이다. 유괴하는 자는 상대방의 어떤 자연적 · 본능적 욕구를 교묘하게 유혹하여 유괴하고 착취하는 것이다. 그런데 민중의 지혜는 여기에서 굴복하는 것이 아니다. 민중은 지배자에게 먹힌다. 민중을 먹는 지배자는 배탈이 난다. 말뚝이가 양반에게 먹히지만 양반은 배탈을 일으켜 토해냄으로써, 양반은 거꾸러지고 말뚝이는 부활, 승리한다는 시나리오는 김지하의 희극 「말뚝」 구상의 발상이다. 이것이 또 요즘 한참 많이 읽히는 조세희의 『난장이가 쏘아올린 작은 공』에 나오는 '내 그물로 오는 가시고기'의 암호다. 지배의 그물에 걸려들지만 그 가시고기는 결국 지배자를 찌르는 것이다. 문학과 예술의 역사과정은 민중의 의식화의 과정을 그대로 반영하고 있고 거기에서 민중의 강인하고 집요한 저항의 전통은 커져간다. 이 방향의 민중전통이 강자의 압제 밑에서 살아남을 유일한 방편이기도 하지만 또 강자를 무찌르는 민중의 무기이기도 한 것이다.

4) 필자로서는 불교의 미륵신앙이 기독교의 '천년왕국 신앙'에. 미타신앙이 기독교의 '신국신앙'에 어쩌면 그렇게도 상동(相同)하는가 하는 사실에 놀라지 않을 수 없다. 지배자의 지배 이데올로기로 이용되는 신국-서방정토-극락왕생과 민중의 역사적 갈망의 상징인 천년왕국-용화세계-미륵하생이 그대로 상동하는 까닭은 두 종교 모두 사회경제사적인 제약을 받기 때문임에 틀림이 없다. 그렇기에 역사상 미륵신앙은 늘 눌린 자들의 갈망으로 받아들여지

고, 지배체제로부터 이단시되고 박멸되었었다. 미륵은 석가의 제자 중 한 사람이었으며 석가 생전에 일찍 죽었다. 미륵은 (다른 제자 지장과 함께) 실천적 · 민중적 · 미래적 성격을 띤 부처다. 시골 논두렁에 돌을 도끼로 찍어 만든 미륵이 민중의 혁명의지를 표현한다면 사찰에 안치된 금동여래상은 귀족들의 타력구원신앙을 잘 드러낸다. 불교의 우주, 특히 시간관에 의하면 세계가 시작된 태초의 무명으로부터 이 세계의 종말까지를 현겁(賢劫)이라고 하는데 이 현겁(賢劫) 동안에 일천불(一天佛)이 차례로 출현한다. 첫 번째가 구류손불, 두 번째가 구나함무니불, 세 번째가 카아사파불, 네 번째가 석가모니불, 다섯 번째가 미륵불 이런 차례다. 그러므로 석가불은 현세(사바세계)불이고 미륵불은 미래(용화세계)불이다.

미륵은 당래(當來) 하생불(下生佛)이다. 석가불 곧 미타불(彌陀佛, 아미타불)에 공을 드리면 사후 서방정토 극락세계(三界出過의 淨土)에 왕생하고 미륵불에 발원하면 사바세계(현 역사) 다음에 오는 새 역사인 용화세계의 실현을 본다. 여기에서 미타신앙-서방정토 왕생과 미륵신앙-용화세계 실현이 잘 대조가 된다. 그런데 이런 절연한 구별을 좀 복잡하게 하는 것은 미륵신앙 자체가 또 미륵상생 신앙(도솔천 왕생)과 미륵하생 신앙(용화세계 실현)으로 갈라졌다는 점이다. 미륵상생의 도솔천은 왕생하는 데지만 미륵하생의 용화세계는 현실세계에 실현시키는 것이다. 미륵불이 이 현재의 예토(穢土)에 출현하여 이 오탁한 세상이 정화되어 점차로 살기 좋은 세상이 되고 전륜성왕(轉輪聖王)이 나타나 바른 정치, 이상사회(용화세계)가 출현한다는 신앙내용이다. 기독교 역사상 지금까지 거의 모든 실패한 혁명운동이 천년왕국 신앙과 결부되어 있듯이 한국역사에서도 거의 모두 실패하고 만 혁명운동이 미륵신앙과 결부되었다는 것은 깊은 교훈을 주고 있다. 그와는 반대로 미타정토불교는 노비까지도 극락정토에 갈 수 있다 하여 민심 안정을 얻게 하고 신라의 지배체제를 확립시키는 데 도움을 주었다.

이상에서 필자는 한국의 민중사를 네 가지 흐름에서 살펴보았다. 기독교의 민중사와 한국의 민중사가 한국 기독교인에게서 지금 합류되고 있다. 이러한 합류과정을 민중의 신학은 어떻게 이해하고 실현해야 할 것인가, 오늘의 '신의 선교'에서 이 합류과정은 어떻게 뻗쳐나갈 것인가, 이것이 오늘을 사는 한국 기독교인의 역사적 소명일 것이다.

5. 두 이야기의 합류

한국의 민중신학의 과제는 기독교의 민중전통과 한국의 민중전통이 현재 한국교회의 '신의 선교' 활동에서 합류되고 있는 것을 증언하는 것이다. 현재 눈앞에 전개되는 사실과 사건을 '하느님의 역사개입' 성령의 역사, 출애굽의 사건으로 알고 거기에 동참하고 그것을 신학적으로 해석하는 일이다. 거기에 동참한다는 것은 그 전통을 이어받는다는 것이며 그것을 신학적으로 해석할 때 위에 전제한 전거들이 필요불가결하게 된다. 이것을 필자는 성령론적 · 공시적 해석(pneumatological-synchronic interpretation)이라고 하고, 전통적인 기독론적 · 통시적 해석(christological-diachronic interpretation)과 대조시킨다. 기독론적 해석에서는 이미 주어진 종교적인 범주에 맞기 때문에 적합성이 주어지는 것이라고 주장하고, 성령론적 해석에서는 지금 현실의 경험과 맥락에 맞기 때문에 적합성이 주어지는 것이라고 주장한다. 기독론적 해석에서는 나사렛 예수가 '나를 위해서' '나를 대신해서' 속죄한 것이지만 성령론적 해석에서는 내가 예수를 재연하는 것이고 지금 예수사건이 다시 발생하는 것으로 생각한다. 이 두 입장을 양자택일적으로 생각하기 보다는 상호보충적으로 생각해야 하겠지만, 민중신학은 현재의 성령의 역사가 문제의 핵심이고 물려받은 전통은 해석의 전거의 구실을 한다고 생각한다.

5

민담에 관한 탈신학적 고찰*

1. 쇠똥에 미끄러진 범

옛날 옛적 어느 산골에, 할머니 한 사람이 살고 있었다. 가난한 그 할머니는 집 옆, 한 뙈기 밭에 무를 심어서 그걸 가꾸어 마을에 내다 팔고 살았다. 그런데 밤마다 심술궂은 범 한 마리가 와서 그 무 밭을 짓밟아버리기 때문에 어느 날 할머니는 범에게 말하기를 "범아저씨 오늘 밤에 맛있는 팥죽을 쑤어놓을 테니 와서 먹고, 이제부터는 무 밭일랑 짓밟지 말아주우"했다. 할머니는 집에 돌아와

* 이 글은 안병무박사 회갑기념논문집인 역사와 현존(1982년 7월)에 실린 글이다. 민중신학적 구상이 깊어 가면서 죽재는 '민중의 즉자적 실체'를 드러낼 수 있는 방법을 추구한다. 그는 민중들의 이야기인 민담에 민중들의 집단적인 혼이 담겨 있다고 봤고, 따라서 이 이야기들의 신학적 의미를 드러내는 것이 민중신학의 새 방법론이 될 수 있을 것으로 판단했다. 이 방법론은 기독교 신학의 전통적인 방식과는 달랐기 때문에, '탈신학' 혹은 '반신학'이라고 불렀다. (죽재는 이 글에서 8개의 한국 이야기와 2개의 성경 이야기를 소개하고 있는데, 여기서는 분량상 4개만 다룬다.)

서 장독대에 있는 화로에 꺼진 숯불을 묻어두고, 부엌에는 물동이에 고춧가루를 풀어두고, 선반 위 행주에는 바늘을 꽂아두고, 부엌문 밖에는 쇠똥을 잔뜩 깔아두고, 마당에는 덕석을 펴두고 그 옆에는 지게를 세워두었다. 밤이 되자 범이 들어오면서 "할머니, 방이 춥구먼" 하므로 할머니는 "춥거든 장독간에 가서 화로를 가지고 와서 불을 쬐어라"하였다. 장독대에 간 범이 "할머니 숯불이 꺼졌구먼"하자 할머니는 "그러면 입김으로 숯을 불어보아라"하였다. 범은 숯불을 불다가 눈에 재가 들어갔으므로 "할머니, 눈에 불티가 들어갔어"하니, 할머니는 "그러면 부엌에 들어가서 물동이의 물로 눈을 씻어보렴"하였다. 범은 눈을 씻다가 눈이 따가워 아프다고 소리를 질렀다. "그러면 선반에 있는 행주로 눈을 닦아보아라"하고 할머니가 일러주니, 범은 그대로 하다가 바늘에 눈이 찔려 아파 죽겠노라고 소리를 쳤다. 그제사 범은 속은 줄 알고 할머니를 할퀴려고 부엌문을 박차고 나가다가 그만 쇠똥에 미끄러져 마당에 깔아놓은 덕석 위에 벌떡 나자빠졌다. 바로 이때다 하고 덕석이 재빠르게 범을 둘둘 말아버리니 곁에 있던 지게는 냉큼 범을 짊어지고 바다로 가서 물속에 던져버렸다.

한국 민담에 많이 나오는 호랑이는 착한 역을 담당하는 경우가 흔한데, 이 민담에서는 범이라고 되어 있다. 표범은 가장 사나운 맹수로 인간을 해치는 힘의 권화(權化)다. 그 반면에 산골에 혼자 사는 할머니는 힘없고 가난한 사람의 전형이다. 말하자면 가장 악한 힘과 가장 약한 사람과의 대결이다. 이것이 민중의 '삶의 정화' 이다. 이런 형편에서 힘없는 할머니는 그녀의 소박한 지혜와 주변의 도구를 가지고서 그 큰 힘을 물리쳤다. 악을 극복할 수 있는 힘과 지혜가 문제다. 어떻게 해서 힘없는 자가 폭력을 이기느냐, 어떻게 평화의 도구로 파괴의 힘을 물리칠 수 있느냐, 이것이 민중의 꿈이었다.

한국사의 어느 때도 마찬가지였겠지만 특히 이조 말 19세기에, 백성들은 세도정치의 재정(財政)인 전정(田政), 군정(軍政), 환곡(還穀)의 삼정(三政)에 묶여서 시달릴 대로 시달렸다. 전정은 토지세로서 수확고의 2분의 1정도인데, 그 위에 백지징세(白地徵稅)라고 하여 황폐한 진전(陳田)에서도 세를 징수하였다. 다음에는 군정인데 이것은 군역(軍役) 대신으로 포(布)나 미(米)를 바치는 것인데 그 부과(賦課)에는 황구첨정(黃口忝丁), 백골징포(白骨徵布), 족징(族徵), 인징(隣徵) 등 유아(乳兒)에게도, 사망자에게도, 가난한 친척의 몫까지, 밤중에 도망가버린 이웃의 몫까지도 징수해가면서 백성들을 들볶았다. 그리고 환곡은 본래 춘궁기에 농민을 구하고자 하는 것이었는데, 관(官)은 백성에게 필요 이상으로 권대(勸貸)하며 그것도 반백(半白)이니 분백(分白)이니 하여 반은 실곡(實穀)이 아닌 겨를 섞어서 주고, 추수 때는 모곡(耗穀)을 가산하는 등 터무니없는 고리대(高利貸)였다.

위의 이야기는 이런 학정에 시달리는 백성들의 이야기다. 지금도 농민들은 생산비에 못 미치는 쌀 생산을 하고 있고 비료는 외국 수출가격의 배에 가까운 비싼 값으로 사 써야 하며, 주요 농산물은 외국 농산물 수입 때문에 제값을 받을 수 없어서 결국 대량이농, 농지황폐, 도시빈민 증가의 현상이 나타난다. 위의 이야기는 이러한 현상 아래서 어떻게 해서 범을 쇠똥에 넘어지게 할까 하는 백성들의 이야기다.

민담은 '민중의 언어'다. 그들 자신의 이야기다. 그들의 괴로움과 그들의 희망이 담겨진 그들의 말, 그들 사이에서 서로 주고받는 이야기, 그로써 그들을 하나로 느끼게 하는 공동체의 공간이다.

2. 은진미륵과 쥐

충남 강경평야에 은진미륵이 우뚝 서 있다. 한국의 서 있는 불상 중에서 제일 큰 불상이다. 옛날 사람들은 그 높이와 크기에 압도감을 느꼈을 것이다. 그 미륵불 기반 밑에 많은 쥐들이 살고 있었다. 호남평야가 곡창이라고 하는데 쥐가 많은 것이 짐작이 간다. 그런데 그 미륵불 밑에 살고 있는 어떤 쥐의 집에 새 아기 쥐가 한 마리 태어났다. 그 부모가 잘 기르고 가꾼 덕분에 천하에 제일가는 절세 미모의 아가씨가 되었다. 하도 예뻐서 땅을 파먹는 두더지에게 출가시키기에는 너무나 아깝다고 그 부모는 생각했다. 부모가 같이 앉아 상의한 끝에 자기 딸에게는 천하에서 제일가는 신랑을 골라줘야 한다고 결론지었다.

천하에서 제일 위대한 존재는 물론 하늘의 햇님임이 틀림없다. 그래서 그 부모는 햇님에게 가서 천하절색인 자기의 딸을 배필로 삼아달라고 청혼하였다. 햇님은 그 청혼을 듣고 고마워하면서 말하기를 "내가 세상에서 제일 위력 있는 자가 아니라오. 나보다 위력 있는 존재는 구름이라오. 나는 이렇게 온 누리를 밝고 따뜻하게 비칠 수 있지만 구름이 내 낯을 가리면 나는 전혀 무력하게 된다오. 구름한테 가보시오"라고 했다. 그래서 그 부모는 구름에게 가서 "듣자하니 당신이 제일 위대한 존재라는데, 세상에서 제일 어여쁜 내 딸을 배필로 맞아주시오"라고 했다. 구름 역시 매우 고마워하면서 말하기를 "나는 해를 가릴 수 있고 낮도 밤같이 어둡게 할 수는 있지만 바람이 서쪽에서 남쪽으로, 남쪽에서 서쪽으로 불면 난 꼼짝없이 바람 부는 대로 흘러가게 되오. 그러니 나보다 더 힘센 것은 바람이랍니다"라고 했다. 그 부모는 이번에는 바람에게 가서 찾아온 사연을 말했다. 바람이 말하기를 "맞아요, 내가 한번 용을 쓰면 집도 무너지고 큰 나무도 뿌리째 뽑히고 해일을 일으켜 마을도 삼켜버릴 수 있지만, 그러나 이날 이때까지 아무리 힘차게 바람을 불어보아도 저 강경평야에 우뚝 서 있는 은진미륵은 꼼짝도 안 한다오. 은진미륵은 나보다 훨씬 더 힘이 세다오"라고 말했다.

그 부모는 새삼스럽게 탄복하고 나서 자기네가 살고 있는 곳에 돌아와서 은진미륵에 기어올라가 그 코밑에 가서 은진미륵과 역시 같은 대화를 했다. 미륵불은 반가이 맞아주며 찾아온 사연을 듣고 말하기를 "그렇소. 내가 세상에서 제일 힘이 세다고 알려졌지만 사실은 그렇지 않다오. 나는 이렇게 우뚝 버티고 서 있지만, 내게는 어느 때 넘어지지 않나 하는 염려가 늘 내 마음을 죄고 있다오. 그것은 내 밑에서 살고 있는 쥐들이 내 기반을 파서 한쪽을 기울어지게 한다면 나는 그만 넘어지고 말 테니까요. 그러므로 나보다 더 힘센 존재는 내 밑에 살고 있는 쥐들이라오"라고 말했다. 그 부모는 그때에야 비로소 자기네들이 세상에서 제일 위대한 존재라는 것을 깨닫고—말하자면 자기를 발견하고 의식화된 셈이다—이 동네 저 동네 쥐 가운데서 좋은 총각을 물색해서 그 어여쁜 딸을 출가시켰다는 이야기다.

최근 수년 동안, 아마 지금도 대학의 국사 교재로 제일 많이 쓰이는 책은 이기백의 『한국사신론』(개정판, 1976)일 것이다. 이 책은 현재 한국의 국사학자들의 사관을 대표한다고도 말할 수 있으리라. 1960년까지만해도 국사학의 제일 과제는 식민지사관 극복이었다. 1970년대에 와서는 지금까지의 지배자사관이 아닌 민중사관 정립이 주요 과제인 것으로 보인다. 이 책은 그러한 사관으로 씌어진 대표적인 통사(通史)다. 500페이지가 넘는 그 책의 맨 끝에 다음과 같은 맺음말이 있다. 「지배세력과 민중」이라는 소절이다.

> 한국사의 오랜 기간 동안 민중은 지배세력의 지배대상이 되어왔을 뿐이다. 따라서, 역사의 표면에 그 모습을 나타내지 못하였고, 그 결과 기록을 통하여 그들의 과거를 더듬기도 어려운 형편이다. 그러면서도 이에 대한 이해 없이는 한국사 자체를 이해할 수 없는 존재가 바로 민중이다. 우선 이 문제에 있어서 기억해두어야 할 것은 민중은 어느 시대에 있어서나 사회의 대다수를 차지하는 기층세력이었다는 점이다. 말하자면 민중 없이는 사회 자체의 존립조차도 불가능했던 것이다. 왜냐하면 민중은 직접 생산을 담당하는 자였기 때문이다. 이에 대해 지배세력은 민중에 의지하여 그 존립을 유지할 수 있을 뿐이었다. 그럼에도 불구하고 과거의 민중은 지배세력에 참여하지 못해왔다. 사회의 기층세력이면서도 주인의 구실을 못하였고, 다만 불만의

표시를 나타낼 수 있을 뿐이었다. ……그러나 이러한 과정을 통해서 민중은 한 발짝씩 지배세력으로 등장하는 길을 닦아가고 있었다.

우뚝 서 있어서 천 년 만 년 갈 것 같이 견고하게 보이는 지배기구도 그 밑바닥을 받치고 있으면서 동시에 직접 생산을 담당하는 민중 없이는 존립할 수 없다. 민중의 동요는 그 권력체계의 붕괴를 가져오고야 마는 것이다. 하비 콕스는 『영의 유혹』에서 민중의 종교(민간신앙, 즉 민속종교에 해당함)는 소외되고 눌려 있는 대중(something)이 자기주체(someone)를 실현하려는 몸부림이며 민중이 살아남는 길이며 민중의 '집단적인 영혼'이라고 이해하고 있다. 같은 견해를 민간설화·민담에도 적용할 수 있을 것이다. 김용복은 '민중의 자술적인 사회전기(social biography)'라는 신조어를 민중신학에 도입했다. 민중의 이야기, 민담이라는 말이다. 그는 주장하기를 민중의 실체나, 민중의 수난이나 갈망 등은 '역사철학적인 인식론이나 사회과학적인 방법론'으로 파악하는 데는 한계가 있고 또 민중을 객체화함으로써 추상적이고 고정적인 이해에 그치는 데 대해서 '민중의 사회전기'를 찾아서 듣고 말함으로써 민중을 보다 실질적으로 주체적으로 찾게 된다고 주장한다. 민담이라는 것이 민중의 '집단적인 영혼'의 공간을 갖고 있으며, '민중의 사회전기'적인 성격을 지니고 있다는 발상은 '민중과 민담' 이해에 크나큰 공헌을 한 것으로 필자에게는 생각된다. 위에서 소개한 '은진미륵과 쥐' 이야기는 그러한 의미에서 민중의 '집단적인 영혼'이며, '민중의 자술적인 사회전기'다.

3.『춘향전』

현재『춘향전』은 판소리계 소설로 가장 널리 일반화되었다. 작품 연대는 미상이나 18세기 영정조(英正朝) 때 소설로 정착하였다. 그 발달과정에 관해서 본래의 근원설화(민간설화)로부터 '판소리'로, 판소리에서 다시 판소리계 소설로 이행했다는 것이 지금은 정설화되었다. 그러니까 그것은 본래 민간설화 곧 이야기다.

이야기 줄거리는 다음과 같다. 산 좋고 물 맑은 전라도 남원 땅에 바야흐로 봄빛이 무르익을 즈음에, 이부사(李府使)의 아들 이몽룡은 방자를 데리고 광한루에서 춘흥을 못 이겨 시를 읊고 있었다. 그때 마침 퇴기(退妓)의 딸 춘향은 광한루 시냇가 버드나무 숲속에서 향단을 데리고 그네를 뛰는 것이다. 이도령은 멀리서 춘향의 그네 뛰는 광경을 보고 방자를 시켜 향단을 불러 보고, 춘향의 자태에 반하여 그날 저녁으로 춘향의 집 문을 두드려 백년가약을 맺었다. 그들의 사랑은 나날이 깊어만 갔다. 그러나 이부사는 돌연 서울로 영전하게 되니 이도령과 춘향은 이별하지 않을 수 없었다. 그리하여 이도령은 면경(面鏡)을, 춘향은 옥지환(玉指環)을 서로 교환하여 다시 상봉할 것을 굳게 약속한다.

남원에서 이부사가 서울로 간 후, 주색을 좋아하고 횡포가 심한 변학도가 부사로 부임하게 되었다. 변부사는 춘향의 미모를 듣고 그녀를 불러 강제로 수청을 들라 한다. 그러나 춘향은 가약을 맺은 이도령을 생각하며 죽기로써 수청 들기를 거절하니 마침내 옥에 간히게 되었다. 때는 어느덧 변부사의 생일로 성대한 잔치가 벌어진다. 그 동안 이도령은 상경하여 과거에 급제하고 암행어사가 되어 호남지방을 순례케 되어 폐의파관(敝衣破冠)으로 남원에 내려오게 된다. 이도령은 도중에 춘향의 그간 소식을 듣고 변부사의 생일잔치에 하객으로 나타난다. 그는 드디어 "金樽美酒千人血 玉盤佳肴萬姓膏 燭淚落時民淚落 歌聲高處怨聲高"* 라는 풍자시를 지어 좌중을 놀라게 한 후 삼문(三門)에서 암행어사 출도를 외치게 한다. 이도령은 곧 좌정하여 변사또를 봉고파직(封庫罷職)시키고, 위기일발에 처한 춘향을 구출한다. 그 후 이도령은 춘향 모녀를 데리고 서울로 올라가 영화로운 일생을 보냈다는 이야기다.

춘향의 이야기를 사회사적으로 고찰하여 그 실질적인 주제를 정리해보면 다음과 같다. 기생 춘향과 기생 아닌 춘향의 갈등에서 기생 아닌 춘향이 승리함으로써 그 신분적 제약을 극복하여 인간해방을 쟁취하는 한편, 변학도와 맞선 춘향의 투쟁은 광범위한 민중의 지지를 받으면서 전개되는데, 이로써 농민층을 억압하는 관의 횡포에 간접적으로 항거하는 것이 된다. 결국 변학도의 정치적 몰락이라는 개인적인 측면에서부터 이야기는 사회적 · 정치적인 측면으로 확대된다. 다만 끝에 가서 춘향의 구출이 당시의 지배질서에 흡수되는 것으로 마무리되는 데에서, 이야기를 작성하고 전달한 민중의 정치적 상상력의 한계가 드러난다.

---

* 금준미주 천인혈(金樽美酒 千人血): 금동이의 좋은 술은 천인의 피요, 옥반가효 만성고(玉盤佳肴 萬姓膏): 옥반위의 맛있는 안주는 만백성의 기름이라, 촉루낙시 민루락(燭淚落時 民淚落): 촛불눈물(촛농)떨어질 때 백성눈물 떨어지며, 가성고처 원성고(歌聲高處 怨聲高): 노래 소리 높은 곳에 원망소리 또한 높도다.

임진택(林賑澤)의 최근 연구에 의하면 판소리는, 민중의 자기표현이[다]. [우리는 판소리에서 민중의] 갈망인 실질적인 주제를 지배세력이 억압의 수단으로 어떻게 자기 안에 흡수하여 굴절 · 변질시키는가[를 볼 수] 있다. 결국, 민중의 자기주장을 해체시키는 지배세력의 수단은 도덕이라는 것이 드러난다.

판소리는 현전(現傳) 6마당(사설로 남아 있는 「변강쇠가」를 합해서) 외에 실전(失傳) 7(혹은 6)마당을 말한다. 합해서 13마당 이외에도 더 있었으리라 한다. 실전된 시기와 이유에 대해서는 19세기 말엽, 동학농민 전쟁을 진압한 관(官)에서 불온하다고 생각되는 농요 · 민요 · 동요 · 군요 · 창의가 · 사설로 된 판소리 등을 금지시켰기 때문일 것이라고 한다. 동시에 남아 있게 된 판소리 6마당도 지배체제에 대한 비판적 풍자를 골자는 없애고 순응적 · 도덕적인 것으로 굴절 · 변질시킨 것이며, 그 큰 공로자는 신재효(申在孝)일 것이다. 다시 말해 없어진 7마당은 더욱 더 판소리 본래의 성격인, 실질적 · 민중적 및 비판적인 내용을 담고 있었을 것이다.

그렇다면 표피적 주제보다는 실질적 · 이면적 주제가 더욱 중요하고 현전(現傳)보다는 실전(失傳)이 더욱 가치있는 것이리라. 그리고 참으로 의미 있는 것의 생명은 잃어진 것이라 생각되기도 한다. 그렇기에 우리는 또 잃어져가는 민담을 찾는 것이다. 민담은 민중의 자아를 담고 있는 그릇, 나아가서 그 집단적인 영혼일 뿐 아니라, 참다운 전달과 전승의 모체가 되는 것이다. 우리는 위에서 판소리의 실질적 주체의 사회사적인 변천과정을 보았거니와, 거기에 비추어보건대 우리의 『성서』에 담겨진 그 많은 '이야기'도 그러한 사회사적 운명을 겪은 것이 아닐까 생각된다. 또한, 전래된 민담이 『성서』에 정착되기까지는 사회사적 굴절 · 변질의 운명을 면치 못했으리라고도 생각된다. 심지어는 정착된 이후에도, 교회사는 변질의 과정을 계속하고 있음을 우리는 알고 있다.

4. 예수 이야기

「마가복음서」는 예수의 이야기다. 예수의 출현, 그의 행태, 그가 가르친 비유, 그리고 특히 갈릴리 땅의 민중 사이에서 행한 많은 기적들, 마지막에 그가 예루살렘에서 죽임을 당하는 것과 부활에 관한 증거, 이러한 예수 이야기인데 그것을 가리켜 「마가복음서」 저자는 '복음'이라고 말했다. 예수 이야기가 곧 복음이다. 그리고 확인된 대로 이 복음서는 다른 공관복음서의 원자료다.

「마가복음서」를 그 원자료로 삼고 있는 공관복음서에서는, 여러 군데에서 예수가 자기를 고난 받는 민중으로 제시한 것을 볼 수 있다. 예수의 이야기가 민중의 이야기 속에, 민중의 이야기가 예수의 이야기 속에 흡수된 것을 볼 수 있다. 예수의 운명 속에 민중의 운명이 들어 있다. 아니 예수는 고난 받는 민중의 삶과 운명을 짊어진 것이다. 그렇기에 안병무는 「마가복음서」가 민중의 사회전기라고 했다. 우리의 이야기에 관련시켜 말하자면 「마가복음서」는 본래 민담 즉 민간설화다. 예수는 민중과 연대하고 있다. 「마가복음서」의 경우 그 대속적 속죄(어떤 신학자는 이것을 '유월절 이후의 신학'이라 하고)의 신학으로 합성되기 이전의 예수 이야기 단계에서는 말하자면 연대적 속량(그 신학자는 '유월절 이전의 이야기'라고 한다)이 제시되었다. 갈릴리의 민중들은 그들 사이에서 예수의 이야기를 자기네들의 이야기로 전했다. 민중 사이에 전해진 이 예수 이야기는, 오늘의 신학자들이 집중적으로 찾고 있는 역사적 예수와도 다르다. 이야기(narrative)와 역사(history)는 다르다. 우리는 예수 이야기를 찾고 듣자는 것이다.

근자에 신학계에서는 성서연구에 있어서(다른 신학분야에서도 역시) 소위 사회사적 연구를 진행시키고 있다. 사회사적 접근은 말하자면 탈신학화 과정의 제일보다. 그러나 그 제일보 이상은 아니다. 사회사적 접근으로 말미암아, 『성서』의 역사적 · 발생학적 '핵' 곧 계시라고 말할 수 있는 것이 찾아진다고 생각된다. 그 '핵' 곧 계시는 역사적 사건이다. 그러므로 "태초에 말씀(다바르, 로고스, 道)이 있었다"가 아니라 "태초에 사건이 있었다"라고 해야 할 것이다. 태초에 말씀이 있었다고들 주장하지만 사실은 태초에 역사적 사건이 있었다고 해야 할 것이다. 어떤 역사적 사건이 계시다. 말씀이 계시의 그릇이라고 하기보다는 사건이 계시의 그릇이라고 해야 할 것이다. 우리가 『성서』가 하느님의 계시의 책이라고 말하는 까닭은, 그 영감적 성격 때문이 아니고, 더 나아가 그 서술적인 진리성 때문도 아니고, 『성서』가 그 계시적인 역사를 보도하고 있기 때문이다. 이 경우에 계시적인 역사라고 말하는 것은 소위 historie와 구별되는 geschichte가 아니라 바로 그 때 거기에서 전개되었던 그 역사적 과정을 말하는 것이다(그렇기에 성서에 관한 역사비판적 연구가 계시 곧 그 역사적 사건을 찾는 데 방해되는 것이 아니라 오히려 필수조건이다). 그렇기에 계시, 태초의 X는 신학적인 논술로 전달되는 것이 아니고, 역사적인 사건이기에 '이야기'로 담겨지고 전해지는 것이다. 역사적 논술로 되지 아니한다. 역사적 논술은 객관적이고 과거의 것이 되어버리는데 '이야기'야말로 그 원계시(原啓示)의 재생이라 할 수 있다. 「마가복음서」의 예수 이야기도 그의 이야기를 하는 가운데에 부활의 예수를 만날 수 있다고 저자 마가는 확신했다고 마르크센(W. Marxen)은 주장하는데 참으로 옳은 주장이라고 생각된다.

『구약성서』에 있어서 계시는 기자, 편집자, 예언자들이 전하려는 메시지가 아니라—그렇다면 서술적 진리의 성격을 띤 것이겠는데—『구약성서』에 있어서 계시는 바로 출애굽사건과 원이스라엘(proto-Israel)의 발생이며 『신약성서』에 있어서도 계시는 바로 예수의 생애와 교회의 발생이다(처음 공동체). 그러한 원계시는 본래 이야기(민담)로 표현되었다.

그런데 『구약성서』에 있어서 율법이 생기면서 이야기는 끝나고, 『신약성서』에 있어서 신학이 생기면서 이야기는 가려져버리고, 종국에는 이야기가 말씀으로, 교리로, 신학으로 바뀌어졌다. 마찬가지로 예수의 이야기는 교회의 신학에서 '하느님의 말씀'으로 바뀌어졌고, 예수의 죽임(살해, murder)은 역사적 교회에서 예수의 죽음(death)으로 대치되었고 예수의 십자가형(정치적이고 형법상의 형 집행)은 예수의 십자가(종교적 상징)로 바뀌어졌었다. 그러므로 예수 이야기(복음)를 되찾으려면 적어도 방법론적으로 신학(그리스도론, 구원론, 예정론 등)이 유보(moratorium)되어야 할 것이다. 예수 이야기를 되살리려면, 신학적인 말씀이 예수의 삶(생애)으로 곧 예수 이야기로 바뀌어져야 하겠고, 예수의 대속적인 죽음[死]이 예수의 죽임(살해)으로 바뀌어져야 하겠고, 예수의 십자가가 그의 십자가형으로 바뀌어져야 하겠고, 예수의 부활의 경우, 사체(死體)의 소생이 육체의 부활로 바뀌어져야 하겠다. 이렇게 탈신학화되어야 할 것이다.

종교적 상징인 예수의 십자가는 역사적 · 정치적인 예수의 십자가형의 역사적 · 정치적 사건에 뿌리를 박고 있어야 할 터인데 역사적 교회에서는 그 뿌리가 잘려지고 공중에 뜬 상징이 되고 말았다. 생물학적으로 개체의 죽음(때로는 種의 죽음까지도)은 생물진화의 기체(機體)이고, 자연사(自然死)는 깊은 의미에서 축복이다. 그리고 죽음의 문제는 영원한 문제, 해결되지 않은 문제다. 그러나 죽임의 문제는 사회적인 모순이다. 죽임의 문제는 해결 가능성 안에 있는 문제다. 그러므로 교회가 예수의 십자가형과 예수의 죽임(살해)을 되찾아서 거기에 뿌리를 박고 그 기반 위에서 신앙적인 증거를 하면 그 증거는 현실을 개변(改變)할 수 있는 힘을 발휘할 것이다.

부활의 질문(염원)은 자연사(自然死)의 경우에는 지나친, 때로는 부당한 욕심이다. 자연사는 되레 축복이라고 했다. 자연사가 없으면, 생물진화도 없다. 부활의 문제는 죽임(죽임을 당한 자의)의 물음(몸부림, 절규)이다. 죽임을 당한 자들의 부활이다. 그것은 신의론(theodicy)의 문제다. 그리고 무엇보다도 마지막 날에 있을 '일반적인 부활'도 예수의 재림 곧 메시아 왕국에서의 전체의 부활이다. 곧 새 나라, 새 정치가 시작될 때 지금까지 죽었던 자까지 합해서 모두가 부활하는 일반적 부활이 있다. 부활은 이처럼 정치신학적 상징이다. 그런데 역사적인 교회에서 부활은 죽임을 당한 자의 부활이 아니라, 죽은자(주검)의 부활로 바뀌었고 메시아 왕국의 도래의 소리(마지막 나팔소리)에 일제히 깨어나는 일반적인 부활은, 마치 차안에서 떠나서 피안에서 부활하는 듯이 가르쳐왔다. 그렇게 부활이 비정치화되고 만 것이다. 그리하여 예수 이야기의 탈신학화에서 예수의 죽임과 십자가형과 부활을 되찾자는 것이다.

한 발 더 나아가서 육체의 부활의 탈신학화는 마음(mind)에 대한 육체의 부활이요, 정신(spirit)에 대한 물질의 부활이요, 남성에 대한 여성의 부활이요, 지배자에 대한 민중의 부활이요, 하늘에 대한 땅의 부활이요, 이성과 지성에 눌려 있는 감정과 본능의 긍정이요, 역사와 신학에 가리고 밀려난 이야기와 민담의 복권을 의미한다. 지금까지의 기독교신학에서는 신의 초월을 추구하지만, 예수 이야기는 신의 성육신을 말한다.

가톨릭 교회가 성전의 종교라면, 프로테스탄트 교회가 『성서』(정경)의 종교라면, 민중의 교회는 민담과 이야기의 교회다. 종교개혁이 성전과 교회조직의 껍질을 벗겨내고 『성서』를 찾아냈다면 민중의 교회는 『성서』와 신학의 껍질을 벗겨내고 예수와 민중의 이야기를 찾자는 것이다.

프로테스탄트 교회가 가톨릭 교회의 갱신을 촉구했다면 이제 다시 민중이 교회의 프로테스탄트 교회와 가톨릭 교회의 갱신을 촉구한다.

그러나 민중의 교회는 기존의 교회형태처럼 건물이거나 조직은 아니다. 그 형태는 성령의 형태라고 말할 수 있는 것으로서 현장의 사건일 뿐이며 또 하나의 조직교회는 아니다. 그것은 조직교회를 재활성화(再活性化)시키는 하느님의 입김일 것이다.

예수 이야기인 「마가복음서」는 16장 8절까지라고 하는데 신약학자 큄멜(Kümmel)에 의하면 「마가복음서」 저자의 본래 의도대로 그것은 open end로 끝낸 것이라고 한다. 예수 이야기에는 끝이 없다. 재미나고 신나는 이야기는 끝이 있어서는 안 될 것이다.

6

대담: 민중신학을 말한다*

1. 사회경제사적 방법

■ 선생님의 신학의 방법론이라 할까, 전제라 할까, 그것은 어떤 것인지요? 사실 '신학을 제대로 한다'고 말할 수 있는 것은 적어도 자기의 방법론을 가지고 있다는 것을 전제로 하는 것인데요.

– 내가 의식적으로 생각해볼 때, 나의 신학적 방법론은 선배들과 마찬가지로 우선 '실존주의적'이라고 말할 수 있겠습니다. 내가 학사논문을 쓸 때만 해도 방법론 같은 건 생각지도 못했습니다. 그 후로는 상당히 오랫동안 현대 과학사상을 가지고 〈성서〉 특히 신학을 재해석, 재구성해야겠다고 생각했습니다. 신에 대해서나 세계

---

* 이 글은 1980년 3월 송기득 박사와 가진 대담을 정리한 글로서 『現存』 100호와 111호(1980년 4, 5월호)에 실려 있다. 이 대담에서 죽재는 직접 자신의 민중신학의 기본 구상과 핵심 개념을 소개한다. (본래의 대담은 총 13개의 주제로 분류되어 정리되어 있다. 여기서는 7개를 요약하여 소개한다.)

에 대해서 더욱 그랬었지요. 과학적 관심은 처음부터 내게 대단했습니다. 내가 얼마나 과학을 연구했느냐의 문제는 둘째치고라도 나는 나의 동료들보다 과학적 관심이 더 많았다고 생각합니다. 내가 '과학'을 신학의 틀로 삼아야겠다고 생각한 것은 '신의 죽음'의 신학, 희망의 신학, 세속화 신학 등을 거친 후였습니다.

이 시기가 지나고 1970년대에 들어서면서 해방신학에 관심을 갖기 시작했는데, 이때부터 나는 나의 신학의 방법론을 넓게는 사회과학적으로 좁게는 사회경제사적으로 세우려 했습니다. 과학과 신학의 관계도 해결해야 할 중요한 신학적 과제로 알고 있지만, 지금의 입장으론 사회경제사적 관점에서 신학을 재해석하는 것이 더 시급한 일이라고 생각합니다. 함석헌 선생도 말씀하지만, 지금은 갈수록 공동적 사고(共同的 思考)를 하는 시대입니다. 혼자 사고하는 시대는 지난 거죠. 세계 신학자들의 대열에 들어가면, 지금 내가 시도하고 있는 사회경제사적 사고가 옳다고 느껴집니다. 적어도 나는 지금 세계 신학자들의 공동대회의 장(場)에 서 있다고 생각합니다. 현대 신학자들의 대다수는 특히 제 3세계의 신학자들은 사회과학적으로 신학을 하고 있는데 나는 이 세계적 경향에 호흡을 맞추고 있는 셈입니다. 사회경제사적인 데 초점을 맞추니까, 우리 교회와 사회의 모순이나 갈등이 더 분명하게 보이게 됩니다.

뿐만 아니라 〈성서〉는 사회경제사적으로 봐야 지금까지 보지 못했던 면이 보일 뿐 아니라, 가장 중요한 면이 보인다는 점입니다. 사회경제사적 방법이 〈성서〉 해석에 결정적 조건이란 말인데, 예를 들어 십자가사건이나 출애굽사건 같은 것들은 사회경제사적 방법이 아니고서는 그 참뜻을 이해할 수 없습니다.

'십자가'라면 성서적 계시의 원점으로서, 하느님이 인간구원의 사건을 여기에서 일으켰다고 믿고 있는데, 사실 그것은 예수가 천민[인] 주제에 로마의 지배질서를 교란시킬 위험이 있다고 해서 처형시킨 사건입니다. 눌리고 가난한 사람의 입장에 서서 활동하니까 그를 정치적 죄목을 씌워 죽였거든요. 사회경제사적 방법이 아니고서는 이 사건을 제대로 이해하기가 어렵습니다. 이보다 더 분명한 것이 출애굽사건입니다. 〈성서〉 그대로 노예들의 탈출기입니다. 그리고 예언자의 메시지가 다 그렇습니다. 이런 사실들을 사회경제사적인 면에서 보지 않고 어떻게 이해할 수 있겠습니까?

교회사도 이런 방향을 읽어야 되는 겁니다. 반드시 그런 것은 아니었지만, '정통'이란 것도 따지고 보면 지배자의 입장에 선 쪽이었고, 반면에 약하니까 '이단'으로 몰리는 수가 많았습니다. 또 교리적으로 구원론에서 문제가 되어 있는 죄란 것도 오늘날에는 단순한 반도덕적인 행위라기보다 시회관계에서 일어난 구조적 모순을 가리키는 것이기 때문에, 이것 또한 사회경제사적 입장에서가 아니면 잘 밝혀지지가 않습니다. 어쨌든, 〈성서〉는 사회경제사적으로 해석해야 한다는 것이 나의 신학의 첫 전제입니다.

2. 성령론적 해석방법

■ 선생님의 신학의 두 번째 전제는 무엇인가요?

– 좀 당돌한 이야기겠습니다만, 나는 두 번째 전제를 성령론적

입장이라고 부릅니다. 이것은 종래의 '기독교적 입장'에 대한 의식적인 대립입니다. 사실 이 입장은 충분히 발전시키지 못하고, 그래서 지금 싹트고 있는 생각이라 할 수 있는데, 기독론적이라는 것은 '타력적'인 것이고, 성령론적이라는 것은 '자력적'인 것이라고 말할 수가 있겠습니다. 그리스도가 내 대신 십자가에 죽었다고 할 때 그는 어디까지나 '남'입니다. 남이 딴 장소에서 내 죄를 대속하기 위해 고난을 받았다는 것인데, 이것을 무시한 것은 아니나, 이것이 마치 기독교의 본질인 양 생각하는 것은 잘못입니다. 그리고 '자력적'이라면 자주 휴머니즘과 결부시키는데 이것도 잘못된 생각입니다.

예수 사건 곧 구원의 사건은 나의 선택, 나의 결단으로 일어나는 것이지 단순히 2천 년 전에 일어난 그 사건에 내가 동의하고 그것이 그대로 진리라고 고백하는 데 있는 것은 아닙니다. 그런데 그러한 나의 결단은 성령의 역사(役事)에 의한 겁니다. 성령을 받으니까 하느님의 결단을 내가 자발적인 나의 결단으로 내릴 수가 있는 겁니다. 그래서 그것을 나는 '성령론적'이라고 한 것입니다. 그렇지 않다면 그것은 어디까지나 타력종교이지요. 요컨대 성령론적이라는 말의 초점은 구원의 사건이 지금 여기에서 일어난다는 사실에 있습니다.

두 번째로, 성령론적이라는 것은 실존론적이라는 것과 구별됩니다. 다시 말하면 본회퍼의 '비종교화'를 거친 '정치적 해석'을 뜻합니다. 실존론적 해석이라면, 성서에서 자기의 실존적 문제를 어떻게 읽느냐에 있지만, 정치적 해석이라면 지금 우리가 이 사회에서 인간으로서 살고 있느냐 그렇지 못하느냐를 묻는 것입니다. 성령론적 성서해석이란, 2천 년 전에 써진 본문을 지금 해석한다는 것이 아니고—그것은 그것대로 성서해석학이겠으나—내가 선택, 결단해야 할 지금의 사건 앞에서, 예컨대 내가 어느 독재체제에 항거해야 할 것이냐, 안 해야 할 것이냐와 같은 문제를 놓고, 어느 것이 하느님의 뜻에 맞느냐를 결단하려고 할 때 거기에는 하나의 참고서가 요청되는데, 성서의 본문을 이러한 참고서로 받아서 해석하는 것입니다. 한마디로 〈성서〉를 지금의 '참고서'로서 해석하는 방법입니다. 과거의 사건이 그대로 지금 되풀이되는 것은 아니거든요. 우리가 지금 하느님의 뜻에 맞게 결단하려 할 때, 모세는 어떻게 결단했고, 바울은 어떻게 결단했는가를 '참고'로 보자는 것입니다. 성령이란 항상 내재적(內在的)이고 자극하시는 하느님의 활동이거든요. 지금의 성령감동은 부차적이고 바울의 성령감동은 원초적이라면 하느님은 과거의 하느님이지, 지금의 하느님은 못 되는 것입니다. 성령은 지금 살아 계신 하느님입니다.

그래서 성령론적 해석의 입장에서는 텍스트-콘텍스트의 모형에 근거한 성서해석학을 그다지 중시하지 않습니다. 나는 그게 별로 타당성이 없다고 봐요. 지금의 성령활동이고, 과거의 것은 하나의 전거(reference)라는 것입니다. 그러므로 우리가 직면한 여러 가지 문제—그것이 교회의 문제이든, 국가의 문제이든—를 해결하기 위해 신학적인 접근을 시도한 것입니다. 이러한 작업이 신학하는 것이지, 〈바르트의 그리스도론〉이나 쓰는 것이 '신학'은 아닙니다. 그것은 숙제를 잘하는 것일 수 있을지는 몰라도 삶의 문제 해결은 아니거든요. 그래서 나는 나의 신학적 입장을 사회경제사적으로, 또 성령론적으로 세워보고 있습니다.

3. 민중의식의 태동

■ 선생님은 한 신학자로서 신학의 자기동일성(self-identity)을 어디에서 찾고 있는지요? 요즈음 선생님의 글이나 말씀이나 행동으로 보아 선생님의 신학은 '민중신학'이란 말로 집약할 수 있을 것 같은데요. 그러시다면 민중신학은 도대체 어떤 것인지요? 선생님은 '민중'이란 말의 구체적인 의미를 어떻게 규정하고 있는지, 그리고 그것은 다른 사람들의 민중개념과 어떻게 다른지, 그리고 '민중'은 어떤 바탕에서 신학의 주제가 되는 것이며, 이때 '민중정신'은 어떤 바탕에서 신학적 주제를 어떻게 해석하는지, 이러한 몇 가지 문제에 대해 우선 알고 싶은데, 이것을 염두에 두고서 물음을 엮어갈까 합니다.

선생님의 신학의 주제는 '민중'이라고 할 수 있겠는데, 언제부터 그런 발상을 하게 되었나요?

– 요즈음 나의 신학의 주제는 분명히 '민중'입니다. 내가 민중이란 실체를 나의 신학의 중심과제로서 설정한 것은 다분히 의도적이라고 할 수 있겠는데, 그렇게 한 것은 1974년도부터라고 기억됩니다. 다음해 나는 연세대 신과대학 퇴수회(退修會)에서 〈예수와 민중〉이란 제목으로 주제 강연을 했는데 이것이 나의 민중신학의 외적인 출발이라고 할 수 있겠습니다.

■ 민중을 신학의 주제로 삼게 된 동기는 무엇이었나요?

– 내가 민중을 신학의 첫 번째 주제로 관심하게 된 직접적인 계기는 한 민중 시인을 알게 된 데 있습니다. 우리 역사에서 보아 4.19는 민중이 역사의 주체로서, 한국사를 새 역사의 단계에 들어서게 한 하나의 획기적인 사건이라고 할 수 있습니다. 이러한 사실을 나는 김지하의 문학과 그의 정치적 행동을 통해서 깨닫게 되었는데, 그만큼 그는 내게 호소력을 가지게 되었습니다.

문학과 관련해서 민중을 중요과제로 삼는 쪽이 있는데, 그게 이른바 '창비그룹'입니다. 〈창작과 비평〉에서 주도하고 있는 민족, 민중의 의미 발굴은 대단한 작업이라고 할 수 있습니다. 사회문학적인 면에서 한국민족, 민중 이해는 지적 차원에서 신학적 관심의 중요한 대상이 되고 있습니다.

■ 그 이전에 신학계에서는 민중에 대해 이야기한 분이 없었나요?

– 물론 있었습니다. 그가 바로 현영학 교수인데, 그 실증으로서는 한국신학대학 학보에 민중에 대한 짧은 글이 실려 있습니다. 지금도 그분은 민중문제에 관심을 기울이고 있지만, 우리가 전혀 몰랐을 때 벌써 현교수는 한 신학자로서 서민문화 전반에 깊은 관심을 갖고 있었습니다. 그리고 비록 젊은 분이지만 김용복 박사가 해외에 있을 때부터 민중의 문제에 관심을 갖고 있었습니다.

그러나 '민중'을 신학의 핵심적 주제로서 설정하고, 그것을 체계화하고, 그렇게 하여 이룩된 민중신학이 모든 신학의 중심이 되어야겠다고 주장한 사람은 나라고 자부합니다.

이제는 성서신학에서도 교회사에서도 조직신학에서도 "민중이 신학의 중심개념이 돼야겠다"고 주장하는 분이 많이 있어서 지금 하나의 학파를 형성하고 있는 중입니다. 민중신학회의 발족이 그것인데, 민중신학이야말로 이제 비로소 한국신학으로서 그 기반을 굳히게 된 것입니다.

■ 선생님은 '민중'을 어떻게 규정하고 있는지요?

– 민중의 의미를 규정할 때, 맨 처음 밝혀야 할 것은 민중이 역사의 주체라는 사실입니다. 역사의 처음 단계는 왕족, 귀족들이 역사발전의 주체가 되어 정치, 문화를 주도했습니다. 물론 공산주의자들처럼 처음부터 끝까지 노동자의 역할만을 내세워서 역사를 경제적인 측면에 국한시킬 수만은 없었습니다. 그러나 인간해방의 결정적인 계기는 서구사회에 있어선 황후나 귀족들의 억압과 질곡으로부터 벗어나려는 부르주아 사회의 출현에서라고 할 수 있는데, 이때는 정치, 문화, 경제 할 것 없이 역사의 주체적 활동은 부르주아 곧 시민계급이었습니다.

세계사적으로 이 '시민' 다음가는 역사의 주체로서 등장한 것이 바로 '민중'입니다. 그러니까 귀족→시민→민중으로 역사의 폭이 넓어져온 셈이죠. 그런데, 서구사회에서는 '시민'들이 자본주의 체제를 구축하고 그 나름의 모순이 있는데도 그것을 극복하면서 역사를 주도해오고 있는데, 제3세계에 있어서, 강대국의 지배에 저항했던 계층은 순전히 민중이었습니다. 민중이 식민지 치하의 저항을 담당한 유일한 세력이었습니다. 이것이 우리 근세사의 전통인

데, 이것은 민중이 서양사회의 '시민'을 대신해서 역사를 이끌어온 셈입니다. 시민의 과정을 거치지 않은 우리 역사에서는 그만큼 민중이 역사의 주도적 역할을 한 셈입니다. 그리고 민중이 역사의 주체라고 할 때, 민중이란 말은 '백성'이란 말과 철저하게 구별되어야 합니다. 백성이란 복종과 예속을 생리로 하지만 민중이란 자기 주권을 찾으려는 의식을 갖습니다.

다음으로, 사회경제사적인 면에서 인간을 본다고 할 때, 인간을 개인이기보다 하나의 집단으로 보기 마련이며, 따라서 지배와 피지배의 관계가 인간이해의 가장 중요한 내용을 이루는데, 이때 '민중'이란 말이 오히려 인간적인 것의 대명사가 될 수 있다는 점입니다. 다시 말해서 인간은 민중적이어야 한다는 말입니다. 우리가 이제껏 '인간적인 것'은 옳고, '비인간적인 것'은 틀렸다고 보아왔는데 이것은 부르주아적이고 관념론적이고 규범적인 인간이해입니다. 부르주아 사회에서는 '인간적'이 되려면 교양을 쌓고 높은 덕을 갖추어야 하는 것으로 되어 있는데, '민중적'이라는 것은 그와는 달리 소박하고 순진한 것으로 그 특징을 삼습니다. 귀족적이 아니니까 친근하고 관념적이 아니니까 몸으로 직접 느끼는 겁니다. 우아한 것보다 소탈한 것이 더 아름다운 것이 되는 거죠. 그러니까 가치의 표준이 귀족적인 데서 민중적인 데로 옮겨졌다는 것인데, 이것이 인간을 '민중'으로 이해한 또 하나의 의미라고도 할 수 있겠습니다.

■ 민중을 사회경제사적으로 이해할 대 이른바 무산계급이라고 하는 프롤레타리아트와 어떻게 구별되는 것입니까?

– 프롤레타리아트와 민중과의 관계에 대해서는 정치적 이유로 해서 상당히 신경을 쓰게 됩니다. 프롤레타리아트라고 하면 주로 경제적인 무산자(無産者)를 지칭합니다. 그러나 민중은 경제적인 무산층에 국한시키지 않습니다. 프롤레타리아트에 관한 전문적인 지식을 가진 학자들의 말에 따르면, 고전적 마르크시즘에서는 프롤레타리아트는 어디까지나 노동계층이지 농민계층은 아니라는 것입니다. 마르크스 자신이 농민의 역사적 역할에 대해서는 몰랐거나 아니면 지나쳤거나 했을 거라는 거죠. 다시 말하면, 마르크스는 새 역사의 주체를 프롤레타리아트라고 생각했지, 우리가 말하는 서민이라고는 생각하지 않았던 거죠. 특히 오늘날에서는 더욱 그렇지만 여기에는 다소 복잡한 이유가 얽혀 있다는 겁니다. 왜냐하면, 농민에는 빈농도 있지만 부농도 있고, 또 적지만 자기 소유의 토지가 있어서 생산수단을 가지기도 하고요. 그래서 농민을 순무산자로서의 프롤레타리아트에 넣지 않았는지도 모르나, 그렇다고 오늘날 후진국의 농민이 도시 근로자보다 월등히 낫다고 말하기는 어려울 것입니다. 여러 가지 면에서 농민들은 마찬가지로 착취를 당하고 있습니다. 국민으로서의 대접을 못 받는 형편이고요. 사회적 불의와 부조리가 반드시 근로자에게만 가해지는 것은 결코 아닙니다. 따라서 민중이 역사의 주체라고 했을 때, 농민을 빼놓는다는 것은 말도 안 되는 소리입니다. 신채호의 민중이해에 따르면 우리나라의 경우, 특히 1920년대는 민중의 중심은 농민이었습니다.

요컨대, 우리가 말하는 '민중'은 프롤레타리아트보다 훨씬 넓은 의미를 갖는, 다시 말해서 근로자뿐 아니라 농민까지도 포함한 계층을 가리키는 것이라고 할 수 있습니다. 바로 이 민중이 역사의 주체입니다.

■ 그러나 '민중'을 농민까지 포함한 광의의 것이라고 해도 그것의 기본적인 특징은 같은 데 있는 것이 아니겠습니까? 눌리고 빼앗기고 밀리고 있다는 사실에서 말입니다.

– 그런데 바로 이 점에 문제가 있습니다. 민중이라면 근로자이든 농민이든 생산에 직접 종사하고 있으면서도 그가 받아야 할 이익을 제대로 받지 못하고 빼앗기고 있다는 점입니다. 다시 말해서 '피착취성'을 민중의 기본특징으로 할 때, 그것은 어디까지나 생산관계에서 민중을 보려는 것이지요. 이 점이 세속적 민중론자들의 사회사상적 주장인데 이것과 신학자들의 민중론과의 차이는 그 다음에 있다고 봅니다.

민중신학자는 민중을 양쪽에서 보고 있습니다. 한 가지는, 민중은 근로자이든 농민이든 육체노동을 통해서 가치를 직접 생산하고 있는 계층이라는 겁니다. 지식노동자는 직접 생산자는 아닙니다. 〈성서〉에 따르면 땅을 가꾸고 생산하고 하는 '일하는 사람'이 바로 신이 계약을 맺었던 민중입니다. 그런가 하면, 성서에는 또 다른 면의 민중이 있습니다. 그것은 감옥에 갇힌 사람들로 대표될 수 있는데 도둑놈, 살인자, 협잡꾼, 매춘부 따위와 같은 사회의 찌꺼기들이 바로 그들입니다. 예수시대에서 보면 불구자, 병자, 부녀자, 고아,

창녀, 떠돌이 같은 사회의 밑바닥 계층을 말하는 겁니다. 이 점이 일반 민중론자들의 민중 이해와는 다른 면입니다.

민중신학자들은 민중을 물질적 '생산'에만 관계시키지 않고, 방금 열거했던 소외계층 전반을 지칭합니다. 마르크스 경제학에서 보면 룸펜(실업자)에 해당하는 것들도 여기에 포함되지만, 그러나 이것은 사회적 편견이나 타부에서 생겨진 버림받은 부류라는 데 그 특성이 있습니다. 바로 이 소외계층도 또한 민중의 일부로 보는 것입니다.

그런데 민중신학의 초점은 바로 이런 소외계층이며, 이 계층이 성서의 메시지의 주요한 대상이고 하나님의 역사 목표라고 나는 주장합니다. 그러니까 성서적 민중은 경제적 생산관계에 초점이 있는 것이 아니고 부정한 사회질서 때문에 억압당하고 착취당하고 소외당하는 데 그 초점이 있는 겁니다.

가령, 옳은 정치가 실현되는 새 나라(메시아 왕국)에 초대된 대상은 다 절름발이, 떠돌이, 눈먼 사람 따위들입니다. 예수 시대의 여인들을 보면 '덜된 인간'으로 취급되었고, 그래서인지 예수의 12 제자 중에 여자는 하나도 끼지 않았는데, 이것은 유대 사회의 편견에 기인한 것이라고 볼 수 있습니다. 그렇지만 예수에게 성심껏 봉사한 사람 가운데는 여자가 많았습니다. 다른 랍비에게서는 찾아볼 수 없는 현상이죠. 예수를 따랐던 '오클로스' 곧 무리들을 민중이라 한다면, 그리고 예수의 설교의 대상이 바로 이들이라면 이것은 생산관계에서 규정된 피착취계층으로서의 민중과는 다른 의미를 가집니다.

그리고 〈출애굽기〉에 나온 '히브리'가 노예계층을 의미한다면 이는 프롤레타리아트와 거의 같다고 볼 수 있지만, 〈출애굽기〉 20장 이하에 나오는 이스라엘의 모법인 '계약법전'을 보면 처음부터 끝까지 과부, 고아, 병신, 떠돌이, 노예들을 보호하고 그들의 인권을 옹호하기 위한 데 그 법의 목적이 있었습니다. 함무라비 법전의 목적도 약자를 보호하는 점에서는 같으나, 그 대상이 바빌론의 시민이나 민족에 국한되어 있는 데 비해서 히브리인들의 계약법전은 민족을 초월한 모든 약자(소외자)들에게 다 해당되는 것입니다. 히브리라는 노예계층이 만든 법인데, 노예에게 무슨 민족의 구별이 있겠습니까? 이런 사실로 미루어 보아, 성서의 민중은 일반 민중론자들이 말하는 서민대중이나 프롤레타리아트와는 그 의미가 다르다고 보겠습니다.

4. 씨올과 민중

■ 함석헌 선생의 '씨올'과 민중은 어떻게 대비되는지요? 함선생의 씨올은 때로는 '맨사람'이라고 하여 존재론적인 또는 종교적인 성격을 띠는가 하면, 어떤 면에서는 그야말로 '민중'의 본뜻 그대로를 나타내기도 합니다. 함선생의 '씨올'이란 민중을 옮긴 말이기도 하니까요. 선생님께서는 '민중'이란 말은 [common] people로도, volk로도 옮길 수 없는, 그래서 민중을 옮길 땐, minjung 그대로 써야 한다는 입장인데, 그런 '민중'의 눈에서 함선생의 '씨올'은 어떻게 평가하시겠는지요?

– 나는 함선생의 씨올의 의미를 잘 모르겠어요. 나도 꽤 그 어

른의 글을 정독하고 있는 셈인데, 꼭 집어 말하기 어렵습니다. 일전에 안병무 선생은 함선생의 씨올 개념을 잘 밝혀주는 글을 썼는데, 거기에서 그는 "존재론적, 우주론적 차원"에서 보면 '씨올'이고, "역사적이고 사회적인 차원"에서 보면 '민중'이라고 구별했는데, 이것은 잘된 구별이라고 생각됩니다. 그 한마디로서 할 말을 다 한 셈이지요. 이것은 씨올의 양면을 지적한 것인데, 그것은 씨올에 대한 비평이면서 동시에 적극적인 평가도 됩니다. '민중'을 말하는 사람은 함선생의 '씨올'을 늘 마음에 두어야 할 것이고, 함선생 자신도 '민중'을 늘 마음에 두어야 할 것입니다. 인간의 존재론적 측면을 외면한다든지, 인간의 사회적, 역사적 측면을 망각해서도 안 되겠기 때문입니다.

그러나 나는 틸리히의 존재론에 10여 년은 심취해보았고, 샤르댕의 '오메가 포인트' 이론에 몇 해 동안 젖어보았던 사람으로서, 역시 그런 존재론적, 우주론적 전개만으로는 안 되겠다고 생각하게 되었습니다. 그래서 사회경제사적 인간이해—민중—에로 나선 것인데 함선생은 그런 사회경제사적 차원에서 인간이 다 이해되는 것은 아니라고 늘 강조합니다.

어쨌든 상호보완적이어야 하는 것이지만, 나는 정치신학적 의미의 민중이 주체가 되는 새 시대가 와야 하며, 그것의 도래가 우리의 과업의 목표가 되어야 한다고 생각합니다. 인간이 인간으로서의 씨올—맨사람—이 되어야 한다는 것은 어느 시대나 다 통용될 것이지만 특수한 상황에서는 그 표현을 달리해야 한다고 보는 겁니다. 신학적으로 말하면, 독일의 고백교회에서는 그들의 철저한 저항운동을 '바르멘 선언'을 통해서 "우리는 하느님을 믿습니다"는 한마디의 고백에 집약시켰습니다. 그러나 70년대의 우리 한국교회의 저항운동은 "하느님을 믿는다"는 고백만으로써는 이루어질 수가 없었습니다. 정통, 보수교회에서는 그런 고백이 저항의 표현이기는커녕, 오히려 친(親)체제에의 협력을 가져왔으니까요.

그런데, 진리의 보편성을 말할 때, 진리가 되는 방향이 있고 안 되는 방향이 있는데, 함선생님은 진리가 되는 방향으로 나간 것입니다. 그러나 우리의 상황에서는 '하느님만을 믿는다'는 고백만 가지고서는 저항운동이 되는 게 아니고 구체적인 이슈를 제시해서 저항할 수밖에 없었던 것입니다. 그래서 우리는 사회의 부조리와 부정을 낱낱이 들면서, 이것은 그리스도 교도의 양심으로서 도저히 용납할 수 없다고 대들었던 거죠.

함선생의 씨ᄋᆞᆯ적 주장을 바르멘 선언에 비한다면, 우리의 민중적 주장은 3·1 독립선언이나, 4·19 선언이나 1976년의 3·1 구국선언이라고 할 수 있을지 모릅니다. 역사의 진전단계에서 민중적인 것이라면, 씨ᄋᆞᆯ은 보편타당성을 띠면서 그 이면에서 역할하는 것이라고 보는 것이 어떨까 합니다.

■ 어떻습니까, '민중'을 한마디로 정의 한다면요? 흔히 민중을 '피압박, 피착취, 소외계층'이라고 규정하는데요.

– 한마디로 정의하라면, 민중이란 '서민대중'이죠. 그러나 프롤레타리아트보다 훨씬 광의의 것입니다. 사회경제사적으로 보면, 정말 눌리고 빼앗기는 계층을 말합니다. 그러나 정치신학적 의미에서

보면, 민중은 반드시 억압받고 빼앗기는 면만이 아니고, 민중은 역사의 주체이고 또 그렇게 되어야 한다는 면이 강하게 등장합니다.

■ 민중이 주체가 되는 시대가 온다고 한다면, 그때는 지배, 피지배의 계급성은 없어지거나, 아니면 민중이 존재한 이상 반민중적 계층은 언제나 존속할 것인데, 이 점 어떻게 생각하시나요?

– '민중'의 실체가 한결같은 것으로 생각하기 쉬우나, 체제에 따라서 그 성격이 달라집니다. 봉건사회에서의 민중—그땐 '민중'이란 말이 없었지만—이 다르고, 자본주의 사회의 민중이 다르고, 산업사회의 민중이 다른 것입니다.

그리고 민중 자체도 역사적으로 보면 어느 때인가는 사라질 것으로 봅니다. '귀족'이란 것도 옛날에는 있었지만, 지금은 없고, 또 없어져야 하고요. '시민'도 그렇습니다. 마찬가지로 정치적, 경제적으로 민중이 완전히 주체가 되는 세계가 오면—그것은 꿈일 수도 있겠지만—그땐 구태여 '민중'을 말할 필요가 없게 될 것입니다. 민중이 항존해야 할 이유는 없으니까요.

5. 예수는 민중이다.

■ 그렇다면 통속적인 말로, '예수를 믿는다'는 것은 무엇을 의미하는 것입니까?

– '예수를 믿는다'는 것은 전통주의자들이 주장하는 대로 그에 대한 교리를 인정하고 고백한다는 것과는 구별해야 합니다. 그것은

틸리히의 말을 빌리면 faith가 아니고 belief입니다.

예수가 하느님의 아들이라는 것도 사실 따지고 보면, 교리로서가 아니라 '실증적'으로 그런 것입니다. 내 지식, 내 경험으로 보아 그는 신적 감화를 끼쳤고 또 끼쳐가고 있어서 사람은 다 하느님의 아들이지만, 그는 좀 더 다른 모습으로 하느님의 아들이라는 것을 보여주는 겁니다. 그리고 예수의 본성은 우리와 다르다고 하지만 그것도 문제입니다. 물론 그의 인간성과 우리의 인간성에는 '타락' 이전과 이후의 차이라고 할 수 있을지 모르나, 그렇다고 그런 인간성을 예수만이 가졌느냐 하면 그런 것은 아니거든요. 역사적으로 종교적인 역량을 발휘했느냐, 그렇지 못했느냐의 차이입니다. 그렇기에 예수는 전혀 다른 종류의 인간성을 가졌다고 하는 것은 전통신학에서도 어긋나는 생각입니다.

그리고 예수는 신성(神性)을 지녔다고 하는데, 그 '신성'이라고 하는 것도 신학적으로 말하면 사실 '사건'을 일으킨 하느님의 측면을 가리키는 것입니다. 인간성과 함께 줄곧 병행된 어떤 신성을 말한다는 것은 고대 형이상학입니다. 오늘날의 심리학에서는 인간성 자체를 'event'(사건)란 측면으로 설명하려고 하지 않습니까?

이와 같은 것은 예수를 믿는다고 할 적에, '믿는다'는 것이 가지는 belief로서의 의미입니다. 그러나 '예수를 믿는다'는 것은 결정적인 의미에서 예수를 따르는 것이라고 생각합니다. 예수의 인간성이나 삶은 근원적인 면에서 인간성의 실현이고, 역사적으로 보아 인간의 샘플(견본)이고, 원형이니까 우리는 그를 닮으려 하고 그대로 따르려 하는 것이죠. 예수는 나를 믿으려면 나를 따르라고 했습니다. '믿는다'는 것이나 '따른다'는 것은 같은 말입니다. 가만히 앉아서 "나는 예수가 하느님의 아들임을 믿습니다"라고 말만 하는 것은 넌센스라고 생각합니다.

그러므로 예수를 믿는다는 것은 나의 삶을 예수의 삶에 맞추어서 그에게서 자기동일성을 찾는 행위라고 봅니다. 단순히 지적 승인이 아니고 그를 따르는 결단이죠. 그에 대한 교리 몇 가지를 시인하면 세례를 주고 그것으로써 예수를 믿는 것으로 생각하지만, 거기에는 교육적 의미가 있을지 모르나, 그것은 틀린 생각입니다.

■ '역사적 예수'는 '민중'이었는가요, 아니면 '세리와 죄인의 친구'라는 서술에서 드러난 대로 예수는 단순히 '민중의 친구'였는가요? 그가 민중이며, 민중의 벗이라면, 그때 민중의 지도자니, 해방자니 하는 말과는 어떻게 연관되는가요?

– 이런 문제는 성서학자가 말해야 정확할 것인데, 내 나름으로 보면, 출애굽사건에서 민중의 지도자 모세는 궁중출신으로서 그야말로 하나의 '지도자'로서 민중에게로 나아가 그들을 인도했지만 역사의 예수는 그와 다릅니다. 예수 자신이 하나의 목수였고, 그를 따랐던 사람들이 어부 정도인데 이들은 당시 사회구조로 보아 '민중'이란 계층에 속했던 사람들인 게 분명합니다. 그리고 당시는 제도적인 교육이란 게 없었기도 했지만, 예수는 어려운 처지여서 제대로 교육을 받지도 못했을 거구요. 어쨌든 예수는 민중의 한 사람이었다고 생각됩니다.

따라서 그를 민중의 '지도자'니, '해방자'니 하는 말로 부르는 것은 적합하지 않다고 생각합니다. 거기에는 엘리트 의식이 끼여 있으니까요. 그러나 '해방자 예수'란 말은 타당하다고 봅니다. 예수가 인간해방의 역할을 했고 또 예수의 삶 자체에서 인간해방이 실현되었으니까요.

■ 역사적 예수의 행태(behalten)의 초점은 어디에 있다고 생각하시는지요?

– 예수에 대한 전승(傳承) 가운데 '말'의 전승과 '행태'의 전승이 있고 이 둘 중 어느 것이 먼저냐가 논의되는데, 종전의 학설에 따르면 예수의 '말'이 먼저이고 거기에 따라 행위가 각색되는 양 생각했지만 오히려 그와는 달리 예수의 행태가 많이 전승되어서 예수의 말의 상당부분은 행태전승에 따라 이루어졌을 거라는 것입니다. 따라서 행태전승이 사실적(史實的) 예수를 더 많이 반영하고 있는 것으로 봅니다.

복음서도 〈마가복음서〉는 예수의 행태 중심의 전승이고, Q자료는 예수의 말씀전승이 중심이며, 그것을 전승한 담지자들도 '말'은 지식층에 속한 사람 또는 수도승에 가까운 사람들일 것이고, '행태'는 서민계층이 아니겠느냐는 겁니다. 그래서 예수의 행태전승이 훨씬 예수적이라고 짐작되는데 이런 추측은 타당한 것이라고 생각됩니다.

아무튼 예수의 행태를 총체적으로 요약한다면 그것은 '세리와 죄인의 친구'라는 것입니다. 예수는 한 사람의 민중으로서 이들에게서 자기 삶이나 행위의 동일성을 찾았던 거죠.

■ 예수가 십자가에 달렸다는 것 자체에서 예수가 정치적 죄목으로 처형된 것이라는 것은 분명하지만 그렇다고 어떤 정치적인 혁명운동을 했다는 근거는 없는 모양인데, 예수가 진정으로 '해방자 예수'였고, '민중의 빛'이었다면 당시의 사회적, 역사적 상황으로 보아 젤롯 당처럼 저항운동에 직접 가담하지 않았는가 하고 묻는다면요?

– 이것은 너무 전문적인 질문이기 때문에 신약학자가 아닌 사람으로서 대답한다는 것은 우선 학자적 양심이 내키지 않게 합니다. 그렇지만 나의 생각으로는—물론 성서학자들의 연구를 참고한 것이지만—이렇습니다. 당시 민중의 직접적인 수탈은 한마디로 예루살렘의 성전체제(聖殿體制)였습니다. 로마 통치하에 있었으므로 그들의 군대가 주둔해 있었고, 또 세리를 통해 주민세나 통행세를 받았지만 그것은 역사적 기록으로 보아 큰 부담이었다고 하기는 어려운 것 같고, 그보다 성전세니, 십일조니, 감사헌금이니 해서 유대인들의 생활을 구석구석 파고들었던 수탈제도는 모두 종교의 이름으로 자행되었습니다.

그런데 이런 예루살렘의 성전체제에 대한 예수의 저항은 말로서가 아니라 구체적인 행동으로 나타났습니다. 이른바 성전을 숙청했다는 기사는 단순한 숙청사건을 가리키는 것이 아니고 '혁명사건'을 가리키는 것이라고 보는 것이 성서학자의 의견입니다. '숙청'이라고 기록한 것은 그리스도교가 성립된 후에 그것을 완화할 필요가 있었기 때문이라는 겁니다. 사실, 예수의 중요한 죄목이 성전파괴가 아니었습니까?

〈신약성서〉 이후 역사적인 교회에서 그리는 예수는 실제적인 역사의 예수와는 많이 달랐다고 봅니다. 예수는 성전 자체를 실제로 부정했고 또 지배적인 체제에 대해서 실제로 항거했거든요. 그리고 밖에서 들어간 것이 사람을 더럽히는 것이 아니고 안에서 나오는 것이 사람을 더럽히는 것이라고 한 선언은 〈구약성서〉에 있는 말에 정면으로 도전한 것인데, 이것은 당시엔 '하느님의 말씀'에 대한 부정을 의미합니다. 그러니 예수는 십자가에 처형될 만큼의 저항을 한 셈입니다. 예수에게서 비폭력 저항 운운한 것은 잘못 본 것이고, 그것은 부르주아적 발상에서 나온 것이라고 생각됩니다.

〈성서〉에는 예수가 로마 정권에 대해서 비판하거나 저항했다는 언급이 거의 없는데, 이것은 예수가 어떤 이데올로기에 사로잡혀서 살지 않았고, 또 예수의 사상이 이른바 민족주의적이 아니었다는 것을 말해주는 거라고 볼 수 있습니다. 만일 그랬었다면 그는 실제로 로마 정권과 직접 싸웠을 겁니다. 그러나 그보다도 예수의 직접적인 관심은 갈릴리 지역의 민중들이 직접 당했던 비인간적인 억압에 있었고, 그 때문에 그가 노렸던 것은 그 억압의 장본인인 예루살렘 체제였습니다. 갈릴리 지역의 민중들은 로마 정권의 압력을 그렇게 심하게 느끼지는 않았던 것 같습니다. 그렇기 때문에 복음서의 예수가 그처럼 묘사돼 있지 않았나 하고 짐작되는 것입니다.

■ 당시 십자가에 달릴 수 있는 죄는 반로마 투쟁에 국한되어 있었는데, 실제로 반로마 투쟁에 나서지 않았다면 어째서 예수가 십자가형을 받았겠느냐는 의문이 생기는데요?

– 예수를 고발한 죄목이 '유대인의 왕'이었으니까 정치사범임에

는 틀림없지만, 그러나 직접 반로마 투쟁에 나서지 않았는데도 십자가형에 처해졌다는 것은 사형권이 로마 정권에만 있었기 때문입니다. 예수가 직접 충돌했던 것은 예루살렘의 종교권으로서 이것은 당시 로마를 대행한 괴뢰정권이었는데 이들에게는 사형집행권이 없었으니까 예수를 몰아 로마 정권에 의해 죽게 했던 것입니다. 그래서 결과적으로는 로마 정권이 죽이는 것이 되었던 거죠. 예루살렘 체제는 예수가 갈릴리 민중에게 인권회복을 위한 의식화작업을 계속하고 율법에 도전하고 하니까 자신들의 체제유지를 위해서도 예수를 죽일 수밖에 없었던 겁니다.

6. 부활과 민중의 각성

■ '오늘의 구원'을 말하는데 그 요체는 '사회구원'에 있다고 보는 것이 민중신학의 입장이겠는데, 이때 현 보수교단에서 강조하고 있는 '개인구원'과는 어떻게 연관되는 겁니까?

– 구원의 문제는 언제나 그 시대가 처한 역사적 상황과 직결되어 있습니다. 그래서 오늘의 구원은 '해방'이란 말로 강조될 수밖에 없습니다. 그래서 오늘의 그리스도교는 해방의 메시지를 전달해야 하는 겁니다. 그렇다고 '구원'의 복음을 탈락시켜서는 안 될 것입니다. 이것은 양쪽을 절충시켜야 된다는 입장을 표명한 것은 아닙니다. 문제는 사람이 개인의 구원을 진정으로 추구하면 그건 사회적인 구원과 같은 거라고 생각합니다. 그리고 사회적인 구원을 바르게만 추구하면 그것은 또한 개인구원과 같은 선상에 있는 거라고

봅니다. 둘이 따로 있는 것이니 이를 합치자는 사고방식에는 반대합니다. 그런데 오늘날 대부분의 교회지도자들은 이런 사고방식을 취하고 있는 것 같습니다. 이것도 과격하고 저것도 과격하니 서로 절충해야 된다는 식의 발상법은 틀렸다고 생각합니다. 교리에 대한 맹목적인 고집을 피해서 진정으로 개인영혼의 구원에 철저하면 사회적 불의나 부정에 타협할 수 없는 겁니다. 요컨대 오늘의 구원은 해방의 메시지로서 선포돼야 하는 것입니다.

■ 해방의 메시지와 결부시켜 인류의 역사의 목표로서 '하느님의 나라'와 '메시아의 왕국'을 구별하고 '메시아의 왕국'이라는 데 선생님의 민중신학의 역점이 있는 것 같은데, 이것은 어떻게 다른지요?

– '하느님의 나라'란 원래 역사의 목표였는데 2천 년 역사를 통해서 나타난 것을 보면 '타계적(他界的)인 것'으로 흘러버렸습니다. 물론 하느님의 나라에는 초역사적인 성격도 있지만 이것은 타계적이란 뜻과는 다릅니다. 그런 탓으로 하느님의 나라 이외에 역사의 마지막 단계와 그 목표로서 '메시아 왕국' 곧 다른 말로 하면 천년왕국이 있는 것으로 생각되었습니다.

그런데 서구의 사회사상사에서 그리스도교가 멸시를 받으면서 천년왕국도 환상적인 것으로 배척되었고, '유토피아'라는 상징으로만 인정되었습니다. 여기에는 천년왕국을 타계적으로만 생각하려는 그리스도교에도 그 잘못이 있습니다. 그러므로 서구 사상사에서나 그리스도교 안에서나 메시아 왕국이라는 역사 안에 설정한 구체적인 목표, 곧 새 시대에 대한 이상상은 회복돼야 할 것입니다.

더구나 메시아 왕국은 사회참여를 주로 하는 민중신학을 위해서는 그리스도교의 중요한 교리로서 재생, 복권해야 될 것이라는 게 나의 주장입니다.

하느님 나라나 메시아 왕국은 둘 다 필요한 것입니다. 새 사회 건설을 위해서는 '메시아 왕국'이 그리고 믿는 사람이 지금 죽어도 갈 수 있는 '하느님의 나라'가 있어야 하는 것입니다. 하느님의 나라는 특히 오늘에 있어서는 늘 '심판'으로 나타납니다. 그리스도교는 이 두 가지 상징을 아울러 가지는 것입니다. 그러나 오늘의 교회 상황에서는 메시아 왕국을 더 강조해야 할 것입니다. 그리스도교는 사회 개혁자들과 협력해서 [천년왕국이 상징하는 새로운] 사회를 건설해야 할 것입니다. 그러나 그리스도교가 양도할 수 없는 자기동일성을 구하는 자리는 역시 하느님의 나라라는 사실도 계속 강조해야 할 것입니다. 그렇지만 오늘의 역사적인 상황을 중시하는 민중신학은 그동안 망각되어온 '메시아 왕국'의 사상을 중심 교리로서 대두시켜야 한다고 보는 겁니다.

■ 그렇다면 민중신학의 역사관에 '메시아 왕국'의 개념이 중대한 자리를 차지하게 되겠는데, 그밖에도 중시돼야 하는 전통적 신학개념으로는 어떤 것이 있겠습니까?

– 그것은 부활에 대한 이해입니다. 성서에 따르면 인간의 부활은 분명히 메시아 왕국에서의 부활입니다. 지금 죽더라도 메시아가 오면 다시 부활해서 메시아 왕국에 참여하는 것으로 됩니다. 미래의 새 역사에 우리가 소생할 것에 대한 상징이 부활입니다. 그런

데 전통적 그리스도교에서는 이 점이 통념적으로 망각되고 있습니다. 부활과 타계적인 천당을 연결시키고 있습니다. 이것은 잘못입니다. 부활이라는 것은 우리가 공동으로 '새 역사'에 다시 들어간다는 것을 의미하는 것으로서 그것은 하나의 역사적, 정치적인 상징이기 때문입니다. 이 점에 있어서 전통적 그리스도교는 크게 반성해야 할 것입니다.

■ 이 점과 관련해서 중요한 밑받침이 된다고 볼 수 있는 '영혼불멸설' 같은 것은 비그리스도교적이라고 보는 경향이 있는데 선생님은 어떻게 생각하시는지요?

– 나로서는 영혼불멸(靈魂不滅)이라는 게 이교적이다, 희랍적이다 하여 배척하지는 말자는 겁니다. 이런 사상은 성서 안에서도 찾으려면 찾을 수 있지만 그것이 비록 이교적인 것이라고 해도 이미 그리스도교화한 겁니다. 어차피 그것은 하나의 상징인데, 다음에 좋은 시대가 오든 안 오든 나는 지금 죽어도 천당 간다는 신념을 표현한 것입니다. 개인영혼의 절대적 가치에 대한 신앙의 표명이죠. 인간이란 전적으로, 사회적으로나 역사적으로만 생각할 수 없는 존재이거든요. 초역사적인 면도 가지고 있는 존재입니다.

그렇기 때문에 하느님의 나라와 메시아 왕국이란 상징이 둘 다 필요합니다. 다만 교회가 어느 메시지에 중점을 두느냐 하는 것은 그때그때의 시대적 상황이 결정하는 것입니다. 이런 점이 전통신학과 다른 새 신학, 곧 민중신학과의 차이점이라고 할 수 있습니다.

■ 이 문제와 관련해서 부활은 어떤 형태를 띠게 되는가요? 아까 부활의 민중신학적 의미를 잠깐 언급했다가 말이 약간 다른 데로 흘렀습니다만.

– 내가 전에 「씨올의 소리」에서도 밝혔지만, 부활이라는 걸 크게 구별해보면, 가톨릭 교회에서는 '교회' 자체가 예수의 부활이고, 프로테스탄트에서는 불트만과 그의 제자들이 신학적으로 유력하게 주장하고 있지만, 교회의 현재의 '메시지'가 부활이라는 겁니다. 교회 자체이든, 교회의 메시지이든 부활이란 예수의 재현과 연장임에는 틀림없습니다. 그런데 나의 민중신학은 성령의 제3시대에서의 교회론을 말하기 때문에 현장교회, 곧 '민중교회'를 주장합니다. 이것은 가톨릭 교회와 프로테스탄트 교회 다음가는 교회입니다. '민중교회'는 성령이 주인이니까 어떤 형태로도 전제하지 않습니다. 예컨대 산업선교를 위해서 반드시 교회당을 필요로 하는 것은 아니니까요. 교회당이란 있어도 좋고 없어도 좋습니다. 그렇다고 민중교회가 가톨릭 교회나 프로테스탄트 교회를 부정하고 나온 것은 아닙니다. 성령이 성부와 성자를 전제로 하고 나오듯이 '민중교회'도 기성교회를 전제로 출발합니다. 그러나 성령의 교회는 사건(event)이기 때문에 교회당이란 있어도 좋고 없어도 좋을 겁니다. 어떤 것으로나 활성화되면 되는 거죠. 꼭 예배당을 차려놓고 직업적인 목회자가 있을 필요가 없습니다. 이것이 새 시대에 맞는 교회의 형태입니다. 새로운 단계에 들어선 교회는 자유로워야 하니까요.

이러한 성령의 교회, 현장의 교회, 곧 산업사회에 있어서의 새 시대의 교회에 있어서 예수의 부활은 '민중의 각성'을 의미합니다.

이제부터는 우리가 '역사의 주인이다'하고 나선 민중의 각성, 그것이 곧 예수의 부활입니다. 적어도 〈마가복음서〉에서는 이 사실을 읽을 수 있습니다. 따라서 3 · 1운동이나 4 · 19혁명 같은 민중봉기는 다 부활이 되는 겁니다. 이것이 부활에 대한 민중신학의 새로운 이해라고 할 수 있습니다. 이처럼 민중신학의 입장에서는 교회론이나 성령론이나 부활론에 있어서 전통적 신학개념과 달라질 수밖에 없습니다.

7. 恨과 斷의 변증법

■ 선생님의 입장에서 민중해방의 수행에 참여한 사람을 '한의 사제'라고 할 수 있다면 이것은 단순히 한풀이에 그치는 제사장적 역할뿐 아니라, 민중에게 한을 맺히게 하는 것들에 대한 고발과 증언을 일삼는 예언자적 역할도 함께 할 것으로 볼 수 있는데, 한(恨)과 단(斷)의 변증법이란 관점에서 그 두 면은 어떻게 구체화될 수 있겠습니까? '한'에 관한 문제와 결부시켜 말씀해주셨으면 합니다.

– '한'에 대한 긴 논문을 써놓고 있지만 아직은 손질할 게 있어서 발표하지 않고 있습니다만 그것은 현대문학을 중심으로 한 한의 연구입니다. '한풀이'에는 부당한 억눌림, 말 못할 억울한 사정을 풀어야 한다고 해서 그것을 무마하고, 망각하고, 해소하고, 그래서 맘이 후련해지게 하는 역할을 강구하는 수가 있습니다. 이것은 종교의 중요한 기능의 하나죠. 그러나 단순히 여기에만 그치면 '한풀이'는 아편의 역할 이상이 아닐 것입니다. 자칫 그것은 권력을 연

장시키는 결과를 가져오기도 합니다. 우리나라에서는 한풀이를 체계화한 것이 증산교이지만 그것으로 결국 증산교는 지배체제를 합리화해주는 역할을 합니다.

그러나 종교가 민중의 한풀이에만 그친다면 생명을 잃어버리게 됩니다. 그렇게 되면 부당한 체제는 영속할 것이기 때문입니다. 결국 '한풀이'는 하나의 프로테스트(저항)로 나가야 하는 것인데, 현대에 있어서의 프로테스트는 모든 사회적 부조리를 사회과학적으로 정확하게 분석하고 밝혀내고 고발하는 데로 나서야 하는 것입니다. 이것은 곧게 뭉친 '민중의 소리' 이외에서는 기대할 수가 없습니다. '국민의 합의'라는 게 그것입니다.

'단의 철학'에는 두 가지 의미가 있습니다. 적극적으로는 민중의 억압된 한을 에네르기화 해서 사회갱신의 힘으로 만든다는 의미이고 소극적으로는 그렇게 하는 과정에서 보복으로 흘러가지 않게 하여 악순환을 막자는 의미입니다. 이것은 현대 문학평론가들이 지적하듯이, 한이라는 것이 종래 정태적이고 수동적이고 여성적인 성격에서 남성적이고 다이나믹한 성격으로 달라지게 된다는 것입니다.

■ 민중신학의 입장에서는 비폭력저항에 대해서 어떻게 평가하시는지요?

– 폭력이란 말이 무엇을 의미하는지 먼저 명료화해야 한다고 봅니다. 침해를 받는 약자가 자기방어를 위해 사용한 힘의 대항은 윤리학자도 인정하듯이 '폭력'이라고 하지 않습니다. 자체방위의 경

우 폭력은 쓸 수밖에 없고, 또 써도 무방하지 않겠느냐는 게 나의 입장입니다.

그러나 이보다 먼저 말해야 할 것은 자유로운 의사표시를 폭력이라고 생각해서는 안 된다는 점입니다. 평화적인 시위나 강연회 같은 것을 당국에서 금하니까, 그것을 폭력이라고 생각하는 교회 지도자들도 있습니다. 언어도단이죠. 죽더라도 칼을 쓰지 않는다는 것이 크리스천의 입장이라고 한다면 이것은 율법주의밖에 되지 않습니다. 폭력에 대한 이해가 근본적으로 달라져야 한다고 생각합니다.

그리고 한 가지 첨부하고 싶은 것은, 가톨릭에서는 부득이한 경우 폭력사용을 교황의 칙서로 인정하고 있다는 점입니다. 극악한 폭군이 아니면 폭력을 쓰지 말라는 식의 칙령은 극악한 폭군에 대해서는 폭력을 써도 좋다는 것이거든요. 이것은 교회가 애당초 폭력을 무조건 반대한 것은 아니라는 것을 뜻합니다. 그렇기에 '비폭력'이 율법주의가 돼서는 안 될 것입니다. 폭력을 무조건 사용하지 말라는 율법주의에 인간은 매일 필요가 없는 것입니다.

그러나 문제는 침략군과 실제로 싸워보지 않고서는 인간성이니, 정의니, 용기니 하는 것들의 의미가 제대로 파악되지 않는다는 사실입니다. 파농이 강조한 것이 바로 이 점입니다. 그러나 결론을 말하자면 될 수 있는 대로 폭력은 쓰지 말자는 것입니다. 폭력을 쓰지 않고도 해결할 수 있는 문제를 쉽게 해결한다고 해서 폭력에 호소하는 것은 경계해야 할 것입니다.

■ 전통적 신학개념에 대한 민중신학적 이해와 해석을 더 알아보아야 할 것이지만, 시간이 없어 더 물을 수가 없는 게 유감입니다. 마지막으로 민중신학에서는 '죄'를 어떻게 이해하고 있는지요?

– 신학은 철학과는 달리 성서에서 먼저 죄를 어떻게 보고 있는가를 이해해야 합니다. 예수 당시의 죄 개념 중에 가장 중요한 것은 지배층에서 피지배층에게 자기 풍습을 따르지 않는다는 데서 죄를 규정하고 있다는 점입니다. 즉, 율법을 어기는 것이 가장 큰 죄였습니다. 민중이 율법을 못 지킨 것은 무식과 가난 때문이었죠. 안식일법이나 성결법 따위가 다 그것입니다. 이런 것들을 못 지키니까 쌍놈이 되고 교양 없는 녀석이 된 것입니다. 그래서 민중은 '죄인'이 되는데 예수가 죄인을 위해 왔다는 것은 그래서 중요한 의미를 가지는 것입니다. 적어도 〈마가복음서〉에 있어서는 '죄인'이라는 게 '—부호'가 아닙니다. 〈마태복음서〉에는 죄인이지만 용서하라는 투인데, 〈마가복음서〉에는 죄인에 대한 보류조건이 전혀 없습니다.

그러므로 우리는 예나 지금이나 지배체제가 설정한 죄의 판단기준을 무너뜨려야 하는 겁니다. 제멋대로 자기 입장에서 '죄인'으로 몬다는 것은 넌센스입니다. 그리고 그렇게 몰린 사람이 스스로 '죄인'이라고 생각하는 것도 큰 문제입니다. 정말 비굴한 노예도덕의 유물입니다. 반성해야죠. 종교적, 철학적 의미의 죄는 사실 민중에게는 그렇게 심각한 것이 아닙니다. 예수는 철학적, 신학적인 죄의 문제를 해결하러 온 것은 아니거든요. 그러므로 오늘날 민중신학이 관심하는 문제는 사회적인 부조리, 구조적 모순을 어떻게 해결해야 하느냐에 있는 것입니다. 이러한 구조적 모순이 바로 '죄'이기 때문입니다. 그러나 한 가지 덧붙이고 싶은 것은 민중신학을 내세운다고 해서 인간의 실존적인 영역에서 문제되는 것을 과소평가하자는 것은 결코 아니라는 점입니다.

■ 끝으로 한 가지만 더 묻겠는데요. 선생님은 서구에서 논의된 신학을 그때그때 이 땅에 소개해서 한국 신학계에 새 바람을 일으키곤 했는데, 이것은 선생님께서 성실한 지도자의 역할을 꾸준히 수행한 결과라고 생각합니다. 그러나 한편에서는, 선생님의 신학 하는 태도가 지나치게 유행적이어서 한 신학에서 다른 신학으로 너무 쉽게 넘어가버리지 않느냐, 도대체 서남동 신학의 정체는 무엇이냐는 평이 있는데, 이 점 어떻게 생각하시는지요?

– 무슨 말인지 알겠는데, 대국적으로 보아 내 신학의 변화는 서구신학의 흐름을 따른 셈입니다. 대체로 서구신학은 변증법적 신학에서, 실존론적 신학으로, 그리고 세속화 신학, 신(神) 죽음의 신학, 혁명의 신학 등으로 흘렀고, 특히 미국에 있어서는 종교와 과학의 관계가 중시되어 테크놀로지, 생명과학 등의 문제가 신학의 중요한 과제로 등장했는데 내 신학의 변화도 대체로 그 길을 따른 셈입니다. 그러다가 우리 현실의 문제에 눈을 뜨게 되면서 해방신학에 종사하게 되었고, 그 과제를 한국적 상황에서 문제시하여 이제는 '민중신학'에 관여하게 되었습니다.

내가 첫째 지적하고 싶은 것은, 신학자라면 누구나 진리에 대해서는 개방적인 태도를 취해야 한다는 점입니다. 자기 입장이라는 게 그렇게 중요하냐 하는 것이죠.

둘째로 지적하고 싶은 것은 오늘의 신학은 혼자 하는 신학이 아니라는 점입니다. 세계신학의 논단에 한 회원으로서 참여해야 합니다. 그러다 보면 그 흐름에 따른 변화가 자기 변화가 될 수 있는 것입니다. 신학의 공동대화의 광장의 변화에 따른 셈입니다. 신학의 흐름이란 그때그때의 시대적 상황이 안고 있는 과제에 대한 진실한 접근이지 단순한 유행이 아닌 것입니다. 제멋대로의 자의적인 변화가 아니라는 말입니다.

셋째로는, 나는 브루너, 틸리히, 샤르댕, 본회퍼, 몰트만, 판넨베르크, 그리고 과학, 생태학, 진화론, 반문화, 신 죽음, 희망, 해방 등 여러 가지 주제에 대해 논문을 썼는데, 참으로 말하기 곤란하지만 자꾸 나를 '뛰어 넘는다'는 비난에 대해서도 감히 말한다면, 한 신학자 혹은 한 신학에 평생을 종사한 사람이 도대체 얼마나 많은 업적을 냈느냐고 묻고 싶습니다. 그렇지도 못한 주제에 나를 탓할 권리가 있느냐는 것이죠. 혹 한두 분은 한 우물을 파서 굉장한 업적을 내기도 했습니다. 그런 사람이라면 충분히 도전할 권리가 있죠.

| 연보 |

1918년 7월 5일	전남 신안군 자은면 유천리 272번지에서 서웅렬의 다섯 번째 아들로 태어남.
1928년경	소학교 5학년 때 목포로 유학하여 기독교를 처음 접하게 됨.
1936년 3월	미국 남장로교에서 1900년에 설립한 전주 신흥학교에서 중학교와 고등학교 과정을 마치고 졸업. 당시 신흥학교는 중고등학교 과정이 통합되어 있었음.
1936–1941년 2월	일본 동지사대학 문학부에서 예과를 수료한 후, 이어서 신학을 공부하고 문학사 학위를 취득하고 졸업함.
1941년 9월–1942년 12월	평양에 있는 요한성경학교에서 교사로 활동.
1943년 1월–1952년 8월	대구에 있는 대구제일교회, 범어교회, 동문교회에서 10년간 목회함. 교회 목회자로 재직하면서도 당시 서양신학을 주도했던 칼 바르트, 에밀 부르너, 라인홀드 니버 등의 신학을 계속 공부함. 또한 함석헌과 김재준으로부터 큰 영향을 받음.
1952년 9월–1961년 8월	한국신학대학 교수로 재직하며 주로 철학적 신학을 강의함.
1955년 5월–1957년	교수로 재직하던 도중, 캐나다 토론토로 유학하여

빅토리아대학 임마누엘 신학대학원에서 수학하고, "현대 신학에서 역사와 종말론"이라는 석사논문으로 학위를 받고 한국신학대학으로 복교함.

1961년 9월–1975년 6월　연세대학교 신과대학 교수로 초빙받아, 현대 신학과 역사철학 등을 강의함. 이 시기, 세계적인 신학 동향에 누구보다 민감했기 때문에 "현대 신학의 안테나"라는 별명을 갖기도 함. 연세대학교에서는 교양학부장, 교목실장, 신과대학장, 연합신학대학원 원장 등을 역임함.

1967년 11월　『연세논총』을 통해서 "현재적 그리스도"를 발표함.

1970년 11월 13일　서울 동대문 평화시장 앞에서 피복공장의 재단사로 일하던 23세의 전태일이 "근로기준법을 지켜라"라는 외침과 함께 분신. 이 사건으로 인해 기독교 신학계는 사회 문제에 대한 성찰을 하기 시작함. 서남동은 훗날 민중신학이라는 이름으로 불릴 흐름을 만들어감.

1973년 5월 20일　1972년 10월 박정희 정권에 의해 유신헌법이 선포된 후 독재 통치의 어둠은 깊어가고, 서남동은 본격적으로 정권에 대한 항거의 표현으로 "한국 그리스도인 선언"을 주도하여, 동료 신학자들과 함께 발표함.

1974년 여름　세계교회협의회(WCC) 제5차 총회의 일환으로 열린 "신앙과 직제" 모임에 한국 대표로 참여하여 신학적 충격을 받고 돌아옴. 이 사건으로 인해 서남동은 서구 신학의 방법론을 탈피하여 한국적인 민중신학을 직접 구상함.

1974년 11월　"연세대 구속학생 및 교수 석방을 위한 기도회"를 주도하고, "민주회복국민선언"에 서명한 이유로 정부로부터 경고조치를 받음.

1975년 2월 서남동 민중신학의 시발이 된 "예수 · 교회사 · 한국 교회"가 『기독교사상』을 통해 발표됨.

1975년 3월 30일 전국적으로 8개 교단 성직자 320명이 가입한 "기독교정의구현전국성직자단"에 참가하는 등, 기독교 신학의 사회적 책임성의 문제를 몸으로 실천함.

1975년 5월 20일 5월 13일에 긴급조치 9호가 발효된 후, 국가안보를 위한 면학 분위기 조성이란 명분으로 해임이 권고되고, 서남동은 이계준, 안병무, 문동환 교수 등과 함께 사직하게 됨. 이후 한국기독교교회협의회(NCCK) 산하 한국기독자교수협의회와 해직교수협의회에서 활동함. 한국기독자교수협의회의 초대회장을 역임함.

1975년 8월 17일 해직 교수와 그 가족, 해직 기자 등으로 구성된 갈릴리교회 설립 예배를 드림. 이 교회는 유신독재 시절 기독교 저항운동에서 큰 구심이 됨.

1976년 3월 1일 "3 · 1민주구국선언(일명 명동사건)"에 서명함으로써 함석헌, 윤보선, 김대중, 안병무, 문동환, 이우정 등과 함께 정부 전복을 선동했다는 죄목으로 투옥됨. 문익환과 함께 1977년 12월 31일 형집행정지로 석방되기까지 22개월 동안 수형생활을 함.

1978년 2월 한국기독교장로회 선교교육원의 원장으로 부임하여, 감옥에서 구상한 민중신학을 체계화함. 1979년부터 그의 민중신학적 핵심 사상이 담긴 "두 이야기의 합류," "恨의 사제," "恨의 형상화와 그 신학적 성찰" 등 10여 편의 논문이 쏟아져 나옴.

1978년 갈릴리교회를 중심으로 한 기도회에 참석하고, 여러

	강연을 통해서 실천적인 학자로서 활동함. 이 시기 한국기독교학회 초대회장, 세계교회협의회(WCC) 신앙과 직제 위원, 민중교육연구소 이사장 등을 역임함.
1980년 3월	박정희 정권이 몰락한 후, 연세대학교 신과대학 교수로 복직함과 동시에 정년 퇴임함.
1980년 5월 17일	전두환을 비롯한 신군부에 의해서 내려진 5·17비상조치로 인해, 제주도에서 강연 도중 "김대중내란음모사건"이라는 정치 조작에 연루되어 잡혀감. 군법회의에서 계엄법 위반의 죄목으로 2년 6개월 실형을 선고받고, 5개월 동안 옥살이를 하다가 형집행정지로 풀려남.
1984년 5월	모교인 캐나다 빅토리아대학교에서 명예신학박사 학위를 받고, 50여 일 동안 미국, 홍콩, 일본을 경유하는 강연 여행을 함. 불편한 몸으로 강연을 지속하다가 일본의 한 강연 현장에서 쓰러짐.
1984년 7월 19일	고문 후유증과 활동의 피로가 누적되고, 췌장암이 간암으로 번져 세상을 떠남.
1999년 3월 26일	일산 탄현기독공원 묘지에서 광주민주묘역으로 이장됨.

| 참고 문헌 |

1. 서남동의 저작 및 번역서

서남동, 『轉換時代의 神學』, 서울: 한국신학연구소, 1976.

______, 『民衆神學의 探究』, 서울: 한길사, 1983.

______, 『서남동 신학의 이삭줍기』, 죽재 서남동 목사 유고집 편집위원회 엮음, 서울: 대한기독교서회, 한국신학연구소, 1999.

______, 이현주, 유동우, 정명기 공저, 『일하는 사람들을 위한 성서연구』, 서울: 웨슬레, 1984.

______(글), 이철수(그림), 『한: 신학, 문학, 미술의 만남』, 서울: 분도출판사, 1984.

荒井獻, 『예수의 行態 :歷史的 接近에 依한 예수理解』, 서남동 역, 서울: 대한기독교서회, 1976.

Bultmann, Rudolf, 『역사와 종말론』, 서남동 역, 서울: 대한기독교서회, 1968.

Caldwell, Lynton K, 『환경: 인류생존과 생태학적 도전』, 서남동, 김영운 공역, 서울: 현대사상사, 1974.

Neve. J. L. 『기독교교리사』, 서남동 역, 서울: 대한기독교회사, 1980.

Reuther, Rosemary Radford, 『메시아 왕국: 메시아 희망에 대한 서구의 체험』, 서남동 역, 서울: 한국신학연구소, 1982.

2. 서남동 관련 단행본

강원돈, 『物의 神學: 실천과 유물론에 굳게 선 신학의 모색』, 서울: 한울, 1992.

_____ 외, 『다시 민중신학이다』, 서울: 동연, 2010.

고은, 『방황과 질주』, 서울: 미학사, 1990.

권진관, 『예수 민중의 상징, 민중 예수의 상징』, 서울: 동연, 2009.

_____, 『성령과 민중: 실천적 신학과 신학적 실천』, 천안: 한국신학연구소, 1993.

기독교사상 편집부, 『한국의 신학사상』, 서울: 대한기독교서회, 1983.

_____, 『한국의 정치신학』, 서울: 대한기독교서회, 1984.

김경재, 『종교다원시대의 기독교 영성』, 서울: 다산글방, 1992.

김경호 외, 『교회로 간 민중신학』, 서울: 만우와 장공, 2006.

김관석, 『한국역사 속의 기독교』, 서울: 한국기독교교회협의회, 1977.

김삼웅, 『민족, 민주, 민중선언』, 파주: 한국학술정보, 2003.

김성재, 『밀레니엄과 종말론』, 서울: 한국신학연구소, 1999.

김용복, 『한국민중과 기독교』, 서울: 형성사, 1981.

김지하, 『김지하 전집 2』, 서울: 실천문학사, 2002.

김찬국 외, 『다시 하는 강의』, 서울: 새밭, 1981.

나용화, 『현대신학 평가』, 서울: 기독교문서선교회, 1991.

노정선, 『이야기신학』, 서울: 한울, 1993.

맹용길, 『한국기독교 윤리사상』, 서울: 장로회신학대학출판부, 1994.
민영진 외, 『한국 민중신학의 조명』, 서울: 대화출판사, 1976.
민중신학연구소 편, 『민중은 메시아인가?』, 서울: 한울, 1995.
박재순, 『열린사회를 위한 민중신학』, 서울: 한울, 1995.
백낙청 회화록 간행위원회, 『백낙청 회화록』, 파주: 창비, 2007.
서준식, 『서준식 옥중서한, 1971-1988』, 서울: 야간비행, 2002.
서창원, 『민중과 그리스도교 신앙』, 서울: 나단, 1984.
송기득, 『기독교신학과 인간해방』, 서울: 대한기독교서회, 1998.
연규홍, 『교회사의 해방전통』, 오산: 한신대학교출판부, 2002.
연세대학교 교양학부 편, 『대학의 이해』, 서울: 연세대학교출판부, 1979.
유동식, 『한국신학의 광맥』, 서울: 다산글방, 2000.
이정용 편저, 『민중신학, 세계신학과 대화하다』, 연규홍 옮김, 서울: 동연, 2010.
임태수, 『제2종교개혁을 지향하는 민중신학』, 서울: 대한기독교서회, 2002.
죽재 서남동 기념사업회 엮음, 『서남동과 오늘의 민중신학』, 서울: 동연, 2009.
죽재 서남동 목사 기념논문집 편집위원회 엮음, 『전환기의 민중신학: 죽재 서남동의 신학사상을 중심으로』, 천안: 한국신학연구소, 1992.
중앙일보사 편, 『현대의 대과제 50선』, 서울: 중앙일보사, 1976.
채희동, 『민중 · 성령 · 생명: 죽재 서남동의 생애와 사상』, 서울: 한들, 1996.
최형묵, 『보이지 않는 손이 보이지 않는 것은 그 손이 없기 때문이다: 민중신학과 정치경제』, 서울: 다산글방, 1999.
크리스챤아카데미 편, 『구원의 철학과 현대종교』, 서울: 삼성출판사, 1975.
한국기독교학회 편, 『창조의 보전과 한국신학』, 서울: 대한기독교서회, 1992.
한국문화신학회 편, 『한국신학, 이것이다』, 서울: 한들, 2008.
한국신학연구소 편, 『1980년대 한국민중신학의 전개』, 서울: 한국신학연구소, 1990.
______, 『한국 민중론』, 서울: 한국신학연구소, 1982.
한영제 편, 『한국 기독교 인물 100년』, 서울: 기독교문사, 1996.
한완상 외, 『역사 속에 남은 것』, 서울: 한밭출판사, 1984.
허호익, 『현대 조직신학의 이해: 현대 조직신학 새로보기』, 서울: 대한기독교서회, 2003.
Chung, Paul S., Ed, *Asian Contextual Theology for the Third Millennium: Theology of Minjung in Fourth-Eye Formation*, Eugene, OR: Pickwick Publications, 2007.
Kim, Hiheon, *Minjung and Process: Minjung Theology in a Dialogue with Process Thought*, Bern: Peter Lang, 2009.
NCC신학연구위원회 편, 『민중과 한국신학』, 서울: 한국신학연구소, 1982.

3. 서남동 관련 국내 석사학위 논문

권은경, 「이야기 신학 방법론 연구: 민중신학과 한국 여성신학을 중심으로」, 이화여자대학교 대학원, 1991.

김강호, 「민중신학적 역사서술 방법에 관한 연구: 죽재 서남동의 민중신학과 미시사를 중심으로」, 한신대학교 신학대학원, 2004.

김기명, 「스피노자의 '다중' 개념의 민중신학적 함의」, 성공회대학교 신학전문대학원, 2009.

김상섭, 「민중신학의 논쟁과 평가」, 호남신학대학교 신학대학원, 1999.

김승익, 「고(苦)의 해석을 통해 본 동양적 신학의 가능성 연구: 불교와 기독교의 대화를 중심으로」, 강남대학교 대학원, 1996.

김창모, 「상황과의 대결과 전통의 재편성: 서남동의 경우」, 침례신학대학, 1989.

다케나카 마사오, 「때의 징조에 대한 응답」, 연세대학교 신과대학 연합신학대학원, 1996.

문석구, 「서남동의 민중신학 연구」, 목원대학교, 1994.

박정해, 「한국 여성 신학의 방법론 모색 연구: Rosemary R, Ruether의 여성신학과 민중신학 비교 연구」, 이화여자대학교 대학원, 1998.

박종균, 「서남동의 윤리사상 연구」, 장로회신학대학 대학원, 1990.

박종찬, 「본훼퍼와 서남동의 신학이해 비교: 예수 인간 이해를 중심으로」, 한일장신대학교 한일신학대학원, 2002.

손호익, 「민중의 한(恨)과 공동체성: 민중교회로의 탐구」, 감리교신학대학교 신학대학원, 2010.

오규섭, 「민중신학의 과제로서의 민중문화에 관한 연구: 운동의 신학으로서의 민중신학 정립을 위하여」, 한신대학교 신학대학원, 1989.

유상신, 「죽재 서남동 신학의 선교신학적 고찰」, 성공회대학교, 2004.

이정섭, 「유물론적 담론 이론과 서남동의 민중신학」, 한신대학교 신학대학원, 1995.
이천우, 「현장신학의 교회론 연구」, 강남대학교, 2001.
이현우, 「매튜 폭스(Matthew Fox)의 창조영성과 서남동 민중신학의 비교 연구: 민중신학적 영성확립을 위하여」, 연세대학교 연합신학대학원, 2004.
이호우, 「1930년대 성서관 논쟁과 신학적 패러다임의 형성」, 한국성서대학교, 2000.
임성규, 「한국 민중신학 발전에 관한 연구: 서남동, 안병무, 김용복을 중심으로」, 서울신학대학 신학대학원, 1998.
정영숙, 「서남동 민중신학의 구원론적 고찰: 서남동의 민중신학 방법론을 중심으로」, 서강대학교 수도자대학원, 1997.
정정근, 「민중교회 태동에 관한 역사적 연구」, 한신대학교 신학대학원, 2004.
정정일, 「신학이 한국교회성장에 끼친 영향에 관한 연구: 장로교와 감리교를 중심으로, 1885-2005」, 칼빈대학교 대학원, 2006.
조혁, 「죽재 서남동의 민중신학 방법론 연구: 이야기 신학으로서의 민중신학」, 한신대학교 신학대학원, 1993.
진광수, 「서남동의 민중신학: 한국적 신학의 한 모색」, 감리교신학대학 대학원, 1986.
채희동, 「죽재 서남동의 생애와 신학사상」, 연세대학교 연합신학대학원, 1992.
최대진, 「민중신학의 그리스도 이해」, 한신대학교 신학대학원, 2003.
홍승선, 「민중신학과 해방신학」, 감리교신학대학 신학대학원, 1990.

4. 서남동 관련 해외 박사학위 논문

Ahn, Sang Jin, "A Religious Synthesis of Choe Je-U as a Nineteenth Century Theological Paradigm for Korean Minjung Theology." Th, D, diss, Emmanuel College, 1997.

Chi, In Sung, "Holiness and Wholeness: Toward a Holistic Christian Spirituality in Korean Syncretic Context." Th, D, diss, Toronto University, 1998.

Choi, Dong-Kab, "A Theological Assessment of Korean Eschatological Thought in Comparison with the Biblical Concept of the Kingdom of God." Ph. D. diss, Mid-America Baptist Theological Seminary, 1997.

Chung, Seong Tae, "A Process Philosophical Reconstruction of Korean Minjung Eschatology." Ph. D. diss, The Southern Baptist Theological Seminary, 1999.

Han, Kee Chae, "Toward A Cristian Ethic in Korea: A Methodological Discourse." Ph. D. diss, Vanderbilt University, 1995.

Jung, Gyoung-Ho, "Korean Christian Ethics for Peaceful *Tongil* Between South and North Korea." Ph. D. diss, Union Theological Seminary, 2002.

Kim, Hee-Soo, "Roots of Han and Its Healing: A Study of Han from the Perspective of Christian Ethics." Ph. D. diss, Graduate Theological Union, 1994.

Kim, Hiheon, "Minjung Messiah and Process Panentheism." Ph. D.

diss, Claremont Graduate University, 2007.

Kim, Jean Kyoung, "Woman and Nation: An Intercontextual Reading of the Gospel of John." Ph. D. diss, Vanderbilt University, 2001.

Kim, Joon-Woo, "The Idols of Death and the Theology of Life in Korea." Ph. D. diss, Drew University, 1992.

Kim, Yong Chang, "Human Suffering and Divine *Shalom*: Toward a Wholistic Transforming Vision Beyond Eastern and Western Fragmented Understandings of the Human Condition of Suffering/*Han*." Ph. D. diss, Fuller Theological Seminary, 1998.

Lee, Jaecheon, "Toward An Asian Contextual Theology: A Critical Study of Kosuke Koyama's Theology and Ethics." Ph. D. diss, Drew University, 2002.

Lee, Sang Sung, "A Korean Church as People's Movement: Construction of the Ecclesiology of Minjung Theology." Ph. D. diss, Drew University, 1998.

Lee, Young-Ja, "Religion, Culture of Han, Hanpuri, and Korean Minjung Women: An Interdisciplinary Post-colonial Religio-cultural Analysis of the Indigenous Encounter with the Colonial Religions in Korea." Ph. D. diss, Iliff School of Theology and the University of Denver, 1999.

Lim, Michelle Sungshin, "Toward Weaving a Christology: Syncretic *Minjung* Jesus for Korean-American Christian Women." Ph. D. diss, Drew University, 2002.

Mulling, Craig L, "A Politics of Orthdoxy in South Korea: Christian Radicalism and the Heterodoxy of Minjung." Ph. D. diss, University of Hawaii, 1996.

Shim, Sangkwon, "A Clinical Case Study of 'haan' Experiences among Korean Immagrants in Southern California: A Cross-cultural Pastoral Counseling Perspective." Ph. D. diss, School of Theology at Claremont, 1990.

Son, Chang-Hee, "A Comparative Study of Korean Terms 'HAAN' and 'HAN'." Th. D. diss, Boston University, 1997.

Suh, Changwon, "A Formulation of Minjung Theology: Toward a Socio-historical Theology in Asia." Ph. D. diss, Union Theological Seminary, 1986.

5. 서남동 관련 학술 논문 및 기타 글

강원돈, "서남동의 신학," 『한국문화신학회 논문집』 9권(2008년): 195-225.

김경재, "죽재 서남동의 신학사상," 『신학사상』 46집(1984년): 487-513.

______, "씨알, 민중 그리고 여래장의 상호조명—서남동의 민중신학을 중심으로," 『신학사상』 86집(1994년): 154-166.

______, "민중신학과 종교신학의 길항성과 상보성," 『신학사상』 93집(1996년): 43-63.

______, "죽재 서남동의 현재적 그리스도론," 『신학사상』 99집(1997년): 199-214.

김균진, "연세조직신학의 과거와 미래," 『신학논단』 22집(1994년 6월): 23-44.

김진, "한의 희망철학적 해석," 『철학』 78집(2004년 2월): 319-345.

김진호, "오클로스와 '비참의 현상학'," 『한국문화신학회 논문집』 7권(2010년): 83-104.

노정선, "민중신학, 인민신학, 통일신학," 『한국문화신학회 논문집』 7권(2010년): 11-55.

류장현, "죽재 서남동의 교회론과 민중선교," 『신학사상』 144집(2009년): 73-100.

박재순, "1세대 민중신학에 대한 비판과 새로운 모색," 기사연무크 1호(1990년 3월).

변선환, "민중해방을 지향하는 민중불교와 민중신학," 『한국사상사학』 6권 1호(1994년): 189-248.

서진한, "다시 돌아보는 죽재 서남동," 『기독교사상』 421호(1994년 1월): 104-121.

송기득, "서남동의 민중신학," 『기독교사상』 316호(1984년 10월): 21-34.

______, "민중신학을 말한다: 서남동과의 대담," 『신학비평』 28권(2008년): 76-120.

이경재, "민중신학의 틀과 꼴, 그리고 한계성과 가능성," 『신학과 세계』 44호(2002년 6월): 437-469.

이석규, "21세기 민중신학을 위한 제언," 『민중과 신학』 7권 3호(2001년): 40-59.

임태수, "서남동의 예수 이해, 민중 이해에 대한 새로운 고찰," 『신학사상』 86집(1994년): 167-185.

______, "민중 메시야론 재검토를 통한 메시야론 재정립," 『민중과 신학』 10권(2005년): 39-58.

전동균, "죽재 서남동의 삶과 사상을 재조명하다," 인터넷언론 『에큐메니안』 2011년 7월 19일, http://www.ecumenian.com/news/articleView.html?idxno=8500.

채희동, "서남동 목사의 신학적 전기 1," 『세계의 신학』 34호(1997년 2월): 40-54.

______, "서남동 목사의 신학적 전기 2," 『세계의 신학』 35호(1997년 5월): 52-69.

______, " 죽재 서남동 신학: 다시 부르는 죽재신학," 『민중과 신학』 1권(2000년): 68-86.

최형묵, "민중해방의 정치와 합류의 해석학," 『진보평론』 14호(2002년 11월): 292-313.

한인철, "오그덴의 해방신학과 서남동의 민중신학 비교연구," 『세계의 신학』 8호(1990년 9월): 63-92.

허호익, "죽재 서남동의 통전적 자연 신학," 『한국기독교신학논총』 9집(1992년): 176-209.

| 찾아보기 |

서남동의 철학

민중신학에 이르다

펴낸날 초판 1쇄 2013년 9월 25일
지은이 김희헌
펴낸이 김훈순
펴낸곳 이화여자대학교출판부
주소 서울특별시 서대문구 이화여대길 52(우120-750)
등록 1954년 7월 6일 제9-61호
전화 02) 3277-2965(편집)
02) 362-6076(마케팅)
팩스 02) 312-4312
전자우편 press@ewha.ac.kr
홈페이지 www.ewhapress.com
책임편집 민지영
디자인 신성기획
찍은곳 스크린그래픽

ISBN 978-89-7300-986-2 94150
ISBN 978-89-7300-928-2(세트)

값 16,000원

* 잘못된 책은 바꾸어 드립니다.

이 도서의 국립중앙도서관 출판시도서목록(CIP)은 서지정보유통지원시스템 홈페이지(http://seoji.nl.go.kr)와 국가자료공동목록시스템(http://www.nl.go.kr/kolisnet)에서 이용하실 수 있습니다. (CIP제어번호 : CIP2013017266)